Kohlhammer

Grundwissen Soziale Arbeit

Herausgegeben von Rudolf Bieker

Das gesamte Grundwissen der Sozialen Arbeit in einer Reihe: theoretisch fundiert, immer mit Blick auf die Arbeitspraxis, verständlich dargestellt und lernfreundlich gestaltet – für mehr Wissen im Studium und mehr Können im Beruf.

Wolfgang Klug
Daniel Niebauer

Soziale Arbeit in der Justiz

Professionelles Selbstverständnis und methodisches Handeln

Verlag W. Kohlhammer

1. Auflage 2022

Alle Rechte vorbehalten
© W. Kohlhammer GmbH, Stuttgart
Gesamtherstellung: W. Kohlhammer GmbH, Heßbrühlstr. 69, 70565 Stuttgart
produktsicherheit@kohlhammer.de

Print:
ISBN 978-3-17-037254-2

E-Book-Formate:
pdf: ISBN 978-3-17-037255-9
epub: ISBN 978-3-17-037256-6

Vorwort zur Reihe

Mit dem so genannten »Bologna-Prozess« galt es neu auszutarieren, welches Wissen Studierende der Sozialen Arbeit benötigen, um trotz erheblich verkürzter Ausbildungszeiten auch weiterhin »berufliche Handlungsfähigkeit« zu erlangen. Die Ergebnisse dieses nicht ganz schmerzfreien Abstimmungs- und Anpassungsprozesses lassen sich heute allerorten in volumigen Handbüchern nachlesen, in denen die neu entwickelten Module detailliert nach Lernzielen, Lehrinhalten, Lehrmethoden und Prüfungsformen beschrieben sind. Eine diskursive Selbstvergewisserung dieses Ausmaßes und dieser Präzision hat es vor Bologna allenfalls im Ausnahmefall gegeben.

Für Studierende bedeutet die Beschränkung der akademischen Grundausbildung auf sechs Semester, eine annähernd gleich große Stofffülle in deutlich verringerter Lernzeit bewältigen zu müssen. Die Erwartungen an das selbständige Lernen und Vertiefen des Stoffs in den eigenen vier Wänden sind deshalb deutlich gestiegen. Bologna hat das eigene Arbeitszimmer als Lernort gewissermaßen rekultiviert.

Die Idee zu der Reihe, in der das vorliegende Buch erscheint, ist vor dem Hintergrund dieser bildungspolitisch veränderten Rahmenbedingungen entstanden. Die nach und nach erscheinenden Bände sollen in kompakter Form nicht nur unabdingbares Grundwissen für das Studium der Sozialen Arbeit bereitstellen, sondern sich durch ihre Leserfreundlichkeit auch für das Selbststudium Studierender besonders eignen. Die Autor/innen der Reihe verpflichten sich diesem Ziel auf unterschiedliche Weise: durch die lernzielorientierte Begründung der ausgewählten Inhalte, durch die Begrenzung der Stoffmenge auf ein überschaubares Volumen, durch die Verständlichkeit ihrer Sprache, durch Anschaulichkeit und gezielte Theorie-Praxis-Verknüpfungen, nicht zuletzt aber auch durch lese(r)-freundliche Gestaltungselemente wie Schaubilder, Unterlegungen und andere Elemente.

Prof. Dr. Rudolf Bieker, Köln

Zu diesem Buch

Das vorliegende Buch verfolgt das Ziel, einen umfassenden Überblick über die Soziale Arbeit in der Justiz zu geben, und dabei insbesondere das professionelle Selbstverständnis und das methodische Handeln von Sozialarbeiter*innen in diesem Handlungsfeld zu thematisieren. Hierbei werden gleich zwei ›Eckpfeiler‹ unseres Buches deutlich:

Zum einen ist es die Fokussierung auf die Soziale Arbeit in der Justiz, d. h. die im staatlichen Auftrag und unter staatlicher Aufsicht stehende Soziale Arbeit. Diese umfasst insbesondere die Bewährungshilfe, die Führungsaufsicht, die Soziale Arbeit im Justizvollzug und die Gerichtshilfe. Der Bereich der Freien Straffälligenhilfe ist demnach nicht (expliziter) Gegenstand der vorliegenden Ausführungen. Zudem beschränken wir uns bei den genannten Bereichen auf die Arbeit mit erwachsenen straffälligen Personen.

Zum anderen wird eine Schwerpunktsetzung auf das professionelle Selbstverständnis und das methodische Handeln der Sozialen Arbeit in der Justiz anvisiert. Hierbei sind die Besonderheiten des »Doppelten Mandates«, des »Zwangskontextes«, aber auch die besonderen Herausforderungen im professionellen Umgang mit Klient*innen in diesem Arbeitsbereich zu betonen, denen eben – so die These – in methodischer Hinsicht nicht einfachhin wie in anderen Arbeitsbereichen begegnet werden kann.

Wir versuchen also in diesem Buch möglichst spezifische methodische Instrumente und Modelle anzusprechen, die für die Soziale Arbeit in der Justiz als »State of the Art« zu bezeichnen sind. Dabei ist uns durchweg bewusst, dass es sich hierbei um eine Sicht – und zwar die der Wissenschaft – handelt, die aber unseres Erachtens insbesondere dazu beitragen kann, dieses hochkomplexe Handlungsfeld methodisch zu systematisieren sowie eine Reflexionsfolie für ein professionelles Selbstverständnis von Sozialarbeiter*innen in diesem Handlungsfeld zu bieten. Gleichwohl lassen sich auch in dieser vorliegenden wissenschaftlichen Perspektive nur ausgewählte Themenkomplexe der Sozialen Arbeit in der Justiz umfassend darlegen, während andere Diskussionsstränge eher vernachlässigt werden müssen. Doch gerade der von uns skizzierte Fokus des vorliegenden Buches erscheint uns bislang in der fachlichen Debatte stark unterrepräsentiert, insbesondere wenn es um eigenständige Beiträge ›aus‹ der Sozialen Arbeit ›für‹ die Soziale Arbeit geht. Hierzu möchten wir einen Beitrag leisten, womit die Hoffnung verbunden ist, Studierenden einen interessanten Einstieg in die Soziale Arbeit in der Justiz zu ermöglichen sowie Anregungen für eine methodische Ausdifferenzierung der Sozialen Arbeit in der Justiz sowohl für die Wissenschaft als auch für die Praxis der Sozialen Arbeit zu geben.

In Kapitel 1 stellen wir zunächst überblicksartig die institutionellen und strukturellen Rahmenbedingungen für die oben genannten Bereiche der Sozialen Arbeit in der Justiz dar. Im Anschluss werden in Kapitel 2 mit der Lebensweltorientierung und der ökosozialen Sozialarbeit zwei theoretische Perspektiven aufgegriffen, um zu verdeutlichen, welchen ›Blick‹ Soziale Arbeit auf das Handlungsfeld Justiz einnehmen kann. Kapitel 3 thematisiert den »doppelten« Auftrag und die Zielsetzungen der Sozialen Arbeit im Feld der Justiz, wobei auch der Charakter des Zwangskontextes in diesem Handlungsfeld verdeutlicht wird. In Kapitel 4 werden unterschiedliche Erklärungsansätze zur Entstehung von Kriminalität beleuchtet. Hierfür werden sowohl kriminalpsychologische Erklärungsmodelle aufgegriffen, die sich verstärkt auf die handelnde Person fokussieren, als auch eher soziologisch geprägte Ansätze, die Umweltbedingungen zur Entstehung von Kriminalität in den Mittelpunkt stellen. Abschließend zeigt sich gerade die Verschränkung dieser beiden Perspektiven im Rahmen von integrativen Ansätzen als besonders anschlussfähig für ein ganzheitliches Erklärungsmodell von Kriminalität im Sinne der Sozialen Arbeit. In den darauffolgenden Kapiteln rücken zunächst methodische Paradigmen in den Mittelpunkt, die das professionelle Selbstverständnis und die professionelle Grundhaltung von Sozialarbeiter*innen im Feld der Justiz adressieren (► Kap. 5), um darauf aufbauend methodische Schlüsselprozesse der Sozialen Arbeit in der Justiz darzulegen (► Kap. 6). In Kapitel 7 wird zudem das methodische Handeln mit zwei besonders herausfordernden Teilzielgruppen (Sexualstraftäter und straffällige Menschen mit dissozialen Persönlichkeitsstörungen) thematisiert. In Kapitel 8 geben wir Einblicke in Forschungs- und Entwicklungsprozesse in den Sozialen Diensten der Justiz, wobei wir für eine fortlaufende Konzept- und Methodenentwicklung insbesondere die Kooperation von Wissenschaft und Praxis als erfolgversprechend betrachten. Das Buch schließt in Kapitel 9 mit einem zusammenfassenden Fazit und Ausblick, indem wir abschließend zehn Thesen zur zukünftigen Ausrichtung der Sozialen Arbeit in der Justiz formulieren.

Jedes Kapitel wird mit einer kleinen, real erlebten, »Anekdote« eingeleitet, damit auf (selbst-)ironische Weise der Einstieg in die Materie vielleicht leichter gelingt. Damit soll selbstverständlich niemand ›vorgeführt‹ werden. Die Autoren hoffen auf ein Schmunzeln der Leser*innen und auf Nachsicht, wenn man darin eine zu kritische Haltung zu entdecken vermeint.

Wir hoffen mit der vorliegenden Publikation zu einer konstruktiven Auseinandersetzung und weiteren Professionalisierung der Sozialen Arbeit in der Justiz beitragen zu können.

Abschließend danken wir ganz herzlich unseren Familien, deren Geduld und Unterstützung es uns ermöglicht haben, uns diesem Buch zu widmen.

Eichstätt/München, Februar 2021
Wolfgang Klug und Daniel Niebauer

Inhalt

1 Institutionelle und strukturelle Rahmenbedingungen der Sozialen Arbeit in der Justiz

☞ **Das erwartet Sie ...**

In diesem Kapitel werden überblicksartig die institutionellen und strukturellen Rahmenbedingungen jener Sozialen Dienste der Justiz dargestellt, auf die sich die nachfolgenden Kapitel und die entsprechenden Ausführungen zum methodischen Handeln und professionellen Selbstverständnis der Sozialen Arbeit beziehen. Dabei liegt der Fokus auf den ambulanten Diensten der Bewährungshilfe, Führungsaufsicht und Gerichtshilfe sowie im stationären Setting auf dem Strafvollzug. Im Mittelpunkt stehen zudem Maßnahmen bzw. Institutionen für erwachsene – und damit nicht für jugendliche bzw. heranwachsende – Straftäter*innen.

1.1 Vorbemerkung

Anekdote zum Einstieg

Bei einer Fortbildungstagung mit Gerichtshelfer*innen erlebte der Verfasser dieser Zeilen eine kleine Überraschung. Bestrebt, die Fortbildung kommunikativ zu gestalten, stellte er allerlei Fragen zur Diskussion, die allesamt unbeantwortet blieben. Die Diskussion war sehr einseitig und beschränkte sich auf wenige Fragen. Beim Mittagessen, in das sich der ziemlich ratlose Referent wie ein Boxer im Ring beim Schlagen der Ringglocke gerettet hat, fragte er einen Teilnehmer nach dem Grund für dieses Verhalten. In unvermuteter Offenheit entgegnete der Gerichtshelfer: »So richtig verstehe ich nicht, was wir hier sollen. Alles, was ich brauche, steht doch im Gesetzbuch.«

Obwohl der Fokus dieses Buches auf dem methodischen Handeln und dem professionellen Selbstverständnis der Sozialen Arbeit in der Justiz liegt, sind diese beiden Aspekte nur unter Berücksichtigung der jeweiligen juristischen, institutionellen und strukturellen Rahmenbedingungen zu betrachten. Sie sind wichtig als strukturelle Voraussetzungen, wenngleich nicht als Handlungsanweisungen und schon gar nicht als fachliche Standards für Soziale Arbeit. Deshalb sollen in diesem Abschnitt – zumindest überblicksartig – diejenigen Handlungsfelder vorgestellt werden, auf die sich die weiteren Ausführungen zum methodischen Handeln und professionellen Selbstverständnis der folgenden Kapitel beziehen werden.

Für den ambulanten Bereich der Sozialen Arbeit in der Justiz konzentrieren wir uns auf die *Bewährungshilfe* und *Führungsaufsicht* sowie die *Gerichtshilfe*, für den stationären Kontext auf die *Soziale Arbeit im Strafvollzug*. Zudem beziehen sich die Ausführungen – zumindest größtenteils – auf *erwachsene Straftäter*innen*, da für jugendliche bzw. heranwachsende Straftäter*innen sowohl die institutionellen und rechtlichen Rahmenbedingungen als auch die daraus resultierenden fachlichen Anforderungen für die Soziale Arbeit durchaus stark differieren und unserer Ansicht nach ein eigenes Lehrbuch erfordern würden.

Die konkrete Ausgestaltung der genannten Handlungsfelder obliegt aufgrund des *föderalistischen Systems* der Bundesrepublik Deutschland den einzelnen Bundesländern. Daher ergibt sich für die justizielle Straffälligenhilfe ein insgesamt sehr uneinheitliches Bild, zudem erweist sich die Datenlage zur Sozialen Arbeit in der Justiz als ›ausbaufähig‹. Aus diesen Gründen sind die folgenden Ausführungen auch nur als grober Überblick der institutionellen und strukturellen Rahmenbedingungen zu verstehen, und es sei schon hier auf die vertiefende Literatur am Ende des Kapitels hingewiesen.

1.2 Bewährungshilfe und Führungsaufsicht

Mitte der 1950er Jahre wurde die Unterstellung einer Person unter eine*n Bewährungshelfer*in im Zusammenhang einer Straf-(Rest-)Aussetzung zur Bewährung – im Folgenden auch als *Bewährungshilfe* betitelt – im Strafrecht gesetzlich verankert. Die bundesgesetzlichen Vorschriften der Bewährungshilfe sind maßgeblich im StGB geregelt. Diese enthalten jedoch keine Vorgaben zur organisatorischen, personellen und fachlichen Ausgestaltung, da hierfür aufgrund der föderalen Struktur die Zuständigkeit bei den einzelnen Bundesländern liegt. Aus diesem Grund zeichnet sich eine sehr uneinheitliche Ausgestaltung der Bewährungshilfe über die Bundesländer hinweg ab (vgl. Klug & Schaitl 2012).

Als zentrale *Rechtsgrundlagen* lassen sich für die Bewährungshilfe die §§ 56, 57 StGB benennen. Demnach kann die *Strafaussetzung zur Bewährung bei Vollstreckung einer (gesamten) Freiheitsstrafe* erfolgen (§ 56 StGB), wie auch als *Aussetzung eines Strafrestes, der nach Verbüßung einer Freiheitsstrafe noch verbleibt* (§ 57 StGB). Darüber hinaus ist eine Aussetzung zur Bewährung bei Maßregeln zur Besserung und Sicherung möglich (§§ 63, 64, 66, 68, 69, 70 StGB). Grundsätzlich geht einer Strafaussetzung zur Bewährung eine *günstige Sozialprognose* voraus, wie folgender Gesetzestext zeigt:

»wenn zu erwarten ist, dass der Verurteilte sich schon die Verurteilung zur Warnung dienen lassen und künftig auch ohne die Einwirkung des Strafvollzugs keine Straftaten mehr begehen wird. Dabei sind namentlich die Persönlichkeit des Verurteilten, sein Vorleben, die Umstände seiner Tat, sein Verhalten nach der Tat, seine Lebensverhältnisse und die Wirkungen zu berücksichtigen, die von der Aussetzung für ihn zu erwarten sind« (§ 56 Abs. 1 StGB).

»Mit ›erwarten‹ wird zum Ausdruck gebracht, dass von der Prognoseentscheidung des Gerichtes keine sichere Gewähr für die künftige straffreie Lebensführung gefordert wird. Vielmehr reicht es aus, dass das Gericht zur Überzeugung gelangt, dass die Begehung weiterer Straftaten nicht wahrscheinlich ist [...]« (Grosser 2018a, 201). Analog ist auch die Strafrestaussetzung zur Bewährung an eine günstige Sozialprognose gebunden, wobei nach § 57 Abs. 1 Nr. 2 StGB dies explizit an das Ausmaß der Gefahr gekoppelt ist, die ein Rückfall der verurteilten Person für die Allgemeinheit darstellen würde (ebd., 203).

Das Gericht kann der verurteilten Person *Auflagen* (§ 56b StGB) erteilen, die der Genugtuung des begangenen Unrechts dienen, wie z. B. die Wiedergutmachung des Schadens, die Zahlung eines Geldbetrags an eine soziale Einrichtung oder die Staatskasse sowie das Erbringen sonstiger gemeinnütziger Leistungen. Des Weiteren kann das Gericht der verurteilten Person für die Dauer der Bewährungszeit *Weisungen* (§ 56c StGB) erteilen, wenn sie dieser Hilfe bedarf, um keine Straftaten mehr zu begehen, wie z. B. Anordnungen bezüglich Aufenthalt, Ausbildung, Arbeit oder Freizeit zu befolgen, sich zu bestimmten Zeiten bei Gericht zu melden, bestimmte Personen oder Gruppen zu meiden sowie gewisse Gegenstände nicht zu besitzen, die Anreiz zu weiteren Straftaten bieten können, oder submittelabstinent zu leben (vgl. auch Grosser 2018a, 202; Kawamura-Reindl & Scheider 2015, 168f.).

Wenn sich das Gericht von einer *Unterstellung unter eine*n Bewährungshelfer*in* eine positive Beeinflussung und Hilfe zur künftigen Straffreiheit erhofft, kann es diese anordnen (Schäfer & Sander 2000). Der gesetzliche Auftrag der Bewährungshilfe ist folgendermaßen geregelt:

§ 56d StGB: Bewährungshilfe

(1) Das Gericht unterstellt die verurteilte Person für die Dauer oder einen Teil der Bewährungszeit der Aufsicht und Leitung einer Bewährungshelferin oder eines Bewährungshelfers, wenn dies angezeigt ist, um sie von Straftaten abzuhalten.

(2) Eine Weisung nach Absatz 1 erteilt das Gericht in der Regel, wenn es eine Freiheitsstrafe von mehr als neun Monaten aussetzt und die verurteilte Person noch nicht 27 Jahre alt ist.

(3) Die Bewährungshelferin oder der Bewährungshelfer steht der verurteilten Person helfend und betreuend zur Seite. Sie oder er überwacht im Einvernehmen mit dem Gericht die Erfüllung der Auflagen und Weisungen sowie der Anerbieten und Zusagen und berichtet über die Lebensführung der verurteilten Person in Zeitabständen, die das Gericht bestimmt. Gröb-

liche oder beharrliche Verstöße gegen Auflagen, Weisungen, Anerbieten oder Zusagen teilt die Bewährungshelferin oder der Bewährungshelfer dem Gericht mit.

(4) Die Bewährungshelferin oder der Bewährungshelfer wird vom Gericht bestellt. Es kann der Bewährungshelferin oder dem Bewährungshelfer für die Tätigkeit nach Absatz 3 Anweisungen erteilen.

(5) Die Tätigkeit der Bewährungshelferin oder des Bewährungshelfers wird haupt- oder ehrenamtlich ausgeübt.

Nach § 56d Abs. 3 StGB lässt sich bereits das Spannungsverhältnis von *Hilfe und Kontrolle* (Doppeltes Mandat, ▶ Kap. 3.2) als konstitutives Merkmal der Bewährungshilfe festhalten, da laut Gesetzestext der*die Bewährungshelfer*in der verurteilten Person sowohl *helfend und betreuend* zur Seite steht als auch *überwachend* und über die Lebensführung der verurteilten Person *berichtend*. Die fachlichen und methodischen Konsequenzen, die sich aus diesem grundlegenden Auftrag der Bewährungshilfe ableiten lassen, werden in den folgenden Kapiteln ausführlich beleuchtet.

Gemäß § 56f StGB widerruft das Gericht die Strafaussetzung, wenn die verurteilte Person in der Bewährungszeit eine Straftat begeht und/oder gegen Auflagen und Weisungen gröblich oder beharrlich verstößt. Ein Widerruf der Bewährung kann auch geschehen, wenn sich die verurteilte Person der Aufsicht und Leitung der*des Bewährungshelfer*in beharrlich entzieht und dadurch Anlass zu der Besorgnis gibt, dass sie erneut Straftaten begehen wird.

Nach § 56g StGB wird nach Ablauf der Bewährungszeit die Strafe erlassen, sofern das Gericht die Strafaussetzung nicht widerrufen hat.

Die kriminalpolitische Bedeutung der Bewährungshilfe ist in den vergangenen Jahrzehnten kontinuierlich gestiegen. Im Jahr 2011 standen in Gesamtdeutschland (aktuellere Daten sind seit 2011 nur für vereinzelte Bundesländer verfügbar; Stand: Oktober 2020; vgl. DBH o. J.) 150 713 Menschen – davon 131 735 männlich und 18 978 weiblich – nach dem allgemeinen Strafrecht unter Bewährung, also ohne Unterstellungen nach dem Jugendstrafrecht (vgl. Statistisches Bundesamt 2013, ohne Hamburg und mit Angaben für Berlin aus 2007). Im Jahr 2012 war es sieben von zehn Personen, die zu einer Freiheits- oder Jugendstrafe verurteilt wurden, möglich, ihre Haftstrafe durch eine erfolgreiche Bewährungszeit zu vermeiden (vgl. Kawamura-Reindl & Scheider 2015, 167). Somit leistet die Bewährungshilfe einen wesentlichen Beitrag zur Entlastung des Strafvollzugs. Insbesondere für Verurteilte von Delikten leichter und mittlerer Kriminalität leistet die Strafaussetzung zur Bewährung eine zentrale Alternative zum Strafvollzug und schafft dadurch bessere Voraussetzungen für eine soziale Eingliederung. Zudem beansprucht die ambulante Alternative nur etwa 10 % der Gesamtkosten im Verhältnis zum Strafvollzug und ist somit deutlich kostengünstiger (vgl. Grosser 2018a, 214).

Die *Führungsaufsicht* zählt zu den nichtfreiheitsentziehenden Maßregeln der Besserung und Sicherung (§ 68 StGB). Als zentrale *Rechtsgrundlagen* lassen sich für die Führungsaufsicht §§ 68ff. StGB benennen.

§ 68 StGB: Voraussetzungen der Führungsaufsicht

(1) Hat jemand wegen einer Straftat, bei der das Gesetz Führungsaufsicht besonders vorsieht, zeitige Freiheitsstrafe von mindestens sechs Monaten verwirkt, so kann das Gericht neben der Strafe Führungsaufsicht anordnen, wenn die Gefahr besteht, daß er weitere Straftaten begehen wird.
(2) Die Vorschriften über die Führungsaufsicht kraft Gesetzes (§§ 67b, 67c, 67d Abs. 2 bis 6 und § 68f) bleiben unberührt.

Voraussetzung für eine Führungsaufsicht ist die Gefahr, dass der*die Straftäter*in weitere Straftaten begehen wird (§ 68 Abs. 1 StGB). Im Gegensatz zur Bedingung für die Aussetzung einer Strafe zur Bewährung geht der Gesetzgeber bei Verhängung der Führungsaufsicht also von einer *ungünstigen Sozialprognose* aus. Eine Führungsaufsicht wir insbesondere angeordnet

- bei Vollverbüßung einer Haftstrafe von mindestens zwei Jahren (§ 68f StGB),
- bei Entlassenen aus der Sicherungsverwahrung (§ 67d Abs. 3 StGB),
- bei Beendigung der Maßregel wegen Ablauf der Höchstfrist (§ 67d Abs. 4 StGB).

Gemäß § 68a Abs. 1 StGB wird der verurteilten Person für die Dauer der Führungsaufsicht vom Gericht nicht nur ein*e Bewährungshelfer*in bestellt, sondern sie untersteht auch einer Aufsichtsstelle. Der*Die Bewährungshelfer*in und die Aufsichtsstelle stehen »im Einvernehmen miteinander der verurteilten Person *helfend und betreuend* zur Seite« (§ 68a Abs. 2 StGB; Herv. nicht i. O.). Zudem *überwacht* die Aufsichtsstelle »im Einvernehmen mit dem Gericht und mit Unterstützung der Bewährungshelferin oder des Bewährungshelfers das Verhalten der verurteilten Person und die Erfüllung der Weisungen« (§ 68a Abs. 3 StGB).

Die Führungsaussicht soll also entsprechenden Straftäter*innen

»vor allem nach Verbüßung der Strafhaft oder dem Ende einer Unterbringung in einem psychiatrischen Krankenhaus sowie einer Entziehungsanstalt auch eine Unterstützung für den Übergang in die Freiheit geben. Damit soll sie nicht nur einen Beitrag zur Resozialisierung leisten, sondern auch mit erweiterten Kontroll- und Überwachungsmöglichkeiten Straftaten verhindern, relevante negative Sozialentwicklungen rechtzeitig feststellen und erforderliche Maßnahmen ergreifen« (Kawamura-Reindl & Scheider 2015, 176).

Dabei wird – wie bereits im Kontext der Bewährungshilfe – das Spannungsverhältnis von Hilfe und Kontrolle deutlich. Analog zur Bewährungshilfe kann das Gericht der verurteilten Person Weisungen erteilen (§ 68b StGB), wobei diese bei den unter Führungsaussicht stehenden Proband*innen aufgrund der negativen Sozialprognose zum Teil einschneidender ausfallen bzw. einen erweiterten Kontroll- und Überwachungscharakter haben (vgl. Kawamura-Reindl & Scheider 2015, 176). Solche Weisungen können für eine verurteilte Person u. a. sein:

17

- den Wohn- oder Aufenthaltsort oder einen bestimmten Bereich nicht ohne Erlaubnis der Aufsichtsstelle zu verlassen (§ 68b Abs. 1 Nr. 1 StGB),
- sich nicht an bestimmten Orten aufzuhalten, die ihr Gelegenheit oder Anreiz zu weiteren Straftaten bieten können (§ 68b Abs. 1 Nr. 2 StGB),
- zu der verletzten Person oder bestimmten Personen oder Personen einer bestimmten Gruppe, die ihr Gelegenheit oder Anreiz zu weiteren Straftaten bieten können, keinen Kontakt aufzunehmen, mit ihnen nicht zu verkehren, sie nicht zu beschäftigen, auszubilden oder zu beherbergen (§ 68b Abs. 1 Nr. 3 StGB),
- sich zu bestimmten Zeiten bei der Aufsichtsstelle, einer bestimmten Dienststelle oder der Bewährungshelferin oder dem Bewährungshelfer zu melden (§ 68b Abs. 1 Nr. 7 StGB).
- keine alkoholischen Getränke oder andere berauschende Mittel zu sich zu nehmen, wenn aufgrund bestimmter Tatsachen Gründe für die Annahme bestehen, dass der Konsum solcher Mittel zur Begehung weiterer Straftaten beitragen wird, und sich Alkohol- oder Suchtmittelkontrollen zu unterziehen, die nicht mit einem körperlichen Eingriff verbunden sind (§ 68b Abs. 1 Nr.10 StGB).

Darüber hinaus kann das Gericht den*die Proband*in anweisen, sich zu bestimmten Zeiten oder in bestimmten Abständen bei einer*einem Ärztin*Arzt, einem*einer Psychotherapeut*in oder einer *forensischen Ambulanz* vorzustellen (§ 68b Abs. 1 Nr. 11 StGB).

Einen besonders schwerwiegenden Eingriff in die Freiheitsrechte stellt die Weisung der *elektronischen Aufenthaltsüberwachung* dar (auch unter den Begriffen »elektronische Fußfessel«, »elektronisch überwachter Hausarrest« diskutiert; vgl. Kawamura-Reindl & Schneider 2015, 332), bei der die jeweiligen Proband*innen die für eine elektronische Überwachung ihres Aufenthaltsortes erforderlichen technischen Mittel ständig in betriebsbereitem Zustand bei sich zu führen und deren Funktionsfähigkeit nicht zu beeinträchtigen haben (§ 68b Abs. 1 Nr. 12 StGB). Die elektronische Überwachung im Rahmen der Führungsaufsicht ist gemäß § 68b Abs. 1 Satz 3 StGB jedoch nur möglich, wenn

> »1. die Führungsaufsicht auf Grund der vollständigen Vollstreckung einer Freiheitsstrafe oder Gesamtfreiheitsstrafe von mindestens drei Jahren oder auf Grund einer erledigten Maßregel eingetreten ist,
> 2. die Freiheitsstrafe oder Gesamtfreiheitsstrafe oder die Unterbringung wegen einer oder mehrerer Straftaten der in § 66 Absatz 3 Satz 1 genannten Art verhängt oder angeordnet wurde,
> 3. die Gefahr besteht, dass die verurteilte Person weitere Straftaten der in § 66 Absatz 3 Satz 1 genannten Art begehen wird, und
> 4. die Weisung erforderlich erscheint, um die verurteilte Person durch die Möglichkeit der Datenverwendung nach § 463a Absatz 4 Satz 2 der Strafprozessordnung, insbesondere durch die Überwachung der Erfüllung einer nach Satz 1 Nummer 1 oder 2 auferlegten Weisung, von der Begehung weiterer Straftaten der in § 66 Absatz 3 Satz 1 genannten Art abzuhalten.«

Für die elektronische Aufenthaltsüberwachung

> »kommen vor allem verurteilte Sexual- und Gewaltstraftäter in Betracht, die von Orten ferngehalten werden sollen, an denen sich Kinder oder Tatopfer aufhalten. Obwohl es

sich um eine begrenzte Zahl angeordneter elektronischer Überwachungsmaßnahmen handelt (seit 2014 etwas über 70 ständig Überwachte), bedeutet die Anordnung der Weisung eine neue Qualität der Eingriffsintensität« (Grosser 2018b, 220f.).

Hinzuweisen ist noch auf ein besonders ›scharfes Schwert‹ der Führungsaufsicht. Es ist verankert im § 145a StGB, wo es heißt:

>»Wer während der Führungsaufsicht gegen eine bestimmte Weisung der in § 68b Absatz 1 bezeichneten Art verstößt und dadurch den Zweck der Maßregel gefährdet, wird mit Freiheitsstrafe bis zu drei Jahren oder mit Geldstrafe bestraft. Die Tat wird nur auf Antrag der Aufsichtsstelle verfolgt.«

Als Teil der Führungsaufsichtsstelle haben Sozialarbeiter*innen die Pflicht zur Berichterstattung und auch die Möglichkeit, bei Weisungsverstößen (was wohlgemerkt keine neue Straftat beinhalten muss) eine Haftstrafe zu beantragen.

Der gesetzliche Rahmen für Bewährungshilfe und Führungsaufsicht lässt sich demnach so zusammenfassen:

> Die beiden ambulanten Sozialen Dienste der Justiz sind im Auftrag des Gerichts einer verurteilten Person zugeordnet, um dieser einerseits bei einer straffreien Lebensführung zu *helfen*, sie andererseits aber auch zu *überwachen*, um mögliche Rückfallrisiken zu erkennen.

1.3 Gerichtshilfe

Mitte der 1970er Jahre wurde durch das Einführungsgesetz zum Strafgesetzbuch (EGStGB) die *Gerichtshilfe* in das Strafrecht aufgenommen. Als zentrale *Rechtsgrundlagen* sind für die Gerichtshilfe die §§ 160, 463d StPO zu nennen. Gemäß § 160 Abs. 3 StPO kann sich die Staatsanwaltschaft im Strafverfahren der Gerichtshilfe bedienen, um die Umstände zu ermitteln, die für die Bestimmung der Rechtsfolgen der Tat von Bedeutung sind. Hierbei soll die Gerichtshilfe durch die »Exploration der Persönlichkeit und der sozialen Situation der Beschuldigten und Verurteilten Diagnosen und Prognosen« (Thier 2018, 193) in das Strafverfahren einbringen.

> **§ 160 StPO: Pflicht zur Sachverhaltsaufklärung**
>
> (1) Sobald die Staatsanwaltschaft durch eine Anzeige oder auf anderem Wege von dem Verdacht einer Straftat Kenntnis erhält, hat sie zu ihrer Entschließung darüber, ob die öffentliche Klage zu erheben ist, den Sachverhalt zu erforschen.

(2) Die Staatsanwaltschaft hat nicht nur die zur Belastung, sondern auch die zur Entlastung dienenden Umstände zu ermitteln und für die Erhebung der Beweise Sorge zu tragen, deren Verlust zu besorgen ist.

(3) Die Ermittlungen der Staatsanwaltschaft sollen sich auch auf die Umstände erstrecken, die für die Bestimmung der Rechtsfolgen der Tat von Bedeutung sind. Dazu kann sie sich der Gerichtshilfe bedienen.

(4) Eine Maßnahme ist unzulässig, soweit besondere bundesgesetzliche oder entsprechende landesgesetzliche Verwendungsregelungen entgegenstehen.

Zudem kann gemäß § 463d StPO die Gerichtshilfe zur Vorbereitung von Entscheidungen, die dem Urteil nachfolgen, in Anspruch genommen werden, insbesondere vor einer Entscheidung über den Widerruf der Strafaussetzung oder der Aussetzung des Strafrestes.

§ 463d StPO: Gerichtshilfe

Zur Vorbereitung der nach den §§ 453 bis 461 zu treffenden Entscheidungen kann sich das Gericht oder die Vollstreckungsbehörde der Gerichtshilfe bedienen; dies kommt insbesondere vor einer Entscheidung über den Widerruf der Strafaussetzung oder der Aussetzung des Strafrestes in Betracht, sofern nicht ein Bewährungshelfer bestellt ist.

Im Gegensatz zur Jugendgerichtshilfe ist die Einschaltung der Gerichtshilfe im Rahmen des Erwachsenenstrafrechts nicht zwingend vorgeschrieben (vgl. Kawamura-Reindl & Schneider 2015, 162), sondern als Kann-Vorschrift formuliert. Die Zuständigkeit für die Ausgestaltung der Gerichtshilfe obliegt – wie auch bei der Bewährungshilfe – den Bundesländern und wird entsprechend durch die Landesgesetzgebungen konkretisiert. Insgesamt liegen jedoch nur wenige aussagekräftige Daten zur Tätigkeit der Gerichtshilfe in den jeweils einzelnen Bundesländern vor (vgl. Thier 2018, 194).

Beispiel: Oberlandesgericht München – Aufgaben der Gerichtshilfe

»Aufgabe der Gerichtshilfe ist es, Staatsanwaltschaften und Gerichten in verschiedenen Stadien des Ermittlungs-, Straf- und Strafvollstreckungsverfahrens durch Berichte zur Persönlichkeit und dem Umfeld erwachsener Straffälliger wichtige Entscheidungshilfen zu geben. Die Gerichtshilfe

- stellt die persönlichen und wirtschaftlichen Verhältnisse von Beschuldigten und Verurteilten fest,
- klärt die Gründe für Auflagen- und Weisungsverstöße,
- wirkt mit Mitteln der Sozialarbeit an der Resozialisierung straffällig gewordener Menschen mit und
- überprüft Gnadengründe.

Im **Ermittlungsverfahren** leistet die Gerichtshilfe damit einen Beitrag zur
Bestimmung täterbezogener Rechtsfolgen,
Entscheidung für eine Bewährungsunterstellung,
Ergänzung gerichtsmedizinischer und psychiatrischer Begutachtungen und
Einleitung bzw. Vermittlung erster Hilfs- und Behandlungsmaßnahmen.

Im **Vollstreckungsverfahren** trägt die Gerichtshilfe dazu bei
Bewährungsauflagen an die Lebenswirklichkeit der Verurteilten anzupassen,
den gerichtlichen Entscheidungen Nachdruck zu verleihen und
vermeidbare Bewährungswiderrufe und damit Haftverbüßung abzuwen-
den.
(…)
Gerichtshelfer*innen sind organisatorisch den Staatsanwaltschaften oder den
Landgerichten unterstellt.« (Quelle: Oberlandesgericht München o. J.).

Neben den genannten, gesetzlich festgeschriebenen Aufgaben der Gerichtshilfe
als Ermittlungs- und Entscheidungshilfe im Strafverfahren hat sich das Tätigkeit-
feld der Gerichtshilfe in den vergangenen Jahren erheblich erweitert. So kann
die Gerichtshilfe auch als *Haftentscheidungs- bzw. Haftverkürzungshilfe* fungieren,
wenn Beschuldigte in Untersuchungshaft genommen werden. In diesem Fall
hilft die Gerichtshilfe bei der Einschätzung, ob Fluchtgefahr besteht oder eine
Haftverschonung oder Verkürzung der Untersuchungshaft möglich ist. Die *Vermittlung von gemeinnütziger Arbeit* zur Vermeidung von Ersatzfreiheitsstrafen
kann ebenfalls in einigen Bundesländern zu den Aufgaben der Gerichtshilfe zählen. Darüber hinaus kann auch die *Opferberichterstattung* ein Tätigkeitsgebiet der
Gerichthilfe sein, womit die Würdigung der Opferseite im Rahmen des Strafver-
fahrens verbunden ist. Hierbei bringt die Gerichtshilfe Informationen zum Opfer
einer Straftat in das Strafverfahren ein, wie z. B. die Lebenssituation des Opfers
vor der Tat, die Beziehung zur Tatperson oder die Auswirkungen der Straftat auf
das Opfer in physischer, psychischer und/oder materieller Hinsicht. Zudem in-
formiert die Gerichtshilfe das Opfer über den Ablauf der Gerichtsverhandlung
sowie über geeignete Hilfs- und Unterstützungsangebote, wie z. B. Opfereinrich-
tungen, Rechtsberatungsmöglichkeiten oder den *Täter-Opfer-Ausgleich* als Scha-
denswiedergutmachung. In einigen Regionen ist die Gerichtshilfe unmittelbar
mit der Umsetzung des Täter-Opfer-Ausgleichs betraut, womit besondere Kompetenzen in der Konfliktberatung und Mediation notwendig sind (vgl. Kawamura-Reindl & Schneider 2015, 165f.; Thier 2018, 193f.).

1.4 Strafvollzug

Neben den oben dargestellten ambulanten Sozialen Diensten der Justiz ist Soziale Arbeit auch im stationären Kontext mit straffälligen Menschen anzutreffen. Der *Strafvollzug* – also der Vollzug einer Freiheitsstrafe – findet grundsätzlich in einer *Justizvollzugsanstalt (JVA)* statt. Auch hier sind für die in Deutschland insgesamt 179 Justizvollzugsanstalten (Stichtag: 30.11.2018; vgl. Statista 2019) große institutionelle Unterschiede festzustellen. Unterbringungen können in unterschiedlichen Formen des geschlossenen oder offenen Vollzugs, in unterschiedlichen Wohn- bzw. Behandlungsgruppen oder in sozialtherapeutischen Abteilungen stattfinden. Zudem sind wesentliche Unterschiede bei einer Untersuchungshaft sowie der Unterbringung im Maßregelvollzug zu verzeichnen (vgl. Kawamura-Reindl & Schneider 2015, 233; eine ausführliche Darstellung des Strafvollzugs findet sich u. a. bei Laubenthal 2019).

Am Stichtag 31.03.2020 befanden sich 59 487 Gefangene (Personen, die sich in Untersuchungshaft befinden oder zu einer Jugend- oder Freiheitsstrafe verurteilt wurden) und Verwahrte (Personen, die unter Sicherungsverwahrung oder sonstigen Freiheitsentzug gestellt wurden) in Justizvollzugsanstalten. Davon verbüßten 42 177 Personen (39 637 Männer und 2 540 Frauen) eine Haftstrafe im Erwachsenenvollzug und 12 251 Personen (11 640 Männer und 611 Frauen) waren in Untersuchungshaft (vgl. Statista 2020a; 2020b).

Die zentralen *Rechtsgrundlagen* ergeben sich aus dem 1977 in Kraft getretenen Strafvollzugsgesetz (StVollzG), insbesondere den §§ 2, 3 StVollzG.

§ 2 StVollzG: Aufgaben des Vollzuges

Im Vollzug der Freiheitsstrafe soll der Gefangene fähig werden, künftig in sozialer Verantwortung ein Leben ohne Straftaten zu führen (Vollzugsziel). Der Vollzug der Freiheitsstrafe dient auch dem Schutz der Allgemeinheit vor weiteren Straftaten.

§ 3 StVollzG: Gestaltung des Vollzuges

(1) Das Leben im Vollzug soll den allgemeinen Lebensverhältnissen soweit als möglich angeglichen werden.
(2) Schädlichen Folgen des Freiheitsentzuges ist entgegenzuwirken.
(3) Der Vollzug ist darauf auszurichten, daß er dem Gefangenen hilft, sich in das Leben in Freiheit einzugliedern.

Wenngleich seit der Föderalismusreform 2006 die Gesetzgebungskompetenz für den Strafvollzug auf die Bundesländer übertragen wurde (siehe die einzelnen Landesstrafvollzugsgesetze; guter Überblick in Dünkel & Pruin 2015) und dadurch zum Teil der Schutz der Allgemeinheit vor weiteren Straftaten an die erste

Stelle gesetzt wurde (vgl. z. B. Bayerisches Strafvollzugsgesetz; BayStVollzG), stellt § 2 StVollzG das *Ziel der Resozialisierung* für jede*n Gefangene*n in den Mittelpunkt, das auch durch das Bundesverfassungsgericht entsprechend bestätigt wurde. Die Resozialisierung stellt somit die Zielvorgabe für alle Bereiche und Berufsgruppen im Strafvollzug dar, auf das gemeinsam (und nach § 154 StVollzG auch in Zusammenarbeit mit Stellen und Behörden außerhalb des Strafvollzugs, wie z. B. der Bewährungshilfe, der Agentur für Arbeit, den Verbänden der freien Wohlfahrtspflege) und verpflichtend hinzuwirken ist (vgl. Cornel 2018b, 310; Kawamura-Reindl & Schneider 2015, 235f.; Laubenthal 2019, 116ff.). Das Vollzugsziel der Resozialisierung wird gemäß § 3 StVollzG durch die folgenden Gestaltungsprinzipien konkretisiert:

- durch den Angleichungsgrundsatz (§ 3 Abs. 1 StVollzG),
- den Gegensteuerungsgrundsatz (§ 3 Abs. 2 StVollzG) und
- den Integrationsgrundsatz (§ 3 Abs. 3 StVollzG).

Diese Grundsätze der Gestaltung des Strafvollzugs sollen dazu verpflichten, dass das Leben der Gefangenen in einer totalen Institution (Goffman 1981) an menschenwürdige Lebensverhältnisse anzugleichen ist (Laubenthal 2019, 147).

Totale Institution

»Eine totale Institution wie die Justizvollzugsanstalt kennzeichnen nach Goffman folgende zentrale Merkmale:

1. Alle Angelegenheiten des Lebens finden an ein und derselben Stelle unter ein und derselben Autorität statt.
2. Die Mitglieder der Institution führen sämtliche Phasen ihrer täglichen Arbeit in unmittelbarer Gesellschaft einer großen Gruppe von Schicksalsgenossen aus, wobei allen die gleiche Behandlung zuteil wird und alle die gleiche Tätigkeit gemeinsam verrichten müssen.
3. Alle Phasen des Arbeitstages sind exakt geplant, eine geht zu einem vorher bestimmten Zeitpunkt in die nächste über, und die ganze Abfolge der Tätigkeiten wird von oben durch ein System expliziter Regeln und durch einen Stab von Funktionären vorgeschrieben.
4. Die verschiedenen erzwungenen Tätigkeiten werden in einem einzigen rationalen Plan vereinigt, der angeblich dazu dient, die offiziellen Ziele der Institution zu erreichen« (Laubenthal 2019, 147).

Die wesentlichen Akteure im Strafvollzug gehören dem Vollzugsstab (Anstaltsleitung, Verwaltungsdienst, Vollzugsdienst, Werkdienst) oder dem Sozialstab (Seelsorger*innen, Ärzt*innen, Fachkräfte der Krankenpflege, Lehrer*innen, Psycholog*innen, Sozialarbeiter*innen) an (vgl. Kawamura-Reindl & Schneider 2015, 237f.).

Also grober Bezugspunkt für die Aufgabenbestimmung der Sozialen Arbeit im Strafvollzug können die §§ 71ff. StVollzG unter der Überschrift »Soziale Hilfe« angeführt werden. Neben dem Grundsatz ist eine Unterteilung in Hilfe bei Aufnahme, Hilfe während des Vollzuges und Hilfe zur Entlassung festzustellen.

»Soziale Hilfe« im Strafvollzugsgesetz (StVollzG)

§ 71 StVollzG: Grundsatz

Der Gefangene kann die soziale Hilfe der Anstalt in Anspruch nehmen, um seine persönlichen Schwierigkeiten zu lösen. Die Hilfe soll darauf gerichtet sein, den Gefangenen in die Lage zu versetzen, seine Angelegenheiten selbst zu ordnen und zu regeln.

§ 72 StVollzG: Hilfe bei der Aufnahme

(1) Bei der Aufnahme wird dem Gefangenen geholfen, die notwendigen Maßnahmen für hilfsbedürftige Angehörige zu veranlassen und seine Habe außerhalb der Anstalt sicherzustellen.
(2) Der Gefangene ist über die Aufrechterhaltung einer Sozialversicherung zu beraten.

§ 73 StVollzG: Hilfe während des Vollzuges

Der Gefangene wird in dem Bemühen unterstützt, seine Rechte und Pflichten wahrzunehmen, namentlich sein Wahlrecht auszuüben sowie für Unterhaltsberechtigte zu sorgen und einen durch seine Straftat verursachten Schaden zu regeln.

§ 74 StVollzG: Hilfe zur Entlassung

Um die Entlassung vorzubereiten, ist der Gefangene bei der Ordnung seiner persönlichen, wirtschaftlichen und sozialen Angelegenheiten zu beraten. Die Beratung erstreckt sich auch auf die Benennung der für Sozialleistungen zuständigen Stellen. Dem Gefangenen ist zu helfen, Arbeit, Unterkunft und persönlichen Beistand für die Zeit nach der Entlassung zu finden.

Neben der Hilfe für die Gefangenen bei Aufnahme, während des Vollzuges und zur Entlassung lassen sich in Anlehnung an Laubenthal (2019, 218) für Sozialarbeiter*innen im Strafvollzug u. a. folgende Tätigkeitbereiche benennen:

- Einzelberatung,
- Gruppenangebote,

- Schuldenregulierung,
- Förderung sozialer Außenkontakte,
- Zusammenarbeit mit Stellen und Behörden außerhalb des Strafvollzugs wie z. B. der Bewährungshilfe oder der Agentur für Arbeit.

Borchert (2015, 458) weist darauf hin, dass Soziale Arbeit im Vollzug im Krisenfall als »Erstsprecher« fungiert, der als erster häufig spontan eine Krise zusammen mit dem Betroffenen bewältigen muss. Sozialarbeiter*innen sind gefragt bei Gefahr von Selbst- oder Fremdschädigungen, Krisen im Umgang mit dem Verlust der gewohnten Umgebung, Entzug oder privaten Problemen. Zum Berufsalltag gehört es auch, »funktionalen Analphabeten« (ebd., 459) Hilfestellung bei Anträgen und Behördenangelegenheiten zukommen zu lassen. Soziale Arbeit trifft im Strafvollzug auf eine sehr heterogene Zielgruppe, die sich im Laufe der Zeit immer wieder verändert. Cornel (2018b, 315ff.) gibt einen Überblick über entsprechende Veränderungen der Anstaltspopulation, mit denen zugleich folgende Merkmale der Zielgruppe(n) der Sozialen Arbeit im Strafvollzug verbunden sind:

- Hohe *Arbeitslosenquote*, insbesondere bei gering qualifizierten Gefangenen, die sich sowohl auf die Integrationschancen nach der Haft als auch auf die Beschäftigung während der Inhaftierung und die Motivation zu Berufsqualifizierung auswirkt.
- Hoher Anteil von Inhaftierten, die von *Drogenabhängigkeit bzw. problematischen Drogenkonsum* betroffen sind.
- Deutlicher Anstieg *alter Gefangener*, keine Altersgruppe ist in den vergangenen Jahrzehnten so schnell angewachsen wie die über 60-Jährigen.
- Deutliche Zunahme der *Verschuldung* der Gefangenen in den letzten Jahrzehnten.
- *AIDS bzw. HIV-Infektionen* stellen eine große Herausforderung im Strafvollzug dar, denn Schätzungen gehen davon aus, dass die HIV-Verbreitung im Strafvollzug etwa 25 Mal höher als in der übrigen Bevölkerung ist.
- Anteil der *nicht-deutschen Gefangenen* stieg in den 1980er Jahren an und verbleibt seit Mitte der 1990er mit etwa 22 bis 23 % auf gleichem Niveau. Dabei ist die Staatsbürgerschaft alleine wenig aussagekräftig, sondern an dieser Stelle eher die Zunahme der Vielfalt kultureller Hintergründe – teils verbunden mit unterschiedlichen Norm- und Wertverständnissen oder fehlenden Sprachkompetenzen – zu konstatieren.
- Die *Anlassdelikte* der Inhaftierung haben sich deutlich gewandelt: Anteil der Eigentums- und Straßenverkehrsdelikte sank, der Anteil der Drogendelikte und Gewaltkriminalität stieg an. Dies ist einerseits Folge der Kriminalitätsentwicklung, andererseits aber auch Folge der Ausweitung von Strafen, z. B. bei Gewaltdelikten.

Literatur zum Weiterlesen

Cornel, H., Kawamura-Reindl, G. & Sonnen, B. R. (2018): Resozialisierung. Handbuch (4., vollst. überarb. und aktual. Aufl.). Baden-Baden: Nomos.

Kawamura-Reindl, G. & Schneider, S. (2015): Lehrbuch Soziale Arbeit mit Straffälligen. Weinheim/Basel: Beltz Juventa.

Klug, W. & Schaitl, H. (2012): Soziale Dienste der Justiz. Perspektiven aus Wissenschaft und Praxis. DBH (Hg.). Mönchengladbach: Forum Verlag Godesberg.

Laubenthal, K. (2019): Strafvollzug (4. Aufl.). Berlin: Springer.

Schweder, M. (Hg.) (2015): Handbuch Jugendstrafvollzug. Weinheim/Basel: Beltz Juventa.

2 Theoretische Perspektiven der Sozialen Arbeit zum Handlungsfeld Justiz

☞ **Das erwartet Sie …**

In diesem Kapitel werden zwei Grundlagentheorien der Sozialen Arbeit vorgestellt: der Ökosoziale Ansatz nach Germain und Gitterman sowie die Lebensweltorientierung nach Thiersch. Anhand dieser beiden Theorien wird das Phänomen »Straffälligkeit« betrachtet, wobei sich Gemeinsamkeiten und Unterschiede erkennen lassen. Abschließend wird die Soziale Arbeit als Handlungswissenschaft beschrieben. Mit diesem Kapitel wird somit ein entsprechender theoretischer und (handlungs-)wissenschaftlicher ›Blick‹ auf die Soziale Arbeit in der Justiz verdeutlicht, der allen weiteren Kapiteln zugrunde liegt.

2.1 Vorbemerkung

Anekdote zum Einstieg

Als es um den Beitrag der wissenschaftlichen Begleitung eines Weiterentwicklungsprojektes in der Bewährungshilfe ging, und die Hochschulvertreter*innen anregten, sich doch in einem ersten Schritt zu vergewissern, welche theoretischen Grundlagen, welches sozialarbeiterische Selbstverständnis, welche sozialarbeiterische Basistheorie etc. von Wissenschaft und Praxis gemeinsam formuliert werden könnte, herrschte in der Runde, die gemischt aus Praktiker*innen und Hochschulvertreter*innen bestand, einige Turbulenz. Als diese zu laut wurde und der Sitzungsleiter zur Ordnung rief, hielt es ein Praktiker nicht mehr aus und rief in die Runde: »Theorien sind nun wirklich nicht das, was wir Praktiker brauchen.«

Nicht nur Wissenschaftler*innen, sondern jedem*jeder Praktiker*in sollte es zu denken geben, wenn in Bezug auf die Qualität der Sozialen Arbeit allein oder hauptsächlich auf die eigene Erfahrung verwiesen wird. Es steckt tiefe Wahrheit in dem Satz von Tucholsky »*Erfahrung heißt gar nichts. Man kann seine Sache auch 35 Jahre schlecht machen.*« Übersetzt in die Fachsprache heißt das:

> »Die Annahme, die eigene ›Lebenserfahrung‹ und die eigene ›Haltung‹ reichten aus, um die Lebenssituation anderer Menschen zu verstehen, zeugt von einer unreflektierten Arroganz. Dieser entspricht auf Hochschulebene der Unwille und die Unfähigkeit, Studierenden die systematische Befassung mit Theorien als wesentlichen Bestandteil zur Vorbereitung auf ihre Berufstätigkeit begreiflich zu machen« (Almstadt & Kotthaus 2018, 19).

Wir wissen spätestens sein Kahneman (2012) um die Manipulierbarkeit der ›Erfahrung‹, und jede*r Professionelle sollte deshalb schon aus eigenem Interesse die korrigierende Funktion von Wissenschaft spätestens im Studium erlebt und erfahren haben.

Dieses Kapitel soll in einer – aus Sicht der Autoren – notwendigen Selbstvergewisserung professioneller Sozialer Arbeit bestehen. Wer über Methoden und Vorgehensweisen spricht, gar »Tools« und »Handlungsanleitungen« erarbeitet, vergisst sehr schnell, dass diese nicht willkürlich entstehen können (oder zumindest sollen), sondern auf dem Hintergrund einer ganz bestimmten, für die Profession typischen »Blickrichtung« entwickelt werden. Diese Blickrichtung ist umso wichtiger, als klar sein muss, was eine Profession in einem Arbeitsfeld zu bieten hat, und mindestens genauso wichtig: was sie nicht zu bieten hat, was nicht ihre Aufgabe ist, wozu man sie eben nicht gebrauchen kann. Wenn diese professionelle Selbstvergewisserung fehlt, wird das methodische Vorgehen entweder völlig subjektiviert und jedem Einzelnen überlassen, oder es besteht aus einem mehr oder weniger zufälligen Konglomerat der gerade anwesenden Mitarbeitenden. Beides ist anfällig für Manipulationen, entbehrt der für *Professionen* notwendigen Anbindung an die entsprechende *wissenschaftliche Disziplin* und führt in letzter Konsequenz dazu, dass Soziale Arbeit für alles zuständig ist, für das sich eine andere Profession nicht zuständig erklärt.

Soziale Arbeit als Profession und Disziplin

»Es ist nicht unüblich ›Profession‹ und ›Disziplin‹ mit ›Theorie‹ und ›Praxis‹ gleich zu setzen. Es gibt Gründe, die für eine solche Gleichsetzung sprechen. Eine genauere Betrachtung empfiehlt allerdings, diese einfache Parallelisierung zu ergänzen und partiell zu revidieren. Profession meint mehr als ›Praxis‹, ebenso wie Disziplin mehr und in mancher Hinsicht auch anderes umfasst als »Theorie«. Profession beschreibt das gesamte fachlich ausbuchstabierte Handlungssystem, also die berufliche Wirklichkeit eines Faches. Für die Soziale Arbeit kennzeichnet demnach der Begriff der Profession das sozialpädagogische Praxissystem, folglich die Realität der hier beruflich engagierten Personen sowie die von ihnen offerierten Hilfe-, Beratungs- und Bildungsleistungen auf der Basis der von der Gesellschaft an sie adressierten Ansprüche und Wünsche. Mithin ist mit dem Professionsbegriff mehr gemeint als die ›einfache‹, sozialpädagogische ›Praxis‹. Vergleichbar verhält es sich mit dem Disziplinbegriff. Mit ihm sind das gesamte Feld der wissenschaftlichen Theoriebildung und Forschung sowie auch das Handlungsfeld charakterisiert, in dem sich die For-schungs- und Theoriebildungsprozesse realisieren. Zielt die Profession auf Wirksamkeit, so setzt die Disziplin im Wesentlichen auf Wahrheit und Rich-tigkeit (vgl. Merten 1997, 2001, 2009) – anders formuliert: Geht es wissen-schaftlichen Disziplinen primär darum, über Forschung, Reflexion und Pro-duktion von Theorien Welt- und Gesellschaftsbilder zu kreieren und zu beeinflussen, wünschen Professionen, ihre AdressatInnen und KlientInnen durch Handeln zu beeindrucken, zu ›bilden‹ und zu ›helfen‹ (vgl. Stichweh 1987)« (Thole 2012, 21).

Diese generelle Einsicht hat auch für Soziale Arbeit in der Justiz ihre Auswirkun-gen. Wenn Soziale Arbeit als Profession und Disziplin innerhalb der Justiz einen Platz haben will, sollte sie sich in professioneller Hinsicht von anderen Professio-nen und Berufsgruppen unterscheiden. Diese Unterscheidung muss in ihrer dis-ziplinären Verortung verankert sein, oder anders gesagt: Die Handlungsweisen, die konkreten Methoden und Vorgehensweisen, müssen erklärungs- und hand-lungs*theoretisch* in der Eigenart der Sozialen Arbeit und in ihrer unverwechselba-ren Expertise begründet sein, die ihr Vorhandensein jenseits aller anderen Diens-te und Aufgabenträger zwingend notwendig macht. Es ist also kein Luxus, sondern schiere Notwendigkeit, sich als Berufsgruppe zu fragen, auf welchem theoretischen Hintergrund eine Arbeit in der Justiz stattfinden kann.

2.2 Zwei Grundlagentheorien Sozialer Arbeit

Theorien der Sozialen Arbeit machen deutlich, von welchem Standpunkt aus Disziplin und Profession ein soziales Problem betrachten. Deshalb werden wir zunächst zwei aus unserer Sicht zentrale (weil den allermeisten Handlungsfeld-theorien zugrundeliegenden) Theorieansätze der Sozialen Arbeit in aller Kürze darstellen, sie kontrovers auf ihren Ertrag für die Soziale Arbeit in der Justiz dis-kutieren und dabei Gemeinsamkeiten sowie Unterschiede herausarbeiten.

2.2.1 Ökosozialer Ansatz

Die Amerikaner*innen Germain und Gitterman begannen in den 1970er Jahren damit, Problemlagen verschiedener Klient*innengruppen der Sozialen Arbeit neu zu überdenken. Sie nannten ihr Konzept das *Life Model* der Sozialen Arbeit und mit ihrem 1980 erschienenen Buch »The Life Model of Social Work Practi-ce« markierten sie einen der ersten im Nachkriegsdeutschland rezipierten Versu-che, einen eigenen der Sozialen Arbeit typischen Theorieentwurf vorzulegen. Der zweiten Auflage des »Life Model« im Jahre 1988 folgte 1999 eine erweiterte und vertiefte Neubearbeitung, die unter dem deutschen Titel »Praktische Sozialarbeit. Das Life Model der Sozialen Arbeit, Fortschritte in Theorie und Praxis« mit einem Vorwort von Wendt erschien (1999).

Die Arbeit von Germain und Gitterman beruht auf der ökologischen Theorie. Dies bedeutet, Menschen nicht als isolierte Wesen zu betrachten, sondern immer in ihrem *Habitat*, also in ihrer Lebensumgebung. So wird die Wechselbeziehung zwischen dem Individuum und seiner Umwelt zum zentralen Erklärungs- und Handlungsansatz. Germain und Gitterman unterscheiden dabei zwischen *materieller und sozialer Umwelt*. Zur materiellen Umwelt zählen »die von Menschen errichteten Strukturen, der Raum, der diese Strukturen ermöglicht, aufnimmt oder bereitstellt, und die Rhythmen der Umwelt und der menschlichen Biologie« (Germain & Gitterman 1999, 5).

Unter sozialer Umwelt werden die Freundschaften und andere Beziehungen wie z. B. die Familie, Kolleg*innen oder Freund*innen verstanden (ebd., 6). Sowohl materielle als auch soziale Umwelt beeinflussen den Menschen, und umgekehrt beeinflusst das Individuum seine materielle und soziale Umwelt.

Unter dem ökosozialen Paradigma wird die *Abgestimmtheit des Menschen zu seiner Umwelt* zum zentralen Bezugspunkt der sozialarbeiterischen Betrachtung. Menschen und ihre Umwelt können

>»nur im Gesamtkontext aller Wechselbeziehungen zwischen ihnen voll verstanden werden, wobei Individuen, Familien und Gruppen sowie materielle/soziale Umweltbedingungen ununterbrochen die Wirkungen aller jeweils anderen beeinflussen« (ebd.).

Das ökologische Paradigma betont die Notwendigkeit eines *transaktionalen Verständnisses* von Menschen in ihrem Lebenszusammenhang und grenzt sich von Ansätzen anderer Professionen – z. B. der klassischen Psychologie – ab, deren zentrales Bestreben es ist, »psychische Tatbestände von den sie produzierenden nicht psychischen Voraussetzungen und Bedingungen« abzusondern (Maikowski & Rott 1978, 148). Damit unterscheidet sich das psychologische Erklärungsmodell in deutlicher Weise von einer Sozialen Arbeit nach ökologischem Verständnis: Dieses sieht sowohl einzelne Menschen und Familien als auch Gruppen und Gemeinwesen durch komplexe Bewältigungsanforderungen ihrer Umwelt herausgefordert (Germain & Gitterman 1999, 22).

Werden diese stetigen Wechselwirkungen von Individuum und Umwelt zum zentralen Gegenstand, stellt sich also immer die Frage, wie die jeweiligen Umweltgegebenheiten und die Möglichkeiten des Individuums zusammenpassen oder zusammenfinden. Germain und Gitterman benutzen hierfür den Terminus »*Abstimmung von Person und Umwelt*«. Ist die Abstimmung von Person und Umwelt gut, wird die Entwicklung des Individuums nicht behindert und die Umwelt nicht geschädigt. Sind die *Bedürfnisse und Wünsche* des Individuums und seine Umwelt schlecht aufeinander abgestimmt, können soziale Probleme entstehen.

Soziale Probleme entstehen demnach dann, wenn die Bedürfnisse der Person durch die Umwelt nicht befriedigend erfüllt sind und die Person mit den ihr zur Verfügung stehenden *individuellen Ressourcen* nicht in der Lage ist, sich die entsprechenden *Umweltressourcen* zu verschaffen. Ein ungünstiges Anpassungsverhältnis zwischen Bedürfnissen und *Bewältigungsweisen (Coping)* der Menschen und den Charakteristika der Umwelt erzeugt *Stress*. Interner Stress ist nach Germain und Gitterman ein Symptom für negative Beziehungen zwischen der Person und der Umwelt. Germain & Gitterman (1999, 156) betonen:

> »Wie gut Menschen Streß bewältigen können, hängt weitgehend von dem zwischen externen und internen Ressourcen bestehenden Anpassungsgleichgewicht ab.«

Die Aufgabe der Sozialen Arbeit ist es nun, die Bewältigung sozialer Probleme dadurch zu unterstützen, indem einerseits dem Individuum die Anpassung an die Umwelt ermöglicht wird und deren Ressourcen erschlossen werden können, andererseits aber auch die Empfänglichkeit der Umwelt für das Individuum gefördert wird. Diese theoretische Perspektive ist gleichzeitig auf der Handlungsebene der Ansatzpunkt für *Case Management*, das zum Ziel hat, soziale Probleme durch optimale Allokation, Einbeziehung und Koordination von Umweltressourcen zu lösen.

Wendt (1990) führt in seiner Adaption des ökosozialen Ansatzes bewusst den aus ökonomischen Zusammenhängen stammenden Begriff des »*Management*« ein, der wie folgt verstanden werden kann:

> »Analog ›managt‹ ein einzelner Mensch seine Alltagsangelegenheiten, wenn er sie in großen Zügen auf Ziele und Zwecke hin besieht und auslegt, um dann Vorrangiges von Nachrangigem zu unterscheiden und den Zeit- und Mitteleinsatz entsprechend einzurichten« (ebd., 122).

Für dieses persönliche (Selbst-)Management stehen jedem Menschen innere und äußere Ressourcen zur Verfügung, die er in seiner je eigenen Lebenswelt gebrauchen kann, um die Anforderungen zu bewältigen, die sich stellen. In Anlehnung an Rice und Tucker (zit. in Wendt 1990, 61) können dies sein:

- »personal characteristics,
- environmental qualities,
- natural resources,
- community facilities,
- resources include all possessions,
- human capabilities and environmental characteristics that are on hand or in reserve and available for use and development.«

Gelingt es, die inneren und äußeren Ressourcen so zu nutzen, dass die Anpassungsleistung zu für den*die Einzelne*n befriedigenden Ergebnissen führt, folgt daraus persönliches Wachstum und Zufriedenheit. Gelingt dies nicht, kommt es zu mangelhaftem Ressourcenmanagement. Dies kann bei gefährdeten Menschen zu chronischen psychosomatischen Erkrankungen, zu destruktiven Anpassungsversuchen (z. B. Sucht) oder anderen akuten Problemen führen. Auch Kriminalität ist aus ökosozialer Perspektive ein Zeichen mangelnder Abgestimmtheit zwischen Person und Umwelt. Entscheidend dabei ist zu sehen, dass die akute Krise ihre Ursachen in der mangelnden Alltagsführungskompetenz in Verbindung mit fehlenden oder nicht zugänglichen Ressourcen des Umfeldes hat. Zu vermeiden sind allerdings einseitige ›Schuldzuweisungen‹: Weder der Einzelne ist (alleine) schuld an seiner Situation, noch die Umwelt ist (alleine) verantwortlich zu machen, vielmehr rückt die entsprechende Wechselwirkung von Person und Umwelt in den Fokus.

Aus diesen grundlegenden Annahmen ergibt sich folgende (ökosoziale) Hilfestrategie: Es muss gelingen, in einem für Klient*innen überschaubaren Hilfeprozess diese in die Lage zu versetzen, das eigene Lebensmanagement mit den verschiedenen Facetten (ökonomische Komponente, Beziehungen, Freizeitbeschäftigung, Arbeit, Wohnen) in den Griff zu bekommen. Darüber hinaus gilt es, sie zu befähigen, die sich zukünftig stellenden Herausforderungen strategisch, d. h. langfristig planend, anzugehen. Dabei darf nie die Einbettung der Klient*innen in ihre Umwelt vergessen werden. Soziale Arbeit in einem ökosozialen Verständnis findet deshalb auf drei Systemebenen statt (Mühlum 1994; Wendt 1990, 19).

- Auf der *Mikrosystem-Ebene*:
  Diese Ebene betrifft die Person des*der Klient*in und sein*ihr unmittelbares Umfeld.
- Auf der *Mesosystem-Ebene*:
  Diese Ebene zielt auf die soziale Nahumwelt, Freund*innen, Bekannte, Gruppen und Kreise, sowie die soziale Infrastruktur.
- Auf der *Makrosystem-Ebene*:
  Diese Ebene betrifft die überregionalen Systeme wie das Wirtschafts-, Bildungs- und Sozialsystem.

Erst in der dritten Auflage haben Germain & Gitterman (1999) Meso- und Makrosystem sowie Überlegungen zum Einfluss der Organisationen auf die Hilfegestaltung aufgenommen. Neben der Arbeit mit dem Mikrosystem, also der Verhaltens- und Einstellungsänderung von Klient*innen, sind es die »*Verhältnisse*«, die zunächst auf der Mesoebene einer Veränderung unterzogen werden müssen. Damit wird die Gemeinde (Community) zum Ort sozialarbeiterischer und folglich politischer Arbeit. Germain & Gitterman begründen dies wie folgt:

> »Der Mangel an Ressourcen in einer Gemeinde (community), Probleme bei der Koordination der Gemeinde-Ressourcen oder Schwierigkeiten beim Zugang zu vorhandenen Ressourcen können Lebensstressoren darstellen oder verschärfen. Um die Lebensqualität von Gemeinden und Nachbarschaft zu verbessern, ist es erforderlich, dass SozialarbeiterInnen, die ihre Praxis nach dem Life Model ausrichten, ein bestimmtes Wissen und methodisches Können für die Gemeinwesenarbeit (community work) erwerben« (Germain & Gitterman 1999, 502).

Für die sozialarbeiterische Arbeit auf der Makroebene bedeutet dies, dass Kenntnisse im Bereich der Entstehung von Gesetzen sowie vorhandener Gesetze erforderlich sind. Hinzu kommt das Wissen, das benötigt wird, um die politische Entwicklung zu beeinflussen. Wie kommen Gesetze und Verordnungen zustande? Welche Methoden und Fertigkeiten benötigen Sozialarbeiter*innen, um auf dieser Ebene Veränderungen herbeiführen zu können? Eine professionelle Aufgabe und Funktion der Sozialen Arbeit auf der Makroebene muss nach dem Life Model eine Art *Anwaltschaftlichkeit* gegenüber Gemeinden, Organisationen und dem Staat sein. Wenn Sozialarbeiter*innen als

Fürsprecher*innen für ihre Klient*innen auftreten, müssen sie die professionellen und persönlichen Ressourcen, die sie zur Verfügung haben, abschätzen. Um politisch tätig werden zu können, müssen sie sich im Klaren darüber sein, welche Unterstützung sie seitens der eigenen Organisation und des eigenen Verbandes erhalten, um mit den möglichen Konsequenzen umgehen zu können. Diese Haltung wird in der US-amerikanischen Fachliteratur *Advocacy* genannt.

Advocacy

Advocacy meint die »parteiische Intervention im Interesse eines individuellen Klienten oder einer identifizierten Gruppe« (Ewers 2000, 63) und wird in der US-amerikanischen Diskussion sowohl auf der Klient*innen- als auch auf der politischen Ebene verwendet.

In unseren Überlegungen wird dieser Begriff noch häufiger auftauchen und in vielfältiger Weise interpretiert werden.

Auch wenn andere Autor*innen des ökosozialen Ansatzes bedeutend zurückhaltender sind mit ihrem Anspruch auf Veränderung von Makrosystemen (z. B. Mühlum, Bartholomeyczik & Göpel 1997, 194), bleibt doch die Forderung an die Sozialarbeit, »systemgestaltend« zu wirken (Mühlum 1994, 14).

Zusammenfassung: Was können wir also aus dieser Basistheorie für die Soziale Arbeit in der Justiz ableiten?

a. Probleme wie Kriminalität oder Abhängigkeitserkrankungen entstehen in einem Zusammenspiel aus Umwelt und Person, demzufolge sind Ansatzpunkte aus Sicht Sozialer Arbeit sowohl in der Veränderung der Person als auch in der Umwelt zu suchen, insbesondere in der Interaktion beider.
b. Zur Bewältigung von Problemen sind Ressourcen in der Person und der Umwelt nötig, besonderes Augenmerk ist also auf das Management der personalen und externen Ressourcen zu legen.
c. Soziale Arbeit spielt sich immer auf mehreren Ebenen ab, sie ist sowohl auf der Mikro-Ebene (Person) als auch auf der Meso-Ebene (Nahumwelt) sowie auf der Makroebene (politische Systeme) aktiv.
d. Zentral zum ökosozialen Sozialarbeitsverständnis gehört die »Advocacy«, d. h. die Einflussnahme zur Verbesserung der Lebensbedingungen der Klient*innen.

2.2.2 Lebensweltliche Ansätze

Anders als der ökosoziale Ansatz, der sich in den letzten Jahren relativ wenig verändert hat (was durchaus kein Vorteil ist), ist der Lebensweltansatz komplexer Natur und durch die Vielzahl der von ihm wichtigsten Autor Hans Thiersch vorgelegten Abhandlungen und Interpretationen vielschichtig und facettenreich. Es sollen deshalb nur einige wesentlichen, und für unseren Zusammenhang zentrale Gesichtspunkte herausgegriffen werden.

In einem programmatischen Artikel beschreiben Thiersch, Grunwald & Köngeter (2012) die Traditionslinien des Lebensweltansatzes, wonach die Lebensweltorientierte Soziale Arbeit wie folgt charakterisiert ist. Lebensweltorientierte Soziale Arbeit

a. steht in der *hermeneutisch*-pragmatischen Traditionslinie der Erziehungswissenschaft und
b. wurde zur sozialwissenschaftlichen und *kritischen* Pädagogik weiterentwickelt.
c. Dabei wurde die Frage nach dem *Alltag* und der je individuell interpretierten Welt der Menschen von immer zentralerer Bedeutung.

Wenn wir also die *Hermeneutik* als eines der drei wesentlichen Elemente dieser Theorie betrachten, begeben wir uns zunächst in die erziehungswissenschaftliche – genauer (sozial-) pädagogische – Entwicklungslinie.

Grundverständnis: Hermeneutik

Die Hermeneutik (griechisch »hermeneun« meint auslegen) ist der Versuch, durch systematische Verständigungsprozesse subjektive Sinnzusammenhänge beim anderen Subjekt zu begreifen und so zu einem gemeinsamen Such- und Findungsprozess zu kommen. Bezogen auf die Alltagswirklichkeit der Menschen (sprich der Klient*innen) will Hermeneutik Folgendes: »Sie rekonstruiert dieses Alltags- und Praxiswissen, um daran anschließend – mit Dilthey gesprochen – Methoden des ›höheren Verstehens‹ zu entwickeln. Praxis- und Theoriewissen werden jedoch nicht als grundsätzlich voneinander getrennt betrachtet, sondern höheres Verstehen wird durch die Entlastung vom alltäglichen Handlungsdruck ermöglicht. Dadurch wird eine kritische Distanz zu der aufzuklärenden Alltagspraxis hergestellt, ohne die Perspektive des Alltags und das Handeln im Alltag abzuwerten. Im Zentrum der hermeneutisch-pragmatischen Tradition steht also die immer bereits vorgefundene und vorinterpretierte, jedoch zugleich veränderbare Lebenswirklichkeit in ihrer historischen, kulturellen und sozialen Dimension« (Thiersch, Grunwald & Köngeter 2012, 182).

Hans Thiersch versteht seinen Lebensweltansatz nun in der Weise, dass er die traditionelle Hermeneutik »im Kontext der kritischen Alltagstheorie reformuliert und auf heutige sozialpädagogische Fragestellungen bezieht« (Thiersch 2002, 168, zit. in Erath & Balkow 2016, 189). Mit seiner (gesellschafts-)*kritischen Alltagstheorie* bezieht sich Thiersch auf die »Kritische Sozialpädagogik«, die in der Tradition von Klaus Mollenhauer steht.

Bezogen auf die Alltags- und Lebenswirklichkeit der heutigen Menschen stellt Thiersch fest, dass Lebensbewältigung angesichts der herrschenden Verhältnisse in der Selbstbehauptungsgesellschaft für immer mehr Menschen zum Problem wird. Zwar suggeriert der Sozialstaat, er würde umfassend versorgen, ohne dass die*der Einzelne Leistung, Disziplin, Zuständigkeit für die eigenen Verhältnisse einbringt, hinter dieser Fassade verbergen sich aber klare wettbewerbliche Prämissen, wie z. B. die Ideologien: »Leistung muss sich lohnen« oder »Unwille zur Leistung darf nicht hingenommen werden«, woraus dann im Letzten klar hervorgeht: Wenn Disziplin und Ordnung fehlen, greift auch der Wohlfahrtsstaat zu Ermahnungen und Strafen (Thiersch 2002, 21). Der für die soziale Marktwirtschaft prekäre Kompromiss zwischen Leistungsgerechtigkeit und sozialer Gerechtigkeit »verliert sich« (ebd.), die Gesellschaft spaltet sich in diejenigen, die dazu gehören und diejenigen, die nicht mithalten können. Im Kampf um knappe Ressourcen werden die Verlierer nicht nur in Ghettos abgedrängt, sondern auch noch als ›Schmarotzer‹ gelabelt. Thiersch schreibt quasi als seine ›Zeitdiagnose‹:

> »Die Erosion traditioneller Lebensstrukturen und -muster im Kontext von Pluralisierung und Individualisierung bedeutet, aus traditioneller Enge in neue Offenheiten, in neue Optionen geworfen zu sein; bedeutet, sich im Rahmen der gegebenen Lebensstrukturen – und gerade auch der durch Ungleichheit eingeschränkten Lebensstrukturen – als Regisseur/in der eigenen Verhältnisse zu erfahren« (Thiersch 2002, 23).

Insofern bedeutet *Verstehen* der Lebensbedingungen heutiger ›Verlierer‹ der Leistungsgesellschaft das Betrachten

- von gesellschaftlichen Brüchen und Verwerfungen,
- des Verlustes traditioneller sozialer Systeme der Hilfe durch Kirchen und Assoziationen,
- der Notwendigkeit, Gerechtigkeit als soziale Gerechtigkeit zu realisieren, besonders zum Vorteil der am wenigsten begünstigten Mitglieder,
- des Kampfes um soziale Gerechtigkeit verstanden als Ausgleich zwischen unterschiedlichen Interessen (vgl. ebd., 33).

Verstehen der lebensweltlichen Situation bedeutet damit auch Respekt vor den Erfahrungen und Bewältigungsleistungen gerade derer, die auf ausgleichende Gerechtigkeit angewiesen sind, statt diese Menschen zu disziplinieren. Selbst da, wo das Verhalten der*des Einzelnen für sie*ihn selber, für das Umfeld, ja für die ganze Gesellschaft unerträglich wird, muss der Respekt vor der Bewältigungsanstrengung vorherrschen.

Damit ist bereits das dritte beherrschende Thema des Lebensweltansatzes von Thiersch angesprochen: der Fokus auf den *Alltag*. Diesen erleben Menschen als durchaus widersprüchlich:

> »Alltag ist bestimmt durch die entlastende Funktion von Routinen, die Handeln, Sicherheit und Produktivität erst ermöglichen, gleichzeitig aber auch in Form von Enge, Unbeweglichkeit und Borniertheit menschliches Leben einschränken und behindern. Alltag ist geprägt durch Differenzen und Widersprüche zwischen den Routinen des gelebten Lebens und dem Potential eines nicht gelebten Daseins mit seinen Möglichkeiten« (ebd., 132).

Auf der einen Seite gibt es also schwierige Verhältnisse, andererseits sind im Alltag Möglichkeiten und Potenziale verborgen, die nur geweckt – oder wie Grunwald und Thiersch an anderer Stelle sagen – »transzendiert« werden müssen (Grunwald & Thiersch 2018, 910). Es bedarf »detektivischer Kunst«, die Wahrheitsmomente im Alltag, Momente gelingenderen Lebens zu entdecken, bewusst und wach zu halten, zu stützen und zu mehren, ohne in traditionelle Muster der Fürsorglichkeit oder der Dominanz zu fallen (ebd.).

Auch aus dem Respekt vor der Bewältigungsleistung Deklassierter verbieten sich einseitige Schuldzuweisungen, etwa im Sinne rein individualistischer Ursachen von Kriminalität, vielmehr sieht sich lebensweltorientierte Soziale Arbeit verpflichtet, durch Einmischung in Politikbereiche, die die Strukturen von Lebenswelten prägen, zur Verbesserung der Lebenssituation beizutragen, z. B. durch Skandalisierung und Umgestaltung der Bildungslandschaft (Grunwald & Thiersch 2018, 913). Dabei sind letztlich für die Soziale Arbeit *niedrigschwellige*, offene Arbeitsformen und die Arbeit mit den *Ressourcen* sowie die Frage nach den Stärken und ein *sozialräumlicher Zugang* die methodischen Konsequenzen (Thiersch 2002, 44).

> **Zusammenfassung: Was können wir aus dieser Basistheorie für die Soziale Arbeit in der Justiz ableiten?**
>
> a. Soziale Arbeit muss sich immer wieder selber kritisch hinterfragen, ob sie Deutungsmuster von Kriminalität aus Politik und Gesellschaft unkritisch übernimmt.
> b. Soziale Arbeit braucht einen sozialräumlichen Blick auf die Wirklichkeit, sie agiert an der Schnittstelle zwischen der konkreten Lebenswirklichkeit von Menschen und den sie umgebenden oft belastenden Bedingungen.
> c. Das ›Verstehen‹ der Bewältigungsleistung jedes einzelnen Menschen ist ein unverzichtbares Postulat und gleichzeitig immer wiederkehrender Reflexionspunkt. Dieses Verstehen bezieht sich in erster Linie auf den Alltag und hier wiederum im Verstehen der Sichtweise der Betroffenen.

2.2.3 Bewertung und Ertrag

Zunächst fallen Gemeinsamkeiten zwischen den beiden dargestellten Theorieansätzen ins Auge: Beide verweisen auf eine *multiperspektivische und ebenenübergreifende Betrachtungsweise*, denn beide betonen die Notwendigkeit, persönliches Verhalten im Kontext von beeinflussenden Verhältnissen zu sehen. In Konsequenz bedeutet dies, dass zum methodischen Repertoire Sozialer Arbeit immer auch *sozialraumorientiertes und vernetzendes Agieren* gehören muss. Gemeinsam ist beiden Ansätzen auch die *Orientierung an Ressourcen* sowohl der Person als auch der Umwelt zur Bewältigung von Herausforderungen, die sich in der Lebenswelt ergeben. Schließlich ist die politische Agenda zu nennen, die darin besteht, belastende Bedingungen der Verhältnisse zu verändern. Unstrittig ist zudem das von Klient*innen formulierte *Hilfe-Mandat*, das zu formulieren und zu definieren alleiniges Recht der*des Klient*in ist. Im Rahmen einer solchen »Hilfeleistung« –

also wenn es weder um Fürsorge (im Sinne eines stellvertretenden Handelns wegen Unmündigkeit) noch um interventionistisches Handeln (im Sinnen des gesellschaftlich vorgegebenen Handlungsauftrages z. B. im Kinderschutz) geht – stellt gemeinsames Aushandeln von Zielen die adäquate Vorgehensweise dar (Germain & Gitterman 1999, 45).

Bei aller Gemeinsamkeit sind jedoch auch die Unterschiede deutlich zu markieren. Sie liegen dort, wo es um das Akzeptieren oder Nichtakzeptieren des Zwangskontextes geht, in dem sich Justizsozialarbeit abspielt. Für Germain & Gitterman ist klar:

> »Wenn Dienste durch ein Gericht […] angeordnet werden, muß der/die SozialarbeiterIn das Mandat anerkennen und offen mit seinen Implikationen umgehen. Sowohl die Natur des Mandates als auch das Ausmaß der möglichen Sanktionen auf Zuwiderhandlungen müssen erörtert werden« (Germain & Gitterman 1999, 71).

Ein gesellschaftlich gegebener Arbeitsauftrag und die damit verbundene Vorgehensweise sind nicht daran geknüpft, dass Klient*innen dieses Mandat willkommen heißen, Germain und Gitterman (1999, 117) betonen aber die Zielperspektive, trotz des Zwangskontextes alles zu tun, damit der*die Klient*in dem*der Sozialarbeiter*in doch noch das ›Mandat‹ zur Hilfeleistung gibt. Für Germain & Gitterman selbstverständlich sind eine berufsethisch fundierte, anwaltschaftliche Praxis und ein politisches Verständnis für Macht und Ohnmacht der Klientel.

Der ökosoziale Sozialarbeitsansatz akzeptiert also grundsätzlich den *Zwangskontext* und setzt sich methodisch mit diesen Grundgegebenheiten auseinander (vgl. auch: Wendt 1997). Dies lässt sich in gleicher Weise nicht vom Lebensweltorientierten Ansatz sagen. Insbesondere von den Vertreter*innen, die postulieren, das »fachlich Eigene« im Bereich der Straffälligenhilfe, also das einzig sozialarbeiterisch Vertretbare, sei »ein sinnverstehendes, hermeneutisches Paradigma« (Cornel et al. 2019, 86), wird nicht nur die Grenze zwischen Sozialer Arbeit und Sozialpädagogik verwischt, es werden mit der Ineinssetzung von Justizsozialarbeit und hermeneutischem Verstehen viele andere Tätigkeiten, die Soziale Arbeit leisten muss (z. B. Schuldenregulierung, Risikoeinschätzung zur Rückfallvermeidung, Opferschutz) nicht als sozialarbeiterisch statthaft erklärt. Dies erscheint auch angesichts der eben dargelegten alternativen Sozialarbeitstheorie eine nicht zulässige (und nicht begründbare) Engführung.

Wenn zudem aus dem Lebensweltansatz gefolgert wird, dass das »*dialogische Aushandeln*« von Hilfebedarfen zwischen Klient*in und Sozialpädagog*in sich durchgesetzt habe (Galuske 2018, 1001; vgl. auch: Ghanem & Graebsch 2020, 69) und damit der Verhandlungsmodus zur methodischen Haupthandlungsmaxime erklärt wird, mag das für die Hilfeplankonferenz in der Jugendhilfe noch möglich sein, im Kinderschutz des Jugendamtes ist ›Aushandeln‹ allenfalls ein Teil des Repertoires, ein anderer Teil wird im Zwangskontext nicht an Interventionen vorbeikommen, die auch gegen den Willen von Klient*innen gerichtet sein können.

Mit Blick auf die Zwangskontexte schreibt Maja Heiner:

> »Die Grenzen von Aushandlung, Verständigung und hoffendem Abwarten, die den rekonstruktiven Ansatz kennzeichnen, wurden ebenso deutlich wie der Bedarf an Krite-

rien, um Risiken einschätzen zu können – trotz verbleibender Unwägbarkeiten« (Heiner 2013,19).

Auch wer aus dem Lebensweltansatz heraus argumentierend grundsätzlich das »doppelte Mandat« (vgl. ausführliche Beschreibung des »doppelten Mandats« ▶ Kap. 3.2) ablehnt, wird im Arbeitsfeld der Justiz enorme Probleme mit dem Auftraggeber zu erwarten haben. Das »doppelte Mandat« von Hilfe und Kontrolle ist eben gerade in der Justiz, deren Hauptaufgabe die Rückfallvermeidung ist, was man eben nicht immer als diesbezüglichen Wunsch des*der Straftäter*in voraussetzen kann, alles andere als ein »praxisferner akademischer Diskurs« (Lutz 2011,16). Das »doppelte Mandat« ist in seiner Konsequenz nicht praxisfern, sondern beeinflusst die Praxis bis in die Methodik hinein. Vielmehr gilt mit Schilling und Zeller festzuhalten: »Solange Soziale Arbeit im öffentlichen Auftrag handelt und sich in öffentlichen Organisationen vollzieht, ist das doppelte Mandat strukturell unvermeidbar und geradezu konstitutiv für die Berufsrolle« (Schilling & Zeller 2007,168). Wer das »doppelte Mandat« nicht akzeptieren kann, weil nur ein einziges Mandat – nämlich das der Klient*innen – für vereinbar mit dem Lebensweltansatz gehalten wird, muss sich der Folgen bewusst sein, die damit für das Arbeitsfeld verbunden sind. So haben Geiger & Steinert konsequenterweise vor mehr als zwanzig Jahren festgestellt,

> »daß der Zuständigkeitsbereich der Justiz nun einmal keinen angemessenen Rahmen für eine intensivere Bearbeitung psychosozialer Probleme bietet, weil Hilfe und Kontrolle in einem allzu engen Zusammenhang stehen. [...] Das Motto lautet vielmehr: ›Raus aus der Justiz!‹ « (Geiger & Steinert 1993, 119).

Auch in neueren Publikationen wird die Kompatibilität justiznaher Sozialarbeit mit wesentlichen Maximen sozialarbeiterischen (besser: sozialpädagogischen) Selbstverständnisses in Frage gestellt (so z. B. Ghanem & Graebsch 2020, 70).

In letzter Konsequenz heißt also ein stringentes Festhalten an einem so verstandenen Lebensweltansatz, das Feld öffentlicher Justizsozialarbeit (und vermutlich einige andere Arbeitsfelder auch) aufgeben.

Auf einer Metaebene zeigen sich in der Betrachtung der beiden Sozialarbeitstheorien und insbesondere ihrer gegensätzlichen Positionen ein nicht unerhebliches Problem in der paradigmatischen Grundlegung Sozialer Arbeit, das wir u. a. in der vorschnellen Gleichsetzung von Sozialer Arbeit mit Sozialpädagogik vermuten. Für unser Verständnis der Notwendigkeit eines »sozialarbeiterischen Blickes« auf die Aufgaben Sozialer Arbeit in der Justiz scheint der ökosoziale Sozialarbeitsansatz vollständig kompatibel, während der Lebensweltansatz zwar wichtige Anregungen für die fachliche Weiterentwicklung bietet, insbesondere aber durch sein ambivalentes Verhältnis zum »doppelten Mandat« Aporien entstehen lässt, die zu schwerwiegenden theoretischen und praktischen Problemen führen könnten. Dies möchten wir an einem Beispiel deutlich machen:

a. Da ist zum einen ein überaus klarer Auftrag der Justiz an die Soziale Arbeit zu konstatieren. Dieser Auftrag besteht in dem Doppelmandat, neben den notwendigen Hilfeleistungen im Auftrag des*der Klient*in zur Verbesserung seiner*ihrer Lebenslage, die Soziale Arbeit in den Dienst der Rückfallprävention zu stellen. Genannt seien hier nur die Grundsätze der »European Proba-tion Rules«, die Morgenstern mit den Worten zusammenfasst: »Als Hauptziel der Europäischen Bewährungshilfegrundsätze und Hauptaufgabe für die Bewährungshilfeeinrichtungen wird die *Vermeidung von Rückfällen* festge-schrieben, indem positive Beziehungen zu den Straffälligen aufgebaut wer-den« (Morgenstern 2012, 224; Herv. d. Verf.).

b. Auf der anderen Seite – und im Gegensatz zu dem eben formulierten Auftrag – steht das Verdikt des sozialpädagogischen Sozialarbeitsverständnisses, etwa ausgedrückt in der Feststellung:»Resozialisierung im engen Sinne von Krimi-nalitätsvermeidung ist nicht das primäre Ziel Sozialer Arbeit« (Kawamura-Reindl & Schneider 2015, 69).

Es erscheint daher klärungsbedürftig, wie ein solcher diametraler Gegensatz zwi-schen professionellem Auftrag (a.) und disziplinärer Grundlegung (b.) theore-tisch und praktisch aufgelöst werden kann. In der Frage der Weiterentwicklung der Praxis führt diese Aporie dazu, dass es beispielsweise in der Bewährungshilfe inkompatible Vorstellungen gibt (z. B. in der Frage der Notwendigkeit oder Ab-lehnung der Diagnostik, der Risikoeinschätzung, der Manualisierung etc.).

Wie oben dargestellt führt eine konsequente Ablehnung des »doppelten Man-dats« (im Sinne des Auftraggebers Justiz) zum Ausstieg aus der öffentlichen Jus-tizsozialarbeit. Dies kann man durchaus so vertreten, allerdings müsste man es dann auch so benennen. Das Unterfangen, diese offenkundigen Disparitäten zu lösen, kann hier nicht geleistet werden, es ist an den entsprechenden Vertre-ter*innen selbst, zu einer Klärung beizutragen. An dieser Stelle können wir die genannte Problematik nur pragmatisch im Sinne einer Vorentscheidung umge-hen und unseren weiteren Überlegungen im Wesentlichen den ökosozialen Sozialarbeitsansatz zugrunde legen.

An vielen weiteren Stellen in diesem Buch werden die Unterschiede zwischen den beiden Betrachtungsweisen noch einmal auftauchen, insbesondere, wo es um methodische Entscheidungen (z. B. Risikodiagnostik) geht. Diese werden sehr häufig nur auf einer oberflächlichen, methodisch-praktischen Ebene disku-tiert, ohne den zugrundeliegenden paradigmatischen Dissens zu verstehen. Im schlimmsten Fall münden Methodendebatten in einer ideologisch aufgeladenen Feststellung, die eine oder die andere Methode sei nicht mehr mit Ethik, Pro-grammatik, Professionsverständnis etc. vereinbar. Auf einer praktischen Ebene sind die methodischen Fragen und insbesondere die Wahl der Methoden ohne eine disziplinäre Verortung der jeweiligen Positionen kaum zu klären, sie kön-nen nur unter Zugrunde- und Offenlegen der hinter einer Methodenentschei-dung liegenden sozialarbeiterischen (oder sozialpädagogischen) Theorien gelöst werden. Wir werden im nächsten Kapitel noch einmal ausführlich auf dieses Pro-blem zu sprechen kommen. Deshalb erscheint es uns besonders wichtig, die bei-den grundlegenden Sozialarbeitstheorien – auch in ihrer Unterschiedlichkeit – entsprechend darzulegen. Zudem soll damit die Entscheidung begründet wer-den, uns in den folgenden Ausführungen primär auf ein Sozialarbeitsverständnis im Sinne des ökosozialen Ansatzes zu berufen.

2.3   Sozialarbeitswissenschaft als Handlungswissenschaft

Neben dieser grundlegenden Einordnung unter Bezugnahme der beiden ausgeführten Theorien Sozialer Arbeit möchten wir die vorliegende Publikation auch
einem wissenschafts- und erkenntnistheoretischen Verständnis zuordnen, wonach sich *Soziale Arbeit als Handlungswissenschaft* konstituiert. In diesem Verständnis, das wir hier nur in aller Kürze aufgreifen können (vgl. ausführlicher
Birgmeier 2014; Birgmeier & Mührel 2011; Göppner 2017; Staub-Bernasconi
2007) werden professionelles Handeln und darin auftretende Handlungsprobleme zum (zentralen) Gegenstand der Wissenschaft. Aus diesem Grund bearbeiten
Handlungswissenschaften neben Faktenwissen (Empirie) und nomologischem
Wissen (Theorie) auch immer handlungsbezogenes Wissen (Technologie) (Sommerfeld 2016, 24). Auf der *technologischen Dimension* beabsichtigen Handlungswissenschaften somit, professionelle Handlungspläne (Konzepte, Methoden, Verfahren) in der Auseinandersetzung mit der konkreten Praxis zu entwickeln.
Aufgrund der Systemgrenzen von Wissenschaft und Praxis, die als Folge von
Ausdifferenzierungsprozessen und funktionaler Arbeitsteilung in modernen Gesellschaften zu verstehen sind, stellen diese Handlungspläne jedoch zunächst Modelle dar, die sich an den Maßstäben des Systems der Wissenschaft orientieren.
Diese Differenz von Disziplin und Profession ist für beide Systeme funktional
notwendig, wenngleich dadurch ein *Integrations- und Vermittlungsproblem* aufge-
worfen wird, wenn es um die Frage geht, wie nun wissenschaftliches Wissen tatsächlich in die Praxis gelangen kann (Sommerfeld 2016).

Um dieses Theorie-Praxis-Dilemma zu überwinden, wurde – in Anlehnung an
ein naturwissenschaftliches Verständnis – versucht, das Integrations- und Vermittlungsproblem anhand der linearen »Anwendung« von wissenschaftlichem
Wissen in handlungspraktischen Bezügen zu lösen. Dieses hierarchische Wissens-
transfermodell zeigte sich jedoch für die komplexen Anforderungen der Sozialen
Arbeit als nicht befriedigend und wird wiederkehrend mit dem »strukturellen
Technologiedefizit« (Luhmann & Schorr 1979) beschrieben (vgl. Sommerfeld
1998, 2010)

Strukturelles Technologiedefizit

»Ein Zusammenhang zwischen Ursache und Wirkung und weiter zwischen
methodischer Vorgehensweise und Ziel, der stabil und eindeutig ist, lässt sich
in der Sozialen Arbeit nicht herstellen. Alle Komponenten einer Situation
wandeln sich aufgrund der strukturellen Komplexität sozialer Prozesse und
sind folglich prinzipiell nicht vorhersehbar. Die Soziale Arbeit verfügt somit
über ein ›Technologiedefizit‹ (Luhmann/Schorr 1982). Darum ist es auch
nicht möglich, pädagogische Prozesse in Gänze zu steuern, zu kontrollieren
und Wirkungen exakt vorherzusagen. Pädagogische Planung muss somit in

relativierter und revidierbarer Form erfolgen, beispielsweise mittels konstruierter und immer hypothetischer Wirkungszusammenhänge« (von Spiegel 2018, 255).

Einen gewissen Gegenentwurf zur linearen »Anwendung« wissenschaftlichen Wissens stellt die Konzeption der Sozialen Arbeit – stark in Anlehnung an eine sozialpädagogische Denktradition – als *Reflexionswissenschaft* dar. Diese zielt letztlich darauf ab, der Praxis ein Bild ihrer selbst zu spiegeln, »so dass deren Nachdenken über sich selbst angereichert werden kann« (Sommerfeld 2011, 43). Dabei wird das Vermittlungsproblem von wissenschaftlichem Wissen in die Praxis aber nicht tatsächlich gelöst, sondern vielmehr das Auflösen der Dominanz der Wissenschaft gegenüber der Praxis in der »Ideologie der Reflexion verschleiert« (ebd. 44). Die hochkomplexe Vermittlung zwischen Wissenschaft und Praxis wird nun dem*der einzelnen unter Handlungsdruck stehenden Professionellen übertragen. Für die professionell handelnde Person besteht die Aufgabe nun darin, die Integration von wissenschaftlichem Wissen in die eigenen Praxisbezüge im Rahmen der »stellvertretenden Deutung« (Haupert & Kraimer 1991) zu bewältigen. Die Herausforderung der *Relationierung* – also wie tatsächlich wissenschaftliches Wissen systematisch in die Handlungspraxis einfließen kann – bleibt jedoch weiterhin bestehen (Sommerfeld 1998; 2011).

In diesem Spannungsfeld führt nun Sommerfeld, basierend auf einem handlungswissenschaftlichen Verständnis, das Modell der Kooperation als wesentlichen Vermittlungsmodus von Wissenschaft und Praxis an (vgl. Sommerfeld 1998; 2003; 2014). Hierbei sollen zum einen die Systemgrenzen von Wissenschaft und Praxis nicht nur aufrechterhalten, sondern auch verstärkt sichtbar gemacht werden. Zum anderen geht es aber darum, die Systemreferenzen durch Austausch- und Kooperationsprozesse höherer Ordnung neu zu gestalten (vgl. Sommerfeld 1998). Wie genau der Austausch und die Kooperation von Wissenschaft und Praxis im Rahmen des Modells von Sommerfeld aussehen, wird in Kapitel 8.2 ausführlicher beschrieben (► Kap. 8.2).

Zusammenfassung: Soziale Arbeit als Handlungswissenschaft

a. legt ihren Fokus auf das professionelle Handeln und darin auftretende Handlungsprobleme im Kontext der Praxis Sozialer Arbeit,
b. um in Kooperation (im Sinne des Modells von Sommerfeld) mit der Praxis gemeinsam bestmögliche Lösungen – also Konzepte, Methoden, Verfahren – zur Vermeidung, Beseitigung oder Milderung von psychosozialen Problemen zu entwickeln,
c. wenngleich bei diesen Kooperations- und Entwicklungsprozessen die Systemgrenzen und unterschiedlichen Systemlogiken von Wissenschaft und Praxis stets bestehen bleiben.

Literatur zum Weiterlesen

 Grunwald, K. & Thiersch, H. (Hg.) (2016): Praxishandbuch Lebensweltorientierte Soziale Arbeit. Handlungszusammenhänge und Methoden in unterschiedlichen Arbeitsfeldern (3., vollst. überarb. Aufl.). Weinheim/Basel: Beltz Juventa.

Klug, W. (2003a): Mit Konzept planen – effektiv helfen. Ökosoziales Case Management in der Gefährdetenhilfe. Freiburg i. B.: Lambertus.

Klug, W. (2014): Bewährungshilfe auf dem Weg zur Fachsozialarbeit? Programmatik einer zukunftsfähigen Profession. In: Bewährungshilfe, 61 (4), 396–409.

Klug, W. (2016): Neoliberale Justizsozialarbeit? Wider die Deprofessionalisierung durch Vereinfachungen. In: Müller, C., Mührel, E. & Birgmeier, B. (Hg.): Soziale Arbeit in der Ökonomisierungsfalle? Wiesbaden: Springer VS, 173–193.

3 Auftrag und Zielsetzungen der Sozialen Arbeit im Handlungsfeld Justiz

☞ Das erwartet Sie ...

In diesem Kapitel stehen der Auftrag und die grundlegenden Zielsetzungen der Sozialen Arbeit in den Sozialen Diensten der Justiz im Mittelpunkt. Hierfür wird das »doppelte Mandat« als unvermeidbar und geradezu konstitutiv für das Verständnis von Sozialer Arbeit in der Justiz beschrieben, aus dem sich sowohl ein Hilfeauftrag als auch ein Kontrollauftrag ableiten lassen. Dieses Spannungsverhältnis von Hilfe und Kontrolle ist insbesondere in Zwangskontexten von zentraler Bedeutung. Neben dieser eher auf den Einzelfall bezogenen Auftragsbestimmung gehört es für die Soziale Arbeit immer zu ihrer Zielsetzung, auch Verhältnisse zu verändern. Aus diesem Grund wird die Auftragsbestimmung zum Abschluss des Kapitels um eine sozialräumliche Perspektive erweitert.

3.1 Vorbemerkung

Anekdote zum Einstieg

In einem wissenschaftlichen Symposion entbrannte heftiger Streit, ob Instrumente der Risikoeinschätzung in der Bewährungshilfe entwickelt werden sollten oder nicht. Es wurden alle möglichen Argumente hin und her gewendet. Am Ende zeigte sich, dass die Auseinandersetzung um die Methodenwahl ihre Hauptsache darin hat, dass weder eine Klarheit über den Auftrag und die Zielsetzung noch über das Menschenbild bestand. Es war fast befreiend zu erleben, dass alle Teilnehmenden ›recht‹ hatten, weil sie getreu ihrer (nicht diskutierten) Grundverständnisse von Sozialer Arbeit in der Justiz bestimmte methodische Konsequenzen gezogen haben.

Beginnen wir mit einer Feststellung zur Auftragsklärung in der Sozialen Arbeit:

»Im Prozess der Auftragsklärung geht es darum, sozial die unterschiedlichen Erwartungen und Zielvorstellungen von anwesenden und nicht anwesenden Personen und Organisationen einzubeziehen und zu prüfen, welche Brücken sich zwischen unterschiedlichen Interessen bauen lassen« (Hosemann & Geiling 2013, 152).

Was Hosemann und Geiling über die Grundlage des Beratungsprozesses schreiben, gilt in gleicher Weise auf der konzeptionellen Ebene. Auf die Notwendigkeit von vorliegenden Konzepten als Strukturbedingung für die professionelle Fachlichkeit wurde an anderer Stelle ausführlicher hingewiesen (Klug 2003a). So ist es vor der Entwicklung methodischen Vorgehens unverzichtbar, *Auftrag und Ziele* klar zu beschreiben. Dies gilt in ganz besonderer Weise für die in der Justiz vorherrschenden Zwangskontexte. Eine Auseinandersetzung der Fachkräfte mit den Bedingungen ihres Arbeitsplatzes, Klarheit über die Ziele des eigenen Arbeitgebers und die damit verbundenen Rahmenbedingungen sind nicht nur unverzichtbar in der Methodenentwicklung, sie sind – dies kann nicht oft genug betont werden – das ›A und O‹ der reflexiven Auseinandersetzung mit den Klient*innen in der Justizsozialarbeit (vgl. dazu sehr ausführlich und instruktiv Zobrist & Kähler 2017, 53ff.). Es ist nun mal ein gravierender Unterschied, ob eine Doppelrolle im Sinne von Hilfe und Kontrolle vorliegt (wie beispielsweise in der Bewährungshilfe), oder ob es diese nicht gibt (wie in der Freien Straffälligenhilfe). Im ersten Fall sind Motivationsmethoden ganz oben auf der Skala des zu entwickelnden Methodensets, im zweiten Fall sind Motivationsmethoden sicher nicht verkehrt, aber auch nicht alles entscheidend. Wenn man also nicht in einen methodischen Nihilismus (»Es hilft eh nichts!«) oder in einen entsprechenden Relativismus verfallen will (»Es ist jedem überlassen, was er machen will.«), ist vor der Konzept- und Methodenentwicklung ein genauer Blick auf die Rahmenbedingungen nötig.

Ein weiteres kommt hinzu. Im Bild der Öffentlichkeit wird es immer wichtiger, darzulegen, was die Aufgabe Sozialer Arbeit in einem bestimmten Arbeitsfeld ist. Der Berufsverband der US-amerikanischen Bewährungshilfe (Appa) bringt die Frage der Zielklarheit auf den Punkt:

»In recent years there has been a significant transformation in the forces demanding change in community corrections. [...] Together they represent a demand for governmental organizations that can *clearly articulate their mission in life, identify the goals they intend to achieve, and define the methods required to produce effective and measurable results.* Government organizations, including community corrections, can no longer lay claim to shrinking public resources by simply claiming success; they must be able to demonstrate that they add value to the commonweal in a fashion desired by its citizenry« (Appa 2009, zit. in Klug & Schaitl 2012, 21).

3.2 Das »doppelte Mandat« als Grundlage der Sozialen Arbeit im Feld der Justiz

Wie bereits erwähnt ist aus unserer Sicht das sogenannte »doppelte Mandat« grundlegend für die Soziale Arbeit insgesamt und für die Soziale Arbeit in der Justiz im Besonderen.

In nahezu allen Lehrbüchern Sozialer Arbeit lassen sich Formulierungen finden, wie wir sie im Folgenden dem Lehrbuch von Johannes Schilling und Susanne Zeller entnehmen:

Das doppelte Mandat: Hilfe und Kontrolle

»Die zu erbringenden Dienstleistungen im Bereich Soziale Arbeit werden in der Regel mit dem Begriff ›doppeltes Mandat‹ bezeichnet. In dem doppelten Mandat wird die Funktionsbestimmung von Sozialer Arbeit recht gut zusammengefasst. Es geht darum, ein stets gefährdetes Gleichgewicht zwischen den Rechtsansprüchen, Bedürfnissen und Interessen der Zielgruppe einerseits und den jeweils verfolgten sozialen Kontrollinteressen des Staates andererseits zu halten (Hamburger 2003, 87). Kurz gesagt: Es geht einerseits um Hilfe und andererseits um Kontrolle. Ziel von Hilfe und Kontrolle sind Anpassung und Integration. Diese janusköpfige Gestalt löst immer wieder Diskussionen über das Berufsbild und die Berufsethik der Sozialen Arbeit aus. Doch gilt festzuhalten: Solange Soziale Arbeit im öffentlichen Auftrag handelt und sich in öffentlichen Organisationen vollzieht, ist das doppelte Mandat strukturell unvermeidbar und geradezu konstitutiv für die Berufsrolle« (Schilling & Zeller 2007, 263).

Die Einschätzung, dass das »doppelte Mandat« unvermeidbar und geradezu konstitutiv für das Verständnis von Sozialer Arbeit in der Justiz ist, deckt sich mit den Ausführungen zu unserem Theorieverständnis im vorherigen Kapitel.

Zur definitorischen und inhaltlichen Klarheit ist es nun nötig, die beiden zentralen Begriffe »Hilfe« und »Kontrolle« in den Kontext der Sozialen Arbeit im Feld der Justiz zu stellen.

Was meinen wir fachlich, wenn wir von »Hilfe« sprechen? Eine sehr gut nachvollziehbare Definition legt Haselmann vor:

»Die Kategorie *Hilfe* setzt voraus, dass es ein Hilfeersuchen gibt, d. h. (professionelles) *Helfen* ist eine ›Reaktion auf Bitte um Hilfe‹ (Ludewig 1998, 7). Kennzeichnend hierfür ist, dass der Hilfesuchende zugleich Auftraggeber und Empfänger der Hilfeleistung ist. Anders ist es bei der Kategorie ›Fürsorge‹. Diese erfolgt nach Maßgabe der Anordnung durch einen Dritten (etwa eine soziale Instanz). Das heißt der Fürsorge-Empfänger ist nicht zugleich der Auftraggeber der fürsorgenden Dienstleistung, ggf. lehnt er sie sogar ab; u. U. wird ihm die Fürsorge gegen seinen Willen aufgezwungen ›zu seinem Wohle‹ oder zum Schutze anderer. Die *Kontrolle*, die immer eine (u. U. gewaltsame) Einschränkung der Selbstbestimmung des Betroffenen bedeutet (z. B. Zwangseinweisung) wird somit von dem Autor unter die Kategorie der (bevormundenden) *Fürsorge* subsumiert« (Haselmann 2009, 187; Herv. i. O.).

Hilfe bezeichnet also alle methodischen Vorgehensweisen der Sozialen Arbeit, die auf Bitten von Klient*innen erfolgen. Nur diese selbst können entscheiden, ob und welche Hilfe sie wollen. In diesen auf *Freiwilligkeit* und *Kooperation* beruhenden Arbeitsformen sind Aushandeln, gemeinsame Zielplanung, arbeitsteiliges Vorgehen die adäquate und angemessene Vorgehensweise. Die Frage der Motivation spielt in Krisensituationen sicherlich eine Rolle, entscheidend ist sie nicht, denn der*die Klient*in erklärt den ausdrücklichen Willen zur Kooperation. Für die Freie Straffälligenhilfe ist »Hilfe« also der generelle Modus (und grundlegende Voraussetzung) ihrer Arbeit mit Klient*innen.

Haselmann grenzt davon den Begriff der *Fürsorge* ab. Diese ist dann angezeigt, wenn ein Mensch sich selbst nicht helfen kann, ja nicht mehr in der Lage ist, eine vernünftige Entscheidung zu treffen, ob er Hilfe braucht. Denken können wir dabei an kleine Kinder oder demente Personen, aber auch Menschen in akuten Krisensituationen wie z. B. psychotischen Episoden. Hier können wir nicht immer davon ausgehen, dass eine überlegte Entscheidung über die Einleitung von Hilfe getroffen werden kann. Vielmehr ist eine Intervention, z. B. Versorgung mit Nahrungsmitteln, geschlossene Einrichtung zum eigenen Schutz etc., angezeigt. Die »Anordnung durch einen Dritten« wäre beispielsweise die gerichtliche Bestellung einer gesetzlichen Betreuung.

Aus unserer Sicht ist der entscheidende Unterschied zwischen Hilfe und *Kontrolle* der Grad der Freiwilligkeit. Kontrollinterventionen sind von Klient*innen nicht verlangt, ja sie sind aus deren Sicht sogar freiheitsreduzierend. Auftraggeber ist nicht der*die Klient*in selbst, sondern die *Gesellschaft*, die ihren Auftrag zur *Normalisierung* der Betroffenen vermittelt durch die Justiz oder das Jugendamt. Kontrollinterventionen sind also nur in gesetzlich verfassten Zwangskontexten möglich. Wir möchten im Hinblick auf das zu behandelnde Arbeitsfeld Zwangskontexte definieren, wie Zobrist und Kähler es vorschlagen.

Was ist ein Zwangskontext?

»Zwangskontexte sind strukturelle Rahmenbedingungen der Sozialen Arbeit, die zu eingeschränkten Handlungsspielräumen bei Klienten, Fachkräften und Zuweisern führen und durch institutionelle Sanktionsmöglichkeiten sowie asymmetrische Machtverhältnisse gekennzeichnet sind. Die Interaktionen zwischen Klienten und Fachkräften konstituieren sich aufgrund rechtlicher Normen und finden i. d. R. fremdinitiiert statt. In Zwangskontexten werden teilweise Zwangselemente eingesetzt, welche die Autonomie der Klienten erheblich beschränken« (Zobrist & Kähler 2017, 31).

Kontrollinterventionen im Sinne der Durchsetzung von Normalisierungsansprüchen der Gesellschaft kommen bisweilen auch deshalb in die Kritik, weil ihnen mangelnde Erfolgsaussichten bescheinigt werden. So schreibt etwa Trotter zu Recht:

»Interventionen, die nicht auf die von KlientInnen erreichbaren oder gemeinsam verein-
barten Ziele, sondern auf die Ziele der SozialarbeiterIn hinarbeiten, scheinen ebenfalls
keine Erfolgschancen zu haben« (Trotter 2001, 151).

In der Tat wissen wir, dass Motivation zur Selbstveränderung notwendig ist, damit Menschen sich tatsächlich im von der Gesellschaft erwünschten Sinne verändern. Ebenso wissen wir, dass Repression und Bestrafung zu Widerständen führen (vgl. Zobrist & Kähler 2017, 39f.). Dieses empirische Wissen kann jedoch
nicht dazu verwendet werden, Zwangskontexte generell abzulehnen. Zum einen
ist und bleibt das Ziel einer Normalisierung eine zentrale gesellschaftliche Aufgabe, zum anderen ist es eine methodische Frage, wie innerhalb des Zwangskontextes mit Klient*innen umgegangen wird. Wer hier ausschließt, dass in diesem
Kontext Motivation durch Motivationsarbeit entstehen kann, und wer postuliert,
dass nur in freiwilligen Kontexten eine helfende Beziehung entstehen kann,
spricht nicht nur Pflichtklient*innen ihre Veränderungsmöglichkeit ab und
macht diese Zielgruppe zu einer »Hard-to-Reach«-Zielgruppe, sondern bestreitet
auch entgegen der Empirie (vgl. beispielsweise Miller/Rollnick 2015) die Erfolgsaussichten von motivierenden Interventionen.

3.3 Der Hilfeauftrag der Sozialen Arbeit in der Justiz

Der *Hilfeauftrag* hat nach Auffassung vieler Strafjurist*innen *Verfassungsrang*. Sie
beziehen sich dabei auf ein Urteil des Bundesverfassungsgerichtes, in dem Folgendes ausgeführt wird:

»Nicht nur der Straffällige muß auf die Rückkehr in die freie Gesellschaft vorbereitet
werden; diese muß ihrerseits bereit sein, ihn wieder aufzunehmen. Verfassungsrechtlich
entspricht diese Forderung dem Selbstverständnis einer Gemeinschaft, die den Men-
schenwürde in den Mittelpunkt ihrer Wertordnung stellt und dem Sozialstaatsprinzip
verpflichtet ist. [...] Von der Gemeinschaft aus betrachtet verlangt das Sozialstaatsprinzip staatliche Vor- und Fürsorge für Gruppen der Gesellschaft, die auf Grund persönli-
cher Schwäche oder Schuld, Unfähigkeit oder gesellschaftlicher Benachteiligung in ihrer
persönlichen und sozialen Entfaltung behindert sind« (BVerfG 35, 202ff., zit. in Dünkel
et al. 2018, 43).

Aus diesem sozialstaatlichen Gebot ergibt sich notwendigerweise, Angebote für
straffällig gewordene Menschen vorzuhalten, die diesen helfen können, ihr Verhalten zu verändern und wieder ein Teil der akzeptierten Gesellschaft zu werden.
Insofern betont das Bundesverfassungsgericht in dem eben zitierten Urteil auch:

»Nicht zuletzt dient die Resozialisierung dem Schutz der Gemeinschaft selbst: diese hat
ein unmittelbares Interesse daran, daß der Täter nicht wieder rückfällig wird« (ebd.).

Cornel (2018a, 52), der zu Recht auf eine Definition des Begriffes »Resozialisierung« verzichtet, weil alle Definitionsversuche »nicht zu einem eindeutigen
und klar umrissenen Begriff führten« (ebd., 51), zählt eine Reihe von Leistungen
auf, die als Angebote für Straffällige zur Verfügung stehen sollten:

- Beratung über persönliche Probleme,
- Motivation zu Bemühungen um eigene Lebenslagen-Verbesserungen,
- Materielle Hilfen zur Absicherung der Lebenshaltungskosten bis zur Unterstützung bei der Wohnungssuche,
- Ausbildungsangebote,

um nur einige seiner vielfältigen Vorschläge zu nennen. Selbstverständlich sind Sozialarbeiter*innen auch im Bereich der Sozialtherapie oder der Suchttherapie tätig und halten diese therapeutischen Angebote vor.

Wie anhand der Lebenslagen-Untersuchung der Arbeitsgemeinschaft Deutscher Bewährungshelferinnen und Bewährungshelfer (ADB 1999) deutlich wurde, sind die Problemlagen und Hilfebedarfe der Probanden sehr vielschichtig. Zu den Problemlagen zählen beispielsweise ein fehlender Schul- und Berufsabschluss, Langzeitarbeitslosigkeit und Suchterkrankungen. Von zentraler Bedeutung ist auch die Schuldnerberatung als Hilfe bei Überschuldung. Zwar haben nicht alle straffälligen Menschen Schulden, es ist aber für sehr viele Haftentlassene eine traurige Tatsache, dass »ein Berg von Schulden die soziale Eingliederung erschwert und eine erneute Straffälligkeit begünstigt« (Zimmermann 2014, 33).

Nicht umsonst ist im vorigen Abschnitt immer von *Angeboten* die Rede, denn Hilfe wird nur geleistet, wenn Klient*innen aktiv Interesse an der Annahme eines Angebotes zeigen. Das *Aushandeln von Zielen* zwischen Sozialarbeiter*innen und Klient*innen und das Finden von Wegen zu ihrer Umsetzung stehen dabei im Mittelpunkt. Die Hilfe ist nach diesem Verständnis eine *Koproduktion zwischen Hilfebedürftigem und Helfenden* (vgl. Ghanem & Graebsch 2020), die darin besteht, dass ein*e Professionelle*r Hilfe anbietet und ein*e Klient*in sie ohne Zwang annimmt, weil er*sie sich selbst etwas davon verspricht. Nach Müller sollte der Hilfebegriff »nur dann und dort verwendet werden, wo das ›helfende‹ Handeln vom Klienten selbst als ›hilfreich‹ wahrgenommen wird« (Müller 2008, 428).

Aus mehreren Gründen ist ein Hilfeprozess neben einem Kontrollprozess in der Bewährungshilfe und Führungsaufsicht unerlässlich:

Einen Hilfeprozess in den Sozialen Diensten anzubieten, ergibt sich bereits aus dem *sozialarbeiterischen Selbstverständnis*. Besonders im ökosozialen Ansatz nach Germain und Gitterman kommt zum Ausdruck, dass Menschen ganzheitlich in ihrer Umwelt mit ihren Ressourcen und nicht ausschließlich unter ihrem Defizit bzw. mit ihren Risikofaktoren betrachten werden (Germain & Gitterman 1999).

Ziel des Hilfeprozesses ist, Klient*innen zu befähigen ihre eigenen Angelegenheiten ›managen‹ zu können. Gemeint ist hiermit zum einen die Fähigkeit der Klient*innen, ihre Strategien für die Lösung ihrer Lebensprobleme zu entwickeln. Hierzu gilt es für die Soziale Arbeit, die Ressourcen der Klient*innen zu aktivieren und damit ihre *Lebensführungskompetenz zu stärken*. Dies ist auch ein wesentliches Ziel dessen, was in der Fachsprache »Empowerment« genannt wird (Sohns 2009, 82f.).

Zur Motivation der Klient*innen im Zwangskontext trägt entscheidend bei, wenn diese immer wieder erleben, dass sie eine Wahl haben und nicht willenlose

Objekte sind. Der Hilfeprozess bietet einen klaren *Rahmen für Wahlmöglichkeiten*. Er ist prinzipiell offen für alle wesentlichen Themen, die den Klient*innen am Herzen liegen und nährt damit deren *Hoffnung* auf ein besseres Leben. Diese Hoffnung wiederum ist die Voraussetzung, sich auch anderen, schmerzlicheren Themen zu widmen. Den Zusammenhang zwischen dem ›guten Grund‹ zur Veränderung (der in Klient*innen selbst liegen muss) und der Veränderungsmotivation von Faktoren, die aus Sicht der Klient*innen weniger relevant sind, hat beispielhaft die Theorie des »Good Lives Model« herausgearbeitet (Darstellung beispielsweise in Sekans 2019; ▶ Kap. 5.3). Diese Verbindung zwischen Lebenszielen der Klient*innen, der Motivation zur Veränderung und der Bearbeitung von Risiken zu erkennen und methodisch umzusetzen, ist für die konzeptionelle Methodenentwicklung sehr entscheidend. Die Berücksichtigung von Veränderungsbedarfen bei gleichzeitig stattfindender Beziehungs- und Motivationsarbeit ist ein zentrales Argument gegen eine vorgeblich nur auf Risikomerkmale abzielende Straffälligenhilfe (so z. B. der Vorwurf an eine stärker an Rückfallrisiken orientierten Straffälligenhilfe bei Grosser 2018a, 211).

3.4 Der Kontrollauftrag der Sozialen Arbeit in der Justiz

Beim *Kontrollauftrag* der Sozialen Arbeit geht es, wie bereits oben ausgeführt, um den gesellschaftlichen Auftrag zur Normalisierung, sprich zur *Verhinderung von Rückfällen*. Dieses Ziel wird von der Justiz mit klaren Worten verfolgt. So schreibt der Kriminologe Meier in seinem Kapitel über die Zielsetzung der Strafaussetzung zur Bewährung:

> »Das kriminalpolitische Ziel dieser [...] Sanktionsoption besteht in der Förderung des Strafzwecks der *Spezialprävention*. In denjenigen Fällen der leichteren und mittleren Kriminalität, in denen dies mit den Strafzwecken vereinbar ist, soll dem Verurteilten die Unterbringung im geschlossenen Strafvollzug erspart bleiben. Auch wenn hierin aus *spezialpräventiver* Sicht schon ein eigenständiger Wert liegt (Vermeidung von Desintegration), zielt die Strafaussetzung doch darüber hinaus zusätzlich darauf ab, in geeigneten Fällen an die Stelle des Strafvollzugs eine Form der *ambulanten Sanktionierung* treten zu lassen, die dem Täter einerseits Hilfe und Unterstützung bei der Bewältigung von Problemlagen gewährt, und ihn andererseits mit dem Druck des drohenden Widerrufs dazu zwingt, sich an die Anforderungen der Gesellschaft (Leben ohne Straftaten) anzupassen« (Meier 2019, 108f.; Herv. i. O.).

Kriminalprävention

Die Vorbeugung künftiger Straftaten findet sich in den sogenannten Straftheorien wieder. Hierbei kann zunächst zwischen *absoluten Straftheorien* (vergangenheitsorientiert, Strafe als Schuldausgleich zum Zweck der Vergeltung, Sühne) und *relativen Straftheorien* (zukunftsorientiert, Strafe dient dem Zweck, eine Wiederholung der Straftat zu verhindern) differenziert werden. Die relativen Straftheorien können dabei als Präventionstheorien verstanden werden und lassen sich in *Individual- bzw. Spezialprävention* (Einwirken auf verurteilte Person) und *Generalprävention* (Einwirken auf Allgemeinheit) unterteilen (Kawamura-Reindl & Schneider 2015, 43 ff.).

Bewährungshilfe wird also als *spezialpräventive Maßnahme* verstanden. An anderer Stelle wird noch einmal deutlich auf die Kontroll- und Überwachungsfunktion abgehoben:

> »Erst diese Überwachung ermöglicht es dem Gericht zu beurteilen, ob der Verurteilte die in ihn gesetzte, die Strafaussetzung rechtfertigende Erwartung erfüllt, dass er künftig keine Straftaten mehr begehen wird. Der Bewährungshilfe kommt damit bei der Durchführung der Maßnahme eine Doppelrolle zu: Sie ist einerseits Hilfe für den Verurteilten und übernimmt die Aufgabe der sozialarbeiterischen Betreuung, und sie ist andererseits Hilfe für das Gericht und überstützt das Gericht bei der Überwachung und Kontrolle« (Meier 2019, 129).

Best bezeichnet die Justizsozialarbeiter*innen als »Helfer des Gerichts« und betont, dass durch die Bestellung durch das Gericht die Bewährungshilfe im weiteren Sinne abgeleitete Staatsgewalt sei (Best 1984, 67). An anderer Stelle wurde schon auf die gemeinsamen europäischen Bewährungshilfegrundsätze hingewiesen, aus denen ebenfalls als das eindeutige Ziel der Straffälligenhilfe die Verhinderung von Rückfällen und damit der *Opferschutz* hervorgeht (Morgenstern 2012). Dieses gilt in ähnlicher Weise auch für andere Bereiche der Straffälligenhilfe in staatlicher Hand.

Wenn demnach im Bereich der Kontrollfunktion der Auftrag der Rückfallprävention feststeht, stellt sich die Frage, wie dieser durchzuführen ist. Relativ einfach wird einleuchten, dass dieser Auftrag mit Hilfeangeboten alleine nicht zu erreichen sein wird, denn dagegen spricht schon der Zwangskontext, den der Gesetzgeber als nicht verhandelbare Rahmenbedingung der Justizsozialarbeit aufgegeben hat. Aus diesem Konstrukt geht hervor, dass der Auftraggeber selbst davon überzeugt ist, dass das Hilfeangebot auch abgelehnt werden kann und dass für diejenigen, die es ablehnen, noch andere Maßnahmen erfolgen sollten. Wie wir im Laufe unserer Betrachtungen noch sehen werden, sind aber einige Personengruppen (z. B. Menschen mit Persönlichkeitsstörungen oder Abhängigkeitserkrankungen) häufig zu Beginn einer spezialpräventiven Maßnahme nicht in der Lage, das begangene Unrecht als von ihnen zu verantwortendes einzuordnen. Sie brauchen dazu unterstützende Maßnahmen in Form von deliktorientierten Analysen und Motivationsarbeit.

Ein weiteres Argument spricht gegen eine reine Angebotsorientierung im Sinne eines ›einfachen‹ Hilfemandats: Es ist keineswegs so, dass mit einer äußerlich stabilisierten Lebenslage (z. B. Arbeit und Wohnung) automatisch das Rückfallrisiko sinkt. Dagegen spricht die Empirie, die beispielsweise Haas und Killias (2001) vorgelegt haben. Sie untersuchten die Lebenslage von Vergewaltigern. Ihr verblüffendes Ergebnis: Trotz ihrer schweren Devianz sind viele Vergewaltiger nach äußeren Maßstäben sozial integriert.

- 70 % haben eine feste Arbeitsstelle.
- 67 % haben eine Berufslehre oder eine höhere Ausbildung abgeschlossen.
- 60 % haben schon einmal eine feste Freundin gehabt.
- 40 % sind Mitglied in einem Verein.

Ihr Fazit: Wir »müssen davon ausgehen, dass es eine große Gruppe von Vergewaltigern gibt, welchen es gelingt, sich äußerlich anzupassen« (Haas & Killias 2001, 214).

Wenn man also die Rückfallgefahr allein an diesen äußeren Gegebenheiten festmachen würde, könnte man mögliche Rückfallgefahren nicht erkennen und – was für den oben genannten Auftrag fatal wäre – man würde nicht daran arbeiten. Wer das »doppelte Mandat« also ernst nimmt, kann bei aller Notwendigkeit und Unverzichtbarkeit des Hilfeauftrages nicht darüber hinwegsehen, dass mit Hilfe und Stabilisierung von Lebenslagen alleine in vielen Fällen noch kein ausreichender Beitrag zur Rückfallprävention geleistet wird. Oder noch genauer: Man wird nicht umhinkommen, genau hinzusehen, wo in jedem einzelnen Fall die rückfallrelevanten Faktoren zu suchen sind.

3.5 Sozialräumliche Ansätze

Bisweilen wird das Fehlen sozialräumlicher Ansätze in der Justizsozialarbeit zu Recht angeprangert (z. B. Grosser 2018a). Tatsächlich gehört es im Sinne des ökosozialen Ansatzes (▶ Kap. 2.2.1) zum Auftrag Sozialer Arbeit, nicht nur das Verhalten von straffällig gewordenen Menschen zu fokussieren, sondern auch die *sozialräumlichen Verhältnisse* entsprechend zu gestalten.

Ohne hier bereits die ökologischen Kriminalitätstheorien vorwegnehmen zu wollen (▶ Kap. 4.3), sei an dieser Stelle schon ein kleiner Vorgriff gewagt. In dem weit verbreiteten Werk »Kriminologie« widmet sich Schwind in einem Kapitel Korrelationen zwischen »Wohnumwelt und Kriminalität«. Er thematisiert darin u. a. Themen der Kriminalgeografie, z. B. die Zusammenhänge zwischen *Raumstruktur und Kriminalität* oder auch zwischen Wohnhausarchitektur und Kriminalität. Er sieht in diesen Phänomenen zwar keine direkten kausalen Beziehungen, wohl aber in der Kumulation von Benachteiligungen, Abbau von sozialer Kontrolle und strukturellen Defiziten (z. B. Hilfemöglichkeiten) Faktoren, die in komplexen Wechselwirkungen zu einer *ungünstigen Sozialstruktur* führen (z. B. hohe Arbeitslosigkeit in Quartieren mit überdurchschnittlich hoher Kriminalitätsbelastung) und dadurch Kriminalität durchaus begünstigen können. Aus seiner Sicht ist eine *kommunale Kriminalprävention* – im Sinne einer sozialräumlichen Umgestaltung – durchaus als (neue) gesamtgesellschaftliche Aufgabe anzusehen (Schwind 2010). Schwind knüpft damit an ältere kriminologische Annahmen an, die unter dem Titel »Defensible Space« (z. B. von Oscar Newman) schon in den 1970er Jahren veröffentlicht wurden und in denen beklagt wird, dass moderne Bauten lebensfeindlich seien und die Bewohner*innen dazu verleiten würden, diese zu zerstören (vgl. Schwind 2010, 328). Ebenso scheint die These der Chicagoer Schule durch, die schon in den 1930er Jahren *kriminalitätsfördernde Strukturen* in der Wohnumgebung an *fehlender informeller Sozialkontrolle* festgemacht hat (Oberwittler 2013, 47). Der ebenfalls klassische »Broken-Windows«-Ansatz, der aufzeigt, wie das alltägliche Erleben von Vermüllung und zerbrochenen Fensterscheiben zu einer allmählichen Resignation, abnehmender Sozialkontrolle und in der Folge steigender Kriminalität im öffentlichen Raum führen (Wilson & Kelling 1982), ist ebenfalls ein Beleg dafür, dass der umfassende sozialarbeiterische Ansatz einer *Lebens- bzw. Sozialraumgestaltung* zukunftsfähig ist. Wenn es also zum Proprium Sozialer Arbeit gehört, auch Verhältnisse zu verändern, dann gehört die sozialräumliche Komponente mit dem Ziel einer Reduktion von Kriminalitätsfurcht und urbaner Ordnung zweifellos zu ihrem Auftrag.

Literatur zum Weiterlesen

Klug, W. & Schaitl, H. (2012): Soziale Dienste der Justiz. Perspektiven aus Wissenschaft und Praxis. DBH (Hg.). Mönchengladbach: Forum Verlag Godesberg.
Uslucan, H.-H. (2012): Familiale Einflussfaktoren auf delinquentes Verhalten Jugendlicher. In: Aus Politik und Zeitgeschichte, 62 (49/50), 22–27.
Zobrist, P. & Kähler, H. D. (2017): Soziale Arbeit in Zwangskontexten. Wie unerwünschte Hilfe erfolgreich sein kann (3., vollst. überarb. Aufl.). München/Basel: Reinhardt.

4 Erklärungswissen zur Entstehung von Kriminalität

☞ **Das erwartet Sie …**

In diesem Kapitel werden Erklärungsansätze zur Entstehung von Kriminalität beleuchtet, denn nur wenn der Entstehungszusammenhang von Kriminalität erklärt werden kann, ist es möglich, methodisches Handeln sinnvoll zu planen und zu gestalten. Hierfür werden sowohl kriminalpsychologische Erklärungsmodelle aufgegriffen, die sich verstärkt auf die handelnde Person fokussieren, als auch Ansätze, die Umweltbedingungen zur Entstehung von Kriminalität beleuchten. Abschließend werden diese beiden Perspektiven in der Darstellung von integrativen Ansätzen miteinander verbunden.

4.1 Vorbemerkung

Anekdote zum Einstieg

Eine Dienststelle von Sozialarbeiter*innen machte sich auf, um ein gemeinsames Assessment-Instrument zu entwickeln. Ihre Idee war es, das, was von Klient*innen zu erfragen und zu erfahren ist, zu systematisieren, damit der Prozess der Informationssammlung und Informationsbewertung systematischer und damit auch schneller vonstattengeht. Die Vorlage einer 12seitigen Ausarbeitung eines Assessment-Bogens durch die Wissenschaftliche Begleitung lehnten sie ab, dieser Fragebogen sei viel zu lang. In der Arbeitsgruppe brachte jede Person ihre eigenen Fragestellungen ein, eine fand es notwendig zu wissen, wie die Geschwisterkonstellation bei den Klient*innen ist, eine andere fand die Berufsbiografie unverzichtbar, alle gemeinsam waren der Meinung, dass Schulden und Konsumgewohnheiten wichtig wären. Da sie sich nicht einigen konnten, welche Informationen denn nun warum gesammelt werden mussten, fügten sie alle gewünschten Fragestellungen aneinander. Der nun 16-seitige Fragekatalog wurde in der Teamsitzung, bei der auch alle anderen Kollegen*innen dabei waren, wegen seines Umfanges kritisiert. Eine neue Arbeitsgruppe wurde einberufen.

In ihrem Grundlagenwerk zur Kooperativen Prozessgestaltung schreiben Hochuli Freund und Stotz:

> »Verbindungen herzustellen zwischen einem Fall und Theorien und den Fall auf Grund theoretischen Wissens besser verstehen zu können, gilt als Kernmerkmal von Professionskompetenz in der Sozialen Arbeit. [… Die] Theorie-Praxis-Transformation [ist] eine allgemeine, grundsätzliche Aufgabe und Herausforderung in der Sozialen Arbeit, die sich als Disziplin und Profession versteht« (Hochuli Freund & Stotz 2017, 219).

Man könnte also auch etwas verkürzt sagen: Professionelle unterscheiden sich von gebildeten Laien dadurch, dass sie auf wissenschaftliche Art und Weise erklären können, was sie tun, warum sie nach etwas fragen und wie sie die Informationen bewerten. Erst mit analytisch gewonnenem Wissen wird gezielt wirksames Handeln möglich. Wenn ein Entstehungszusammenhang eines Problems erklärt werden kann, ist es möglich, eine Veränderung sinnvoll zu planen und zu gestalten.

Von vielen Theoretiker*innen wird die »*reflexive Kompetenz*« zu den zentralen professionellen Kompetenzen gezählt. Diese aber besteht genau darin, den konkreten Fall in einen Bezug zu allgemeinen wissenschaftlichen Theorien zu bringen bzw. verallgemeinerbare Schlussfolgerungen ziehen zu können. Wenn professionelles Handeln nicht von »Versuch und Irrtum« oder vom »Zufall« geprägt sein soll, ist es erforderlich, das Handeln zum Gegenstand von *Reflexion mit Hilfe von wissenschaftlichen Theorien* zu machen. Reflexion versetzt den professionell Handelnden demnach in die Lage, Situationen zu bewerten (Ebert 2008, 39).

Es ist also unmöglich, methodisch adäquat zu handeln, wenn die methodische Vorgehensweise nicht in einen theoretischen Erklärungs- und Handlungszusammenhang eingebettet ist. Staub-Bernasconi hat dieses Aufeinanderbezogensein von Theorie und Praxis, von Wissensbeständen und praktischer Durchführung im Kontext sozialarbeiterischer Professionalität sehr treffend auf eine Faustformel gebracht:

> »Methodisches Arbeiten in der Sozialen Arbeit setzt gemäß der hier vertretenen Auffassung *Handlungstheorien* voraus. Und diese verknüpfen folgende *Wissensformen* miteinander: Beschreibungswissen (phänomenologisches Wissen), in unserem Fall Wissen über Probleme, die Menschen haben können; Erklärungswissen im Hinblick auf diese Probleme und ihre Veränderbarkeit durch menschliche Einwirkung; Wertwissen als Basis für Zielformulierungen; Akteur-, Regel- und Verfahrenswissen als Interventionswissen zur Erreichung von Veränderungen« (Staub-Bernasconi 1996, 11; Herv. i. O.).

Das folgende Kapitel gilt dem von Staub-Bernasconi so benannten »*Erklärungswissen*«. Das ist die Wissensart, die das Zustandekommen eines Problems (z. B. das Kriminalitätsphänomen) multiperspektivisch erklären kann. Dabei werden wir wegen des begrenzten Raums nicht umhinkommen, einige wenige ausgewählte Theorien holzschnittartig zu beleuchten. Ein guter Überblick über andere, hier nicht behandelte Erklärungsansätze, ist in einschlägigen kriminologischen Grundlagenwerken zu finden (z. B. Bock 2019; Meier 2010).

4.2 Kriminalpsychologische Erklärungsmodelle

Für die psychologische Erklärung von Kriminalität sind drei Komponenten von Bedeutung (Suhling & Greve 2010, 52ff.):

1. die handelnde *Person*,
2. der *Kontext*, in dem die Person handelt (die *Situation*, die begünstigenden äußeren Faktoren),
3. die *Prozesse*, die sich in der Interaktion zwischen Person und Kontext abspielen.

Die *handelnde Person* ist geprägt durch ihre *biologische Disposition*: Sie hat von Natur aus eine bestimmte genetische ›Ausstattung‹, mit der sie in die Welt tritt und Erfahrungen macht. So können beispielsweise Menschen mit einer angeborenen, aber auch erworbenen Impulskontrollstörung mit auftretenden Provokationen schlecht umgehen und neigen zu spontanen Ausbrüchen von Aggression (Bauer 2011, 92). Die gleiche Provokation wird von einem Menschen mit Gleichmut, von einem anderen mit Feindseligkeit beantwortet, was uns auf das noch zu betrachtende Feld der »Informationsverarbeitung« führt. Auch Alter und Geschlecht spielen eine große Rolle, junge Männer sind statistisch gesehen wesentlich häufiger wegen Normverletzungen auffällig als junge Frauen, jüngere Menschen generell häufiger als ältere.

Im Laufe ihrer Lebensgeschichte und Sozialisation (z. B. durch Nachbarschaft, Gleichaltrige und Schule) macht die Person *Erfahrungen*, die sie in bestimmten Handlungen bestärkt (weil sie damit Erfolg hat), in bestimmten Handlungen entmutigt (weil sie damit keinen Erfolg hat). Dieses Lerngesetz, das bekanntermaßen mit »Lernen am Erfolg« beschrieben wird, gilt auch für kriminelles Verhalten. Im übertragenen Sinn werden damit auch Einstellungen, sogenannte *Kognitionen*, geprägt. Damit sind »Wissensstrukturen des Gedächtnisses« gemeint, »die bei der Wahrnehmung und Bewertung von Ereignissen, Handlungen und anderen internen und externen Reizen und Dingen eine wichtige Rolle spielen« (Suhling & Greve 2010, 103). Mit kognitiven Schemata ordnen wir unsere Welt, wir sortieren in

- erstrebenswert – nicht erstrebenswert,
- feindlich – nicht feindlich,
- gut – böse usw.

Unsere Bewertungsschemata sind wichtige Voraussetzungen für unser Handeln, denn wir nutzen sie als Bewertungsgrundlage in konkreten Situationen, um uns diese zu erklären.

Beispiel: Einfluss von Kognitionen auf Verhalten

Ein Jugendlicher erzählt folgende Geschichte: »Da gehe ich abends los, auf die Straße, habe vielleicht auch schon ein paar Bier getrunken, und dann kommt mir da ein Mann entgegen, den kenne ich nicht, und dann sehe ich, wie der guckt, und dass der denkt: ›Da kommt ja Dreck‹ und dann sehe ich nur noch schwarz, und dann haue ich ihm eins rein, dass er umkippt, und manchmal kann ich dann nicht aufhören, wenn er am Boden liegt« (Körner & Friedmann 2005, 45).

Für diesen Jugendlichen ist die erlebte Situation auf dem Hintergrund seiner Bewertungsschemata eindeutig definiert: Der Passant betrachtet ihn als »Dreck«. Die daraus entstehende Emotion und der Impuls werden übermächtig und entladen sich in einer aggressiven Handlung.

Mit diesem Beispiel wird deutlich, welcher Prozess sich in der handelnden Person, die mit ihren kognitiven Schemata eine Situation bewertet, abspielt: Es ist ein Prozess der *Informationsverarbeitung* und der *Entscheidungsfindung*. Mayer und Zobrist fassen zusammen:

> »Aus dieser umfassenden Perspektive wird eine kriminelle Handlung als Ergebnis eines persönlichen Informationsverarbeitungs- und Entscheidungsprozesses betrachtet. Die kriminelle Handlung findet statt, wenn sie in einer bestimmten Situation aus der Sicht des Handelnden als angemessen, gerechtfertigt oder Erfolg versprechend erscheint. Dies hängt davon ab, wie die handelnde Person die Situation einschätzt, welche Handlungsmöglichkeiten sie erkennt und wie sie deren Nutzen-Kosten-Verhältnis einschätzt. Der Ausgang dieses individuell unterschiedlich verlaufenden Bewertungsprozesses hängt von den folgenden Faktoren ab:
>
> - Merkmale der momentanen Situation: Welche verführerischen, auslösenden, belastenden oder hemmenden Merkmale hat die Situation?
> - Kriminalitätsfördernde Kognitionen: Welche Einstellungen, Werte, Überzeugungen und handlungsleitenden Kognitionen spielen in der Situation eine Rolle?
> - Wahrgenommene soziale Unterstützung: Fühlt sich die Person durch andere in ihren antisozialen Handlungsabsichten unterstützt?
> - Persönliche Verhaltenstendenzen: Welche bisherige Geschichte antisozialer Verhaltensweisen hat die Person?
> - Persönliche Eigenschaften und Fertigkeiten: Welche persönlichen Merkmale, wie z. B. Impulsivität oder Risikobereitschaft prägen die handelnde Person? Über welche Fertigkeiten zur Problemlösung und Selbstkontrolle verfügt sie?« (Mayer & Zobrist 2009, 34)

Wenn wir uns – quasi in Slow Motion – den Moment vergegenwärtigen, in dem ein Mensch eine Entscheidung treffen muss, ob er am begehrten Objekt vorbei geht oder es ohne zu bezahlen mitnimmt, wird uns ein weiterer Prozess deutlich, der mit *Motivation* und *Ergebniserwartung* zu tun hat. Aufgrund seiner kognitiven Schemata hält er das Objekt für begehrenswert, muss aber noch abwägen, ob es das Risiko wert ist. In die *Aktualgenese* (der Entstehung der konkreten Handlung) fließt also auch eine Intentionsbildung ein, die einen motivationalen Aspekt enthält: Die handelnde Person erwartet, dass sie mit einer bestimmten Handlung einen für sie positiven Effekt erzielen wird. Damit drückt sie die implizite Gewissheit aus, dass sie die Folgen unter Kontrolle hat. Dass dies in sehr vielen Fällen nicht so ist, dass Strafe droht oder gar soziale Ächtung, und dass auch das gestohlene Objekt oft nicht die Erwartungen erfüllt, spielt in diesem Moment keine Rolle. Dieser Zusammenhang wird in der Psychologie der »Erwartungs-Wert-Ansatz« genannt (Suhling & Greve 2010, 53). Nach der Aktion entscheidet sich, ob die Tat als positiv oder als negativ bewertet wird. Hirnphysiologisch ist hier das *Belohnungssystem* gefragt. Dieses benutzt vorwiegend Dopamin als Neurotransmitter. Wenn Dopamin ausgeschüttet wird, ist das Signal gegeben: diesen Vorgang speichern und bei passender Gelegenheit wiederholen. Damit sind wesentliche Grundlagen des Lernens am Erfolg abgesteckt: Wird eine Aktion als ›Erfolg‹ verbucht, wird also Dopamin ausgeschüttet, so steigt die Wiederholungstendenz. Ist eine Aktivität nicht erfolgreich, wird kein Dopamin ausgeschüttet und diese tendenziell nicht als wiederholenswert gespeichert. Besonders wirksam und einleuchtend ist dieser Mechanismus beim Drogengebrauch. Kasten schreibt dazu aus neurophysiologischer Sicht:

> »Das Belohnungssystem kann auch durch Drogen aktiviert werden. Dann muss man sich nicht mehr anstrengen, um sich gut zu fühlen. Fixer behaupten, dass der Flash nach der Injektion von Heroin ›tausendmal schöner als ein Orgasmus‹ sein soll. Wenn solche Stoffe lange Zeit im Übermaß von außen zugeführt werden, stellt das Gehirn die Produktion der körpereigenen Glücksboten völlig ein, es kann zur irreversiblen Schädigung kommen. Der User hat ständig das Gefühl, ihm würde irgendetwas fehlen. Auch bei Erfolgen, Verliebtsein oder guten Mahlzeiten verspürt er das Gefühl der Freude nicht mehr. Es kommt zum amotivationalen Syndrom, ohne Aktivität des Belohnungssystems sieht der Ex-Junkie keinen Sinn mehr darin, sich für irgendetwas anzustrengen« (Kasten 2007, 43).

Selbstverständlich sind auch die Erwartungen, die jemand aus seinem Umfeld wahrnimmt, mitentscheidend für seine Situationsbewertung. Wenn beispielsweise ein Jugendlicher in einer Jugendgang einen Status erwerben will, wird er sich genau überlegen, was er tun muss, um bei den Gangmitgliedern gut anzukommen. Daraus erklären sich die hohen kriminogenen Effekte von Subkulturen.

Dass etwas als Erfolg gespeichert wird, hängt neben den kognitiven Verarbeitungsprozessen auch von zwei Kontextfaktoren ab.

- Die *zeitliche Nähe der Konsequenz*:
  Der Erfolg muss unmittelbar nach der Tat spürbar sein, die Konsequenz muss als Erfolg unmittelbar mit der Handlung verknüpft werden (z. B. erhält der Täter durch den Schlag gegen seinen Gegner das gewünschte Objekt). Man spricht hier auch von »kontingenter« Verstärkung.
- Die *Verlässlichkeit, mit der die Konsequenz auftritt*:
  Wenn die Konsequenz immer auftritt (der Täter setzt sich mit Faustschlägen immer durch), wird sehr schnell verstärkt, wenn der Erfolg ausbleibt, sehr schnell gelöscht. Wenn sich Erfolg und Misserfolg abwechseln, wird langsamer gespeichert, aber das Verhalten ist dafür auch stabiler gespeichert (Suhling & Greve 2010, 113).

Hinzu kommt der sogenannte *»Habituations«-Effekt*, den man volkstümlich als Gewohnheits-Effekt beschreibt: Ein Reiz, der ursprünglich noch Stress auslöst, wird durch häufige Darbietung abgeschwächt, die physiologische Reaktion nimmt ab. So hat man beispielsweise bei norwegischen Fallschirmspringer*innen den Cortisol-Spiegel gemessen, der ein Indiz für Stressempfinden ist. Je öfter die Fallschirmspringer*innen den Vorgang übten, desto geringer war ihr Cortisol-Spiegel. Man könnte auch sagen: Sie haben sich daran gewöhnt, vor der offenen Tür des Flugzeugs zu stehen und hinunterzuspringen. Es löst in ihnen keinen Stress mehr aus (Thompson 2010, 211). Übertragen auf das Feld der Kriminalität heißt das: Bei den ersten Einbruchsversuchen ist der Stresspegel noch hoch, je öfter der Einbruch gelingt, desto mehr ›habituiert‹ sich dieses Verhalten, es wird zur Normalität. Im Laufe dieses Prozesses werden kriminelle Aktivitäten kognitiv als ›normal‹ attribuiert, während normenentsprechende Verhaltensweisen beispielsweise als ›von einer anderen Welt‹ abgelehnt werden. In ihrer Langzeitstudie zur Jugendkriminalität konnten Boers et al. diese Zusammenhänge sehr eindrücklich zeigen:

> »Es hat sich zunächst gezeigt, dass problembelastete Jugendliche Gewalt als Handlungsroutine zur Problemlösung stärker internalisiert haben als weniger stark belastete Jugendliche. Des Weiteren schätzen sie sowohl das Risiko, bei Gewalthandlungen entdeckt zu werden, als auch deren mögliche Kosten geringer ein. Die insgesamt wichtigste Voraussetzung von Gewalthandeln ist die Vertrautheit mit gewalthaltigen Handlungsroutinen. Auch wenn potentielle Kosten und Risiken als gering eingeschätzt werden, kommt es ohne solche Routinen kaum zur Ausübung von Gewalt. Dennoch hat sich gezeigt, dass eine starke Internalisierung von Gewaltroutinen überwiegend nicht dazu führt, dass potentielle Kosten und Risiken völlig ignoriert werden« (Boers et al. o. J.).

Wir treffen also auch bei stark mit ihrer kriminellen Identität identifizierten jugendlichen Gewalttäter*innen auf eine Art Kosten-Nutzen-Berechnung, die natürlich wiederum auf Grundlage bestimmter Kognitionen vonstattengeht. Bonta und Andrews zitieren einige kognitive Schemata, die mit einer Identifikation eines kriminellen Lebensstils einhergehen:

- »Most successful people used illegal means to become successful.«
- »Police rarely try to help people.«
- »Laws are usually bad« (Bonta & Andrews 2017, 130).

Einbezogen werden hier auch Handlungsalternativen, die zur Problemlösung herangezogen werden können. So schätzt ein*e Täter*in beispielsweile seine*ihre Fähigkeit zur Konfliktlösung mittels verbaler Mittel ein und wägt sie gegen seine*ihre physischen Möglichkeiten ab. Selbstverständlich sind all diese Prozesse nicht immer bewusst, laufen parallel, synchron und in wenigen Augenblicken ab.

In Anlehnung an Bonta und Andrews (2017, 44) fassen wir das eben Ausgeführte nochmals grafisch zusammen (▶ Abb. 1).

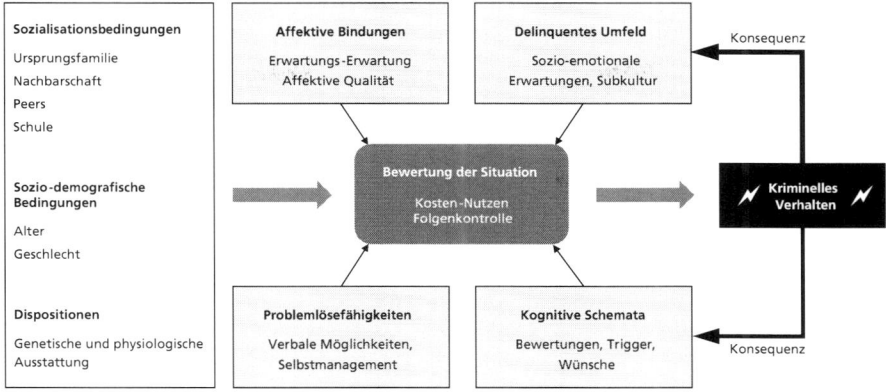

Abb. 1: Kriminalpsychologische Erklärung kriminellen Verhaltens

4.3 Umweltbedingungen für die Entstehung von Kriminalität

Für die Soziale Arbeit ist, wie in der ökosozialen Sozialarbeitstheorie gesehen (▶ Kap. 2.2.1), nie ›nur‹ die Person und nie ›nur‹ die Umwelt für die Entstehung sozialer Probleme verantwortlich, sondern das Zusammenspiel von personalen Vorgängen, wie wir sie kriminalpsychologisch beschrieben haben, mit Umweltfaktoren, wie sie nachfolgend charakterisiert werden.

Erwähnt wurde schon an anderer Stelle der Zusammenhang zwischen Wohnumgebung und Kriminalität (▶ Kap. 3.5). Wenn wir uns also fragen, wie bestimmte Bedingungen in Nachbarschaft und Wohnquartier die Kriminalitätsentstehung begünstigen, so stoßen wir als klassische Theorie auf die Untersuchungen zu »*broken windows*«. Diese ist entstanden als Frage an die Wissenschaft angesichts steigender Kriminalitätsraten und Kriminalitätsfurcht in New York. Die Forscher*innen konnten beobachten, dass eine größere Präsenz von Polizei auf der Straße zwar keine Kriminalität verhindert, aber das *Bedrohungsgefühl* reduziert. Als zentralen Parameter für das Bedrohungsgefühl machten die Forscher*innen *Verwahrlosung* und *fehlende soziale Kontrolle* aus. So konnte gezeigt werden, dass Kriminalitätsrate und Bedrohungsgefühl nichts miteinander zu tun haben brauchen.

Das berühmte »Broken-Windows«-Experiment, das der renommierte Sozialpsychologe Zimbardo 1969 durchführte, zeigt allerdings eine tatsächliche Kriminalitätsursache auf:

»Er stellte jeweils einen Wagen ohne Nummernschilder und mit offener Motorhaube in eine Straße der Bronx und eine Straße in Palo Alto/Kalifornien. Das Auto in der Bronx wurde bereits innerhalb der ersten 10 Minuten, nachdem es abgestellt wurde, von Vandalen heimgesucht. Die ersten waren eine Familie – Vater, Mutter und Sohn –, die den

Kühler und die Batterie ausbauten. Innerhalb von vierundzwanzig Stunden wurde faktisch jeder brauchbare Teil des Wagens entwendet. Danach begann eine wahllose Zerstörung: die Fensterscheiben wurden eingeschlagen, Einzelteile abgerissen, die Polster aufgeschlitzt. Von Kindern wurde der Wagen als Spielplatz genutzt. Die meisten erwachsenen ›Vandalen‹ waren gut gekleidet und scheinbar ordentliche Weiße. Das Auto in Palo Alto wurde über eine Woche lang nicht angerührt. Daraufhin zertrümmerte Zimbardo einen Teil des Wagens mit einem Vorschlaghammer. Schon bald machten einige vorübergehende Passanten mit. Innerhalb von einigen Stunden lag der Wagen auf dem Dach und war völlig zerstört. Wieder traten als ›Vandalen‹ in erster Linie respektable Weiße auf« (Wilson & Kelling 1998, 45).

Was uns dieses Experiment zeigt, liegt auf der Hand: Diverse Bedingungen in der ›Community‹, hier dargestellt am Beispiel der Bronx (Anonymität, bereits vorgefundene Zerstörung, verlassene und gestohlene Dinge im öffentlichen Raum, bisherige Erfahrungen von Gleichgültigkeit im Hinblick auf kriminelles Verhalten) begünstigen Vandalismus und Diebstahl. Hingegen ist im ›ordentlichen‹ Palo Alto, wo die Menschen davon überzeugt sind, dass Diebstahl geahndet und Eigentum geschützt wird, wo soziale Kontrolle vermutet und Zerstörung bestraft wird, kriminelles Verhalten (zumindest was Vandalismus und Diebstahl betrifft) weniger wahrscheinlich (zur Kritik dieses Ansatzes siehe Belina & Wehrheim 2011, 212).

Selbstverständlich darf auch hier keine Kausalitätskette angenommen werden, es sind tatbegünstigende Umstände, die keinen Menschen zwingen, sich an Vandalismus und Diebstahl zu beteiligen. Es sind, wie wir gesehen haben, nicht in erster Linie die Gegenstände, sondern das *Gefühl der Resignation*, der *mangelnden Sozialkontrolle* und der *kollektiven Unordnungsgefühle*, die entscheidend sind. Diese Merkmale sind sehr viel signifikanter als strukturelle Merkmale wie Armut oder Ungleichverteilung (Oberwittler 2013, 49).

Entscheidend für Kriminalität in einem Wohnquartier ist das Fehlen oder Vorhandensein sogenannter »*kollektiver Wirksamkeit*«. Dieses Konzept von Sampson stellt das kollektive Vertrauen innerhalb der Wohnbevölkerung in den Mittelpunkt und meint damit das Bewusstsein der Wohnbevölkerung, dass das Wohl aller von allen im Auge behalten wird, dass alle bei Fehlverhalten einschreiten (soziale Kontrolle) und dass der Nachbarschaft gemeinsam geteilte Werte zugrunde liegen (Sampson 2006).

Besonders verheerend für das Gefühl kollektiver Wirksamkeit ist in diesem Zusammenhang erlebte Gewalt im Wohnquartier. Oberwittler fasst den Forschungsstand zusammen, wenn er schreibt,

»dass persönliche Erfahrungen und Beobachtungen von abweichendem Verhalten (oder auch Berichte darüber) Kriminalitätsfurcht fördern, Vertrauen zerstören, zu sozialem Rückzug führen und die Bereitschaft zum Handeln im gemeinsamen Interesse reduzieren könnten. [...]
Aus diesem Grund haben Sampson et al. (1997) [...] gezeigt, dass Gewalt im Zeitverlauf zu einer Reduzierung der kollektiven Wirksamkeit führte. Über ähnliche Rückwirkungen berichtete Bellair (2000): Gewaltkriminalität führte zu einem Rückgang der informellen Sozialkontrolle, hingegen hatte Einbruchsdiebstahl einen gegenteiligen Effekt. Auch Lüdemann (2006b) fand einen positiven Effekt von indirekten Viktimisierungen (und von wahrgenommener Unordnung, [...]) auf die praktizierte Sozialkontrolle der Bewohner« (Oberwittler 2013, 50).

Das Gefühl mangelnder kollektiver Wirksamkeit und fehlender Sozialkontrolle führt dazu, dass Menschen, wenn sie es irgendwie vermögen, aus dem für sie unsicher gewordenen Wohnquartier wegziehen und nur diejenigen dort verbleiben, die sich entweder mit dem Milieu identifizieren oder die resignieren, weil sie keinen Ausweg sehen. Es entstehen die bekannten *Subkultur-Phänomene*, die – auch in mittlerweile klassischer Literatur in diesem Feld – Cohen bereits Mitte der 1950er Jahre in seinem Buch über die Gang-Kriminalität von Jugendlichen beschrieben hat (Cohen 1955).

Subkultur-Phänomene bei Jugendlichen

Cohen beschreibt den Prozess der Entfremdung von Jugendlichen von der ›Normal-Gesellschaft‹, in dem ein Teil der Jugend mit dem Gefühl aufwächst, nicht mithalten und die Status-Symbole der anderen niemals mit legalen Mitteln erreichen zu können. Daraufhin entwickeln diese Jugendliche alternative Maßstäbe und Statussymbole. Auf diese Weise ist es möglich, dass sie gemessen an ihren eigenen Maßstäben, dennoch ›erfolgreich‹ sind. Mit dieser Theorie lassen sich viele Phänomene der Jugendkriminalität erklären, z. B. ihre gemeinsame Sprache, häufig eine fast uniforme Kleidung, ein kollektiver Zusammenhalt gegenüber den Erwachsenen bzw. deren Institutionen (z. B. Polizei und Justiz). Die Subkulturen schließen sich ab, je mehr ghetto-artige Wohnquartiere entstehen, desto weniger Chancen haben einzelne Gangmitglieder, sich zu entziehen und an positiven Rollenvorbildern zu orientieren.

So bilden *Soziale Segregation* und *innerpsychische kognitive Verzerrungen* (im Sinne subkultureller Schemata) ein Geflecht von einander bedingenden und kaum noch zu entwirrenden Gründen für einen kriminellen Lebensstil. Fehlende soziale Kontrolle und daraus entstehende Subkulturen bedingen sich dabei als Wirkungspfade gegenseitig, wie Oberwittler mit Bezug auf die Untersuchungen von Coleman schreibt. Es sei notwendig,

> »diese Aspekte der sozialen Organisation von Wohnquartieren in einem wechselseitigen Zusammenhang zu sehen, wie dies James Coleman bereits in den 1960er Jahren getan hat, als er den Desorganisationsansatz auf die neu entstehenden Suburbs der amerikanischen Mittelschicht bezog. Je schwächer der Zusammenhalt und die kollektive Wirksamkeit der Erwachsenen, desto besser kann sich dadurch nach Coleman die (subkulturelle) Organisation der Jugendlichen entwickeln« (Oberwittler 2013, 54).

Verstärkt werden all diese Effekte durch strukturelle Rahmenbedingungen wie Mietpreise, Kaufkraft der Bewohner*innen, Zusammensetzung des Wohnquartiers, aber auch durch einen bestimmten Lebensstil wie Konsum- und Freizeitverhalten (Hermann & Laue 2001).

Wenn wir das Gesagte zusammenfassen, so müssen wir zunächst konstatieren, dass es nicht primär strukturelle Merkmale sind (wie z. B. Armut oder unterprivilegiertes Dasein), vielmehr erklärt das Konzept der »kollektiven Wirksamkeit« besser die sozialräumliche Verteilung der Kriminalität (Oberwittler 2013, 49). In dieses Konzept können auch traditionelle Theoreme wie das der »informellen Sozialkontrolle« und der »urbanen Unordnung« eingeordnet werden: Je mehr das Gemeinschaftsgefühl wächst, desto geringer ist die Kriminalitätsfurcht. Je größer die Kriminalitätsfurcht, desto höher die Wahrscheinlichkeit der sozialen Unordnung, was höhere Subkulturphänomene erwarten lässt. Diese wiederum sind Horte von Kriminalität, weil sie einhergehen mit kognitiven Verzerrungen bei den Gruppenmitgliedern (▶ Abb. 2).

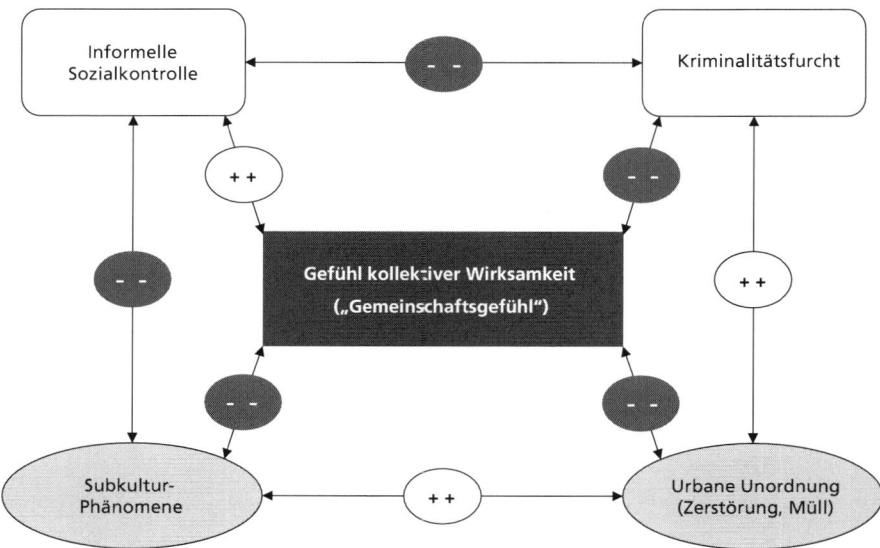

Abb. 2: Kollektive Wirksamkeit

An dieser Stelle sei noch darauf hingewiesen, warum der in manchen Theoriebüchern sehr prominent vertretene *Labeling Approach* hier nicht weiter zur Sprache gekommen ist. Anders als etwa Bukowski und Nickolai, die den Labeling Approach zu den »unbestrittenen Grundlagen der Sozialen Arbeit« (2018, 181) zählen und die Tatsache, dass er mittlerweile weniger rezipiert werde, darin entdecken, dass »in der Sozialen Arbeit eher trivialisierte Versionen der Etikettierungstheorien verbreitet sind« (ebd.), sehen wir eher empirische Probleme (siehe z. B. Greve & Enzmann 2001) mit zentralen Grundannahmen des Ansatzes, die aus unserer Sicht von den Protagonist*innen der Labeling-Theorie zu wenig reflektiert werden. Zu wesentlichen Annahmen dieses Ansatzes schreibt Oberwittler:

> »Es gibt demgegenüber keine empirische Bestätigung der aus dem Labeling Approach abgeleiteten Annahme, dass eine negative soziale Entwicklung von Wohnquartieren lediglich durch eine kollektive Stigmatisierung aufgrund selektiven Polizeihandelns ausgelöst werde« (Oberwittler 2013, 52).

4.4 Integrative Ansätze

Die große Herausforderung für die Theoriebildung ist sicher der Zusammenhang zwischen individuellen Risikofaktoren und kontextuellen Umweltbedingungen. Dafür braucht es *integrative Theorien*, weil weder die kriminalpsychologische noch die soziologische Theoriefamilie allein das Kriminalitätsphänomen im Sinne einer ökosozialen Sozialen Arbeit erklären kann. Durch die disziplinäre Trennung der Erklärungen für das Zustandekommen von Kriminalität in soziologische und psychologische, aber auch medizinische und biologische Theorien sind integrative Denkansätze eher wenig verbreitet.

Als Beispiel für eine integrative Theorie soll hier die »*Situational Action Theory*« von Wikström (2010) in aller Kürze dargestellt werden.

Situational Action Theory

Die Situational Action Theory geht von fünf Grundannahmen aus:

» 1. Straftaten sind moralische Handlungen (Handlungen, deren Ausführung oder Unterlassung unter bestimmten Umständen als richtig oder falsch bewertet werden) und müssen daher als solche betrachtet werden.

2. Menschen begehen Straftaten, weil sie (a) solche Handlungen als praktikable Handlungsalternative ansehen und (b) sich (gewohnheitsmäßig oder bewusst) dafür entscheiden, sie auszuführen.

3. Die Wahrscheinlichkeit, dass eine Person eine Straftat als Handlungsalternative ansieht und sich für eine solche Handlung entscheidet, hängt letztendlich ab von ihrer Neigung zur Kriminalität (basierend auf ihren handlungsrelevanten moralischen Werten, Emotionen und ihrer Fähigkeit zur Ausübung von Selbstkontrolle) und vom Zusammenspiel mit Faktoren wie dem Vorhandensein einer kriminogenen Umwelt (definiert durch die dort anzutreffenden handlungsrelevanten moralischen Regeln und den Grad ihrer Durchsetzung).

4. Die Rolle allgemeiner sozialer Bedingungen und ihrer Veränderungen (wie soziale Integration und Segregation) sowie die Rolle der individuellen Entwicklung und Veränderung (Lebensgeschichte) sollten als grundlegende Ursachen analysiert werden.

5. Relevante (im Sinne von evidenzbasierten, d. Verf.) Ursachen für die Verursachung von Verbrechen sind nur jene sozialen Bedingungen und Aspekte von Lebensgeschichten, die nachweislich die Entwicklung der Neigung der Menschen beeinflussen (Moral und Fähigkeit, Selbstkontrolle auszuüben), und solche, die durch das Ausgesetzt-Sein in einer kriminogenen Umwelt entstehen können (Einstellungen, deren moralischer Kontext und abschreckende Eigenschaften, die Verbrechen fördern oder unterbinden können).« (Wikström 2010, 1001; Übers. d. Verf.).

In den ersten drei Grundannahmen entdecken wir erneut das schon in der kriminalpsychologischen Betrachtung ausgeführte Zusammenspiel zwischen der Person und ihren Voraussetzungen (hier fokussiert auf die moralische Entscheidung, die ein Mensch treffen muss) und der Situation, in der sie eine Entscheidung zu treffen hat. Hierin sieht Wikström die (Erst-)Ursache für Kriminalität.

Interessant ist, wie Wikström nun die soziale Umgebung in die Theorie der Kriminalitätsentstehung integriert. Für ihn sind »social conditions«, wie z. B. soziale Integration oder Segregation »*Ursachen für die Ursachen*«, die insoweit relevant sind, als sie Lebensgeschichte und die Neigung der Menschen in Bezug auf ihre Moral, ihre Einstellungen, ihre Fähigkeit zur Selbstkontrolle usw. beeinflussen. Wenn also ungünstige individuelle Veranlagungen, ungünstige soziale Erfahrungen und Kontexteinflüsse aufeinandertreffen, wächst die Gefahr von Kriminalität, während eine günstige individuelle Veranlagung als protektiver Faktor ungünstige äußere Bedingungen abfedern kann.

Gemäß dieser situativen Handlungstheorie ergeben sich kriminelle Handlungen einer Person aus *personalen Eigenschaften* (Moral, Einstellung, Wertvorstellung, Fähigkeit zur Ausübung von Selbstkontrolle) und ihrer *Exposition in einer spezifischen Umwelt*. Die Faustformel lautet:

> »All human action is a result of the interaction between person and environment. According to situational action theory, all moral actions are an outcome of a person's propensity (to engage in the particular moral action) and his or her exposure to environmental inducements (to engage in the particular moral action): Propensity × Exposure = Action« (Wikström 2010, 1005).

Dabei ist die *Zeit der Exposition* ein nicht unwesentlicher Faktor. Es macht einen großen Unterschied, ob man nur kurzzeitig in einem kriminogenen Umfeld ist oder sein Leben dort zugebracht hat. Wikström wehrt sich in diesem Zusammenhang gegen eine allzu platte Addition von Faktoren, die dem komplexen Charakter der Verarbeitung von Umwelteinflüssen auf dem Hintergrund eigener kognitiver Schemata nicht gerecht würden. Aus unserer Sicht ist diese differenzierte Betrachtung von Umweltfaktoren und ihre Einwirkung auf die Moralentwicklung, auf kognitive Schemata und Impulskontrollsteuerung ein notwendiger, weil ideologiekritischer Beitrag der Wissenschaft zur Klärung des Einflusses von Milieus. Die pauschale Annahme, dass ›benachteiligte Milieus‹ per se kriminogen wirken, ist angesichts der höchst komplexen menschlichen Perzeptionsfähigkeiten ebenso ideologieverdächtig wie die Vorstellung, es gäbe einen ›geborenen Verbrecher‹, der in jeder Umwelt kriminell würde. Es ist also genau zu prüfen, welche Umweltfaktoren auf welche individuellen Bedingungen treffen, oder ob es nicht auch protektive Umstände gibt, die auf moralische Wahrnehmungs- und Entscheidungsprozesse einwirken und schließlich das Handeln leiten. Der Schlüssel zum Verständnis der potenziellen Rolle globaler sozialer Bedingungen (wie das Leben in benachteiligten Stadtteilen, Segregation, Armut) bei der Verursachung von Straftaten (von Wikström verstanden als mögliche Ursachen für die Ursachen) besteht darin, zu verstehen, wie diese sozialen Bedingungen soziale Verstehensprozesse im Menschen selbst initiieren, wie bestimmte Arten von Rahmenbedingungen auf moralisches Urteilsvermögen und Durchsetzungsfähigkeiten einwirken und wie Menschen in welcher Umwelt ihre Moral und ihre Fähigkeit zur Ausübung von Selbstbeherrschung entwickeln (ebd., 1007). Hier ist noch erhebliche Forschungsarbeit zu leisten.

Literatur zum Weiterlesen

Zu kriminalpsychologischen Ansätzen

Bonta, J. & Andrews D. A. (2017): The psychology of criminal conduct (6. Aufl.). London, New York: Routledge, Taylor & Francis Group.
Hollin, C. R. (2013): Psychology and crime. An introduction to criminological psychology (2. Aufl.). London, New York: Routledge.

Zu sozialräumlichen Ansätzen

Oberwittler, D., Rabold, S. & Baier, D. (Hg.) (2013): Städtische Armutsquartiere – Kriminelle Lebenswelten? Studien zu sozialräumlichen Kontexteffekten auf Jugendkriminalität und Kriminalitätswahrnehmungen. Wiesbaden: Springer VS.
Wulf, R. (Hg.) (2014): Kriminalprävention an Orten: Wissenschaftliche Grundlagen und praktische Maßnahmen. Tübingen: Institut für Kriminologie der Universität.

5 Methodische Paradigmen der Sozialen Arbeit in der Justiz

☞ **Das erwartet Sie ...**

In diesem Kapitel wird ein grundlegendes Methodenverständnis der Sozialen Arbeit in der Justiz anhand der Darstellung einiger zentraler methodischer Paradigmen entworfen. Hierfür wird zunächst Evidenzbasierung als tragender Grund für das methodische Selbstverständnis beschrieben. Zudem sind in Anlehnung an das »doppelte Mandat« sowohl eine Risikoorientierung als auch eine Hilfeorientierung für das methodische Handeln der Sozialen Arbeit in der Justiz von zentraler Bedeutung. Darüber hinaus ist eine verstärkte Zielgruppenorientierung – insbesondere im Kontext der Sozialen Dienste der Justiz – für das professionelle Handeln unumgänglich, wie anhand des Perspektivwechsels von »Hard-to-Reach« zu »How-to-Reach« deutlich wird.

5.1 Vorbemerkung

Anekdote zum Einstieg

In einem Fortbildungsseminar für einen professionellen Methodengebrauch stellte ein Professor zu Beginn der Veranstaltung seinen »Methodenkoffer« vor. Der bestand in einem großen Koffer mit der Aufschrift »Methoden« und vielen kleinen Koffern darin, z. B. mit der Aufschrift »Systemische Methoden« oder »Therapeutische Methoden«. In den kleineren Koffern waren wiederum kleinere Koffer mit der Aufschrift »Lösungsorientierte Beratung« oder »Kurzzeitberatung«. Als er bei einer anderen Gelegenheit auf diesen »Methodenkoffer« angesprochen und gefragt wurde, für welche Zielgruppe oder Situation die eine der im Koffer befindlichen Methode gedacht ist und warum dafür nicht eine andere Methode, zeigte er sich irritiert. Er habe doch nur die »Tools« darstellen wollen, die er schon verwendet habe und gut fände. Im Endeffekt müsse jede professionelle Fachkraft ihren Koffer selbst packen und schauen, was sie wann verwenden kann.

An dieser Stelle könnte wiederholt werden, was an anderer Stelle bereits gesagt wurde: Dem Methodeneinsatz muss, wenn Klient*innen nicht mit subjektiv gefärbten »Trial-and-Error«-Techniken behandelt werden sollen, ein *wissenschaftlich nachvollziehbares Methodenverständnis* voraus gehen, dem konzeptuell verankerte Methoden folgen müssen. Die Vorstellung, damit sei jegliche individuelle Arbeit mit Klient*innen unmöglich, ist ebenso eine Schutzbehauptung wie jene, mit einem Handlungskonzept enge man die Kreativität ein. Da Soziale Arbeit keine Kunst, sondern eine Profession sein will und Klient*innen gerade im Zwangskontext besonders schutzbedürftig vor einem willkürlichen Methodengebrauch sind, sind Transparenz und Methodenkontrolle nicht nur fachlich, sondern besonders auch ethisch eine Notwendigkeit.

Was also ist ein modernes Methodenverständnis, das diesen Ansprüchen genügt?

Als Ausgangspunkt der Methodendiskussion werden in der Regel die drei klassischen Methoden der Sozialen Arbeit – Soziale Einzelfallhilfe, Soziale Gruppenarbeit und Gemeinwesenarbeit – genannt, die bis Anfang der 1970er Jahre die Frage nach professionsspezifischem Handeln weitestgehend beantworteten. Die klassische Methodentrias geriet fortan immer stärker in Kritik. Diese Kritik bezog sich auf eine fehlende theoretische Fundierung der drei klassischen »Methoden« sowie eine unzureichende Reflexion des »doppelten Mandats«. Zudem kritisierten manche eine Pathologisierung der Klient*innen, mit der eine Individualisierung sozialer Probleme einhergehe (»Schuld ist allein der Kriminelle.«) und somit eine Entlastung der Gesellschaft von ihrer Mitverantwortung erfolge. Neben dieser Kritik ist aber auch der Verdienst der drei klassischen »Methoden« herauszustellen. So begünstigte die Methodentrias, dass sich Soziale Arbeit als anerkannter Beruf etablieren konnte und ein weiterführender Professionalisierungsprozess angestoßen wurde (vgl. Galuske 2013, 115ff.).

Der fortlaufende Professionalisierungsprozess der Sozialen Arbeit führte innerhalb des wissenschaftlichen Diskurses zu differenzierteren Methodendefinitionen, die – trotz diverser Gemeinsamkeiten – unterschiedliche Methodenverständnisse erkennen lassen. So definiert von Spiegel (2018) methodisches Handeln als eklektisches und collagenhaftes Handeln:

»Methodisches Handeln bedeutet in diesem Sinne, die spezifischen Aufgaben und Probleme der Sozialen Arbeit situativ und eklektisch wie auch strukturiert und kriteriengeleitet zu bearbeiten, wobei man sich an Charakteristika des beruflichen Handlungsfeldes sowie an der wissenschaftlichen Arbeitsweise orientieren sollte. Die Konstruktion der Handlungsschritte muss transparent und intersubjektiv überprüfbar sein, im Hinblick auf die spezifische Aufgabe bzw. das Problem und in Koproduktion mit den Adressaten erfolgen. Fachkräfte müssen ihre Handlungen berufsethisch rechtfertigen, bzgl. ihrer fachlichen Plausibilität unter Zuhilfenahme wissenschaftlicher und erfahrungsbezogener Wissensbestände begründen und hinsichtlich ihrer Wirksamkeit bilanzieren« (von Spiegel 2018, 104).

Hochuli Freund und Stotz (2017) verstehen unter Methoden

»*systematische Handlungsformen*, die den professionellen Umgang mit sozialen Problemen und Thematiken in zielgerichteter Weise leiten. Ihre Basis bilden eine professionelle Ethik, sozial- und humanwissenschaftliche Erkenntnisse und eine reflektierte Berufserfahrung. Sie stellen trotz Anspruch auf Allgemeingültigkeit keine Handlungsrezepte dar, sondern ermöglichen situationsbezogenes Arbeiten, das den Klientinnen und ihren Anliegen gerecht wird« (Hochuli Freund & Stotz 2017, 115; Herv. i. O.).

Für ein integratives Methodenverständnis erweist sich die Differenzierung der Begriffe Konzept, Methode und Technik/Verfahren, wie sie bei Geißler & Hege (2007) zu finden ist, als anschlussfähig. Ein Konzept ist auf einer übergeordneten Ebene

»ein Handlungsmodell, in welchem die Ziele, die Inhalte, die Methoden und die Verfahren in einen sinnhaften Zusammenhang gebracht sind. Dieser Sinn stellt sich im Ausweis der Begründungen und Rechtfertigung dar« (Geißler & Hege 2007, 20).

Eine Methode kann somit als ein Teilaspekt eines Konzepts diesem untergeordnet werden und ist als »ein vorausgedachter Plan der Vorgehensweise« (Geißler & Hege 2007, 22) zu betrachten, der verstärkt auf *Handlungswissen* und weniger auf Erklärungswissen abzielt (vgl. Galuske 2013, 31). Techniken/Verfahren stellen schließlich Einzelelemente von Methoden dar. Methoden und Techniken unterscheiden sich »nach dem Grad ihrer Komplexität« (Geißler & Hege 2007, 25), sodass Methoden in der Regel eine Reihe unterschiedlicher Techniken und Verfahren umfassen (▶ Abb. 3, vgl. Galuske 2013, 32).

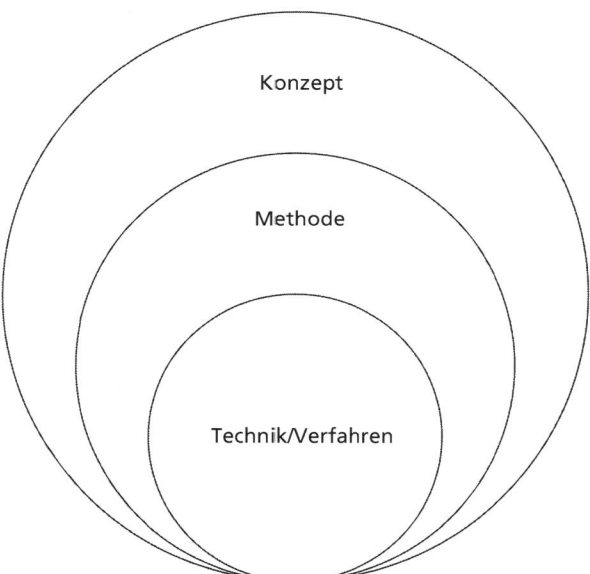

Abb. 3: Konzept – Methode – Technik/Verfahren

Damit verbietet es sich prinzipiell, sozialarbeiterische Methoden ohne ihren konzeptuellen Kontext zu beschreiben. Eine Methode, die für eine Zielgruppe wunderbar wirkt, kann bei einer anderen Zielgruppe desaströse Folgen haben. Diesen leider häufig auch in manchen Methodenbüchern nicht realisierten Zusammenhang stellen Geisler und Hege heraus: Methoden der Sozialen Arbeit können,

> »soll der Anspruch gewahrt bleiben, dass sie sinnvoll sind, nicht von den umfassenden konzeptionellen Überlegungen abgelöst werden, da sie immer mit Voraussetzungen verbunden sind, die ein spezifisches Verhältnis zum Subjekt und zur Gesellschaft zum Ausdruck bringen. Durch ein Herauslösen aus dem Konzept nämlich kann die Methodenentscheidung nicht mehr mit den jeweiligen subjektiven und gesellschaftlichen Problemen des Einsatzfeldes in einen überzeugenden Zusammenhang gebracht werden. Die Gefahr eines Methodeneinsatzes am verkehrten Problemfeld, am falschen Subjekt und nicht zuletzt mit unbeabsichtigter (eventuell negativer) Wirkung erhöht sich damit deutlich« (ebd., 22).

Der bisherigen Argumentationslinie folgend, kann als weiterführendes Methodenverständnis die folgende Methodendefinition von Galuske angeführt werden.

Definition: Methoden der Sozialen Arbeit

»Methoden der Sozialen Arbeit thematisieren jene Aspekte im Rahmen sozial-pädagogischer/sozialarbeiterischer Konzepte, die auf eine planvolle, nachvollziehbare und damit kontrollierbare Gestaltung von Hilfeprozessen abzielen und die dahingehend zu reflektieren und zu überprüfen sind, inwieweit sie dem Gegenstand, den gesellschaftlichen Rahmenbedingungen, den Interventionszielen, den Erfordernissen des Arbeitsfeldes, der Institution, der Situation sowie den beteiligten Personen gerecht werden« (Galuske 2013, 35).

Diese Definition eröffnet *Perspektiven*, die für eine *kritische Methodenreflexion* zu beachten sind, wenn man der Komplexität sozialarbeiterischen Handelns gerecht werden möchte:

1. Methoden sind immer als Teil von Konzepten anzusehen – Methoden brauchen einen konzeptuellen Hintergrund.
2. Methoden sind auf Ziele bezogen, ohne ein Ziel ist eine Methode – verstanden als Werkzeug – nutzlos.
3. Methoden sind plan- und nachvollziehbar; sie sind nicht rein subjektiv-situativ definierte Vorgehensweisen, die nur der Fachkraft zugänglich sind.
4. Methoden wirken in einem bestimmten Arbeitsfeld und einer bestimmten Organisation, deren Rahmenbedingung einzubeziehen sind.
5. Trotz dieser Elemente ist natürlich jede Methode in eine konkrete Situation einzupassen, d. h. dynamisch zu verstehen.
6. Methoden müssen unbedingt und immer wieder auf ihre Wirkung bei den Klient*innen überprüft werden.
7. Methoden müssen unabhängig vom Einzelfall auf ihre Wirksamkeit überprüft werden, dies ist im Zusammenspiel zwischen Profession und Disziplin möglich (Galuske 2013; Klug 2003a; Niebauer 2017a).

5.2 Methodisches Selbstverständnis: Evidenzbasierung als tragender Grund

Wer vor dem Hintergrund der eben dargelegten Methodendefinition versucht, sich aus wissenschaftlicher Perspektive die Situation der Sozialen Dienste der Justiz zu vergegenwärtigen, muss sich also immer wieder den Auftrag der Sozialen Arbeit, die Zielsetzung sowie die dargelegten Kriminalitätstheorien bewusst machen, um zu einer zeitgemäßen und wissenschaftlich begründeten Methodik der Straffälligenhilfe zu kommen. Mit einer solchen hat sich die Soziale Arbeit in den Justizdiensten lange schwergetan.

So schreibt Kurze (1999), der die wohl umfassendste Untersuchung der deutschen Bewährungshilfe vorgelegt hat, zum Thema »Methodenentwicklung«, die Soziale Arbeit habe ihre Ziele und Vorgehensweisen nie hinterfragt. Er konstatiert, dass die »Operationalisierung [des Zieles der Resozialisierung, Anm. d. Verf.] angesichts einer fehlenden Konzeption oder einer anleitenden Theorie [...] vage ausfallen dürfte« (Kurze 1999, 25). Nach wie vor sei die Kernfrage der Bewährungshilfe offen, »ob denn nicht durch jedwede, noch so gut gemeinte Intervention die Situation des Probanden nicht ›verschlimmbessert‹ werde« (ebd., 27).

Ohne es ausdrücklich so zu benennen, mahnt Kurze schon 1999 einen stärkeren empirischen Wirksamkeitsdialog an.

Durch fehlende Kenntnisse bedingte Methodenmängel sieht der Richter am Bundesgerichtshof, Axel Boetticher, der aus seiner Erfahrung mit der Sozialarbeit in deren Umgang mit Sexualstraftätern feststellt:

> »Bei vielen Bewährungshelfern [fehlt es; Einf. d. Verf.] an den erforderlichen psychiatrischen und psychologischen Grundkenntnissen für den Umgang mit Sexualstraftätern« (Boetticher 2000, 197).

Einen ähnlichen Befund zu dieser Zielgruppe legen Seifert und Möller-Mussavi vor. Sie untersuchten Bewährungshilfeberichte in Zusammenhang mit entlassenen forensischen Patienten (§ 63 StGB) und kommen, bezogen auf diesen Personenkreis und bei Anwendung professioneller Kriterien, zu einem nachdenklich stimmenden Ergebnis:

> »Je Proband lagen im Mittel sechs Bewährungshilfeberichte vor (Spannweite 1 bis 26 Berichte). Sowohl Qualität als auch Quantität der Berichte unterlagen einer ausgeprägten Variabilität. Der Umfang schwankte zwischen zwei und 133 Zeilen. Vereinzelt begegnet man wortreichen wie gleichfalls inhaltsarmen Wiederholungen. So fand sich bspw. bei einem Probanden in sämtlichen elf Berichten die folgende Formulierung: ›Sinn und Zweck der Führungsaufsicht akzeptiert er. Auf seine Straftaten angesprochen, zeigt sich Hr. X. schuldeinsichtig.‹ [... Die] offensichtlich als Textbaustein integrierte Passage gewährt nur wenig Einblick in die persönliche Problematik dieses Patienten und wird dem Richter der Strafvollstreckungskammer für seine Entscheidung kaum einen sinnvollen Erkenntnisgewinn geliefert haben« (Seifert & Möller-Mussavi 2007, 166).

Bezogen auf den Auftrag der Rückfallprävention konstatieren die Autor*innen, dass sich in den Berichten an das Aufsicht führende Gericht oder die Führungsaufsichtsstelle bei den beteiligten Bewährungshelfer*innen nur bei der Hälfte der später rückfälligen Probanden Warnhinweise auf eine mögliche Rückfallgefahr gefunden haben (ebd., 171). Ihr abschließendes Fazit:

> »Bemerkenswert ist, dass – global betrachtet – die Berichte über die später rückfälligen Patienten weniger umfassend und differenziert waren als die über erfolgreich Rehabilitierte. Nahezu bei jedem dritten gescheiterten Probanden erbrachten die Bewährungshelferberichte allenfalls oberflächliche und wenig individuelle Fakten« (ebd.).

Diese Feststellungen überraschen nicht, da bis weit in die 2000er Jahre hinein kaum zielgruppenspezifische Methoden der Sozialen Arbeit in Bezug auf die genannte Klientel vorhanden waren. Erst mit der regelmäßigen Implementierung von konfrontativen Methoden (z. B. Anti-Aggressivitäts-Training) änderte sich dieser Zustand partiell (Braun 2014).

Fragt man sich, wie es zu diesem Stand der Praxis kommen konnte, so ist zu konstatieren, dass lange Zeit in pädagogischen Berufen normative Theorien, z. B. Hermeneutik, als einzig mögliche Denkweise definiert wurden, und dies bis heute noch stark vertreten wird (vgl. z. B. Cornel et al. 2019). Pädagogische Professionen nahmen für sich eine hohe moralische Stellung in Anspruch (z. B. Schumacher 2007), sodass sich die Frage der Wirksamkeit der Methode nur bedingt stellte, und – wie in Kapitel 3 über die Auftragsdefinition gezeigt – sie auch den Auftrag an die Soziale Arbeit anders definiert haben.

Erst allmählich und gewiss nicht flächendeckend scheint die Erkenntnis in Disziplin und Profession der Sozialen Arbeit auf, die Rauschenbach schon vor Jahren für die Jugendhilfe beschrieben hat. Es führt weder fachlich noch politisch ein Weg an *empirischer Wirksamkeitsforschung* vorbei. Rauschenbach wird deutlich:

> »Lange Zeit programmatisch und konzeptionell ausgerichtet, basierend auf den Maximen der sozialen Gerechtigkeit, der Parteilichkeit und der Teilhabe, angetreten im Namen der guten Sache, stets mit einem verständnisvollen Überschuss für die Abweichungen, Eigenheiten und Schwächen der Menschen und des Einzelfalls ausgestattet, fasziniert von den konkreten – und weniger konkreten – Utopien eines besseren Lebens und immer auf der Suche nach den großen Linien, Entwürfen und Theorien, [...] waren die Vertreterinnen und Vertreter der Kinder- und Jugendhilfe zumeist wenig beeindruckt und überzeugt von der erhellenden Kraft einfacher empirischer Beobachtungen ...« (Rauschenbach 2011, 17).

Das Problem dieser normativen Großtheorien (z. B. zu Phänomene wie »Sozialer Gerechtigkeit«, oder »Parteilichkeit«) und einer dauernden Selbstbeschwörung der moralischen Überlegenheit der eigenen Positionen liegt auf der Hand: Ohne empirische Überprüfung mündet diese in eine zirkuläre Selbstbestätigung der eigenen normativen Koordinaten, die »der eigenen Weltsicht immer wieder neue Kraft und Stabilität verlieh, ohne dass diese normativen Letztbegründungen selbst zum Thema gemacht werden mussten« (ebd., 14).

Diese Selbstimmunisierung vor gesellschaftlicher Anfrage nach der Wirksamkeit der Methoden und der Grundlagen des professionellen Tuns ist gesellschaftlich immer weniger vermittelbar. In einem vor einigen Jahren dargestellten herausragenden historischen Überblicksartikel haben Okpych und Yu (2014) gezeigt, dass Soziale Arbeit den *Übergang von der Vertrauensgesellschaft zur Wissensgesellschaft* bislang kaum realisiert hat. Sie muss, so die Quintessenz des Artikels, verstehen, dass die Zeiten vorbei sind, in denen ihr die Öffentlichkeit den Expert*innenstatus allein aufgrund vertretener ethischer Werte (z. B. Menschenrechte, Soziale Gerechtigkeit) zubilligt. Dieses blinde Zutrauen zu Expert*innen hatte seinen Platz in der Vertrauensgesellschaft, in der Wissensgesellschaft zählen nur noch Nachweise und evidenzbasierte Lösungen (siehe z. B. den derzeitigen Konflikt um die Homöopathie). Zu glauben, man überzeuge, weil man etwas als Sozialarbeiter*in sagt, dem*der man guten Willen zubilligt, oder weil man eine ›Tradition‹ der guten Arbeit vorzuweisen habe, kann sich demnach leicht als Illusion herausstellen und in der Frustration enden, die sich in der Klage um schlechter werdende Arbeitsbedingungen entlädt, die mit einer vorgeblichen »Ökonomisierung« erklärt werden (so z. B. Seithe 2014).

Diese Strategie der Selbstimmunisierung und Skandalisierung der schlechten Rahmenbedingungen, die Rauschenbach »Dramatisierungsdramaturgie« (Rauschenbach 2011, 13) nennt, erscheint wenig erfolgversprechend, weil der oben genannte Paradigmenwechsel von der Vertrauensgesellschaft zur Wissensgesellschaft nicht realisiert wird. Vielmehr muss fachliche Arbeit durch den *Nachweis der Wirksamkeit eigener Maßnahmen nach außen und innen* präsentiert werden (Evidence Based).

Soziale Arbeit in der Justiz muss deshalb in ihrem eigenen und im Interesse ihrer Klientel fachliche Konzepte *entwickeln*, deren Praxis *evaluieren* und die Wirksamkeit ihrer Maßnahmen *nachweisen*. Erst dann sind politische Forderungen auch realistisch durchsetzbar. Wer sich der Frage nach dem Wirksamkeitsnachweis verweigert, setzt sich, so die englische Sozialarbeitswissenschaftlerin Gambrill, dem Verdacht aus, weniger der wissenschaftlich nachweisbaren Wirkung, als vielmehr durch den Rekurs auf Ideologien und eingefordertes Vertrauen seine Legitimität belegen zu wollen (Gambrill 2011, zit. in Dahmen 2011, 10). Dabei wird Soziale Arbeit, bezogen auf ihre Wirkungen, (nicht nur) in den angelsächsischen Ländern häufig von einem »mistrust and lost of faith« (Webb 2006, 55) seitens der Öffentlichkeit begleitet (man nehme nur als Beispiel die Diskussion zu dem Thema Versagen der Justiz bei Sexualstraftätern). Um das Image nachhaltig zu verändern, bedarf es einer neuen Strategie, die sich der Forderung nach *Evidenzbasierung* im Sinne des Nachweises von Wirkungen nicht verschließt.

Für die Straffälligenhilfe bedeutet dies, die verfügbaren, nach empirischen Maßstäben wirksamen Methoden zur Rückfallverhinderung zumindest als nützliches Korrektiv für das praktische Handeln zu nutzen, statt sich allein auf die eigene Intuition zu verlassen (Hüttemann & Sommerfeld 2007, 45). Wird externe Evidenz genutzt, so Trotter (2016, 52), der eine Vielzahl von entsprechenden Studien ausgewertet hat, profitieren die Klient*innen überdurchschnittlich davon.

5.3   Risikoorientierung und ihre Kritiker*innen

Wenn *Rückfallverhinderung* ein zentrales Ziel der Straffälligenhilfe ist, braucht sie ein Konzept mit klarer Orientierung auf der Grundlage empirischer Erkenntnisse. Im Jahr 2002 haben drei in der kriminologischen Fachwelt international häufig zitierte Autor*innen einen Artikel über die Straffälligenhilfe mit dem provozierenden Titel überschrieben: »Beyond Correctional Quackery – Professionalism and the Possibility of Effective Treatment« (Latessa et al. 2002). Dieser Artikel hat natürlich nicht die deutschen Verhältnisse im Blick, jedoch beschreibt er Anforderungen an das, was man aus Sicht der Wissenschaft professionelle Standards nennen könnte. Die Autor*innen gehen davon aus, dass Professionalität der Sozialarbeit in der Justiz einhergeht mit Vorgehensweisen, »*based on research, knowledge, training, and expertise*« (ebd., 43). Wenn wir diese Position als Arbeitshypothese nutzen, dann bedeutet dies, dass Professionalität und effektive Arbeit mit Straftäter*innen nur in enger Anbindung an die empirische Wissenschaft zu erreichen ist. Dabei sollte der Wissenschaftsbezug in einer Handlungswissenschaft keineswegs ein hierarchisches Herunterbrechen von (fertigem) wissenschaftlichem Wissen auf die Praxis bedeuten, das Letztere zur reinen Anwendung degradiert. Vielmehr konstituiert sich in einer Handlungswissenschaft ein »Konzept, das mit der Absicht entwickelt wurde, Fachkräfte Sozialer Arbeit darin zu unterstützen, effizient und wirkungsvoll zu arbeiten […] « (Mullen et al. 2007, 10), um so bei der Auswahl der letztlich anzuwendenden Interventionen eine verantwortbare Entscheidung treffen zu können. Innerhalb dieses Konzeptes sind die praxistauglichen Modelle Ergebnisse einer kooperativen Wissensbildung, d. h., sie entstehen in Zusammenarbeit zwischen Wissenschaft und Praxis (vgl. Gredig & Sommerfeld 2010; ▶ Kap. 8).

Wissenschaftlich gesichertes Wissen um Rückfallverhinderung verdanken wir den Forschern Bonta und Andrews (2017). Die Kanadier haben aus zahlreichen Studien und jahrzehntelangen empirischen Forschungen wesentliche *Prinzipien* abgeleitet und weiterentwickelt, die als Grundlage der Rückfallprävention angesehen werden müssen. Es handelt sich dabei um Prinzipien, die nicht an bestimmte einzelne Methoden gebunden sind, sondern in verschiedenen Vorgehensweisen Platz haben sollen.

Wegen der Gewichtigkeit des Ansatzes von Andrews und Bonta, werden wir im Folgenden die wichtigsten Aspekte dieser Theorie darlegen und dabei die Hintergründe beleuchten.

1.   Wissenschaftstheoretische Verortung und normative Grundlagen

Bonta und Andrews (2017) charakterisieren als ihren »*normativen Kontext*« den Respekt für die Person, insbesondere den Respekt für die persönliche Autonomie. Sie betonen die Selbstverantwortung der Straftäter*innen, die Vorgehensweise muss sich legitimieren an menschlichen, ethischen, gerechten, und legalen Standards. Einige der normativen Kontexte können je nach dem Selbstverständnis der Sozialen Dienste oder dem besonderen Charakter, in denen Dienstleistungen erbracht werden, variieren. Beispielsweise kann von Sozialen Diensten, die mit jugendlichen Straftäter*innen arbeiten, erwartet werden, dass sie Bildungsfragen und dem Schutz von Kindern besondere Aufmerksamkeit widmen. Psychiatrische Einrichtungen müssen sich um Fragen des persönlichen psychischen Wohlbefindens kümmern. Diese Variabilität steht in keinem Gegensatz zu den Prinzipien der Rückfallprävention.

Wissenschaftstheoretisch verorten sich Bonta und Andrews (2017) in der empirischen psychologischen Theorie. Sie grenzen sich damit scharf von Theorien und Interventionen ab, die auf dem ›Glauben‹ beruhen, dass sie wirken, deren Wirkung aber nicht nachgewiesen ist. Sie nennen diese »correctional quackery« (Bonta & Andrews 2017, 13), was man sehr frei vielleicht mit »Quacksalberei zum Zwecke der Rückfallverhinderung« übersetzen könnte. Sie nennen als Beispiele Akupunktur, Haustiertherapie und Psychodrama. Im Gegensatz zu diesen fußt ihre Theorie auf einem empirisch-psychologischen Verständnis kriminellen Verhaltens. Empirisch ist ihre Vorgehensweise kurz gesagt dadurch, dass sie als ›Wissen‹ nur Erkenntnisse akzeptiert, die systematisch und mit Mitteln der empirischen Sozialforschung gewonnen sind. Damit geraten beobachtbare und systematisch erfasste Tatsachen in Bezug auf individuelles kriminelles Verhalten in den Fokus, aber auch Erkenntnisse der biologischen, persönlichen, zwischenmenschlichen, situativen und sozialen Variablen, die mit kriminellem Verhalten korrelieren. Diese Erkenntnisse, die wir im Folgenden noch genauer beschreiben, werden als Prädiktoren (Risikofaktoren) für eine mögliche kriminelle Zukunft von Menschen angesehen.

Auch das Ziel des ganzen Ansatzes ist damit klar umrissen: Bonta und Andrews wollen zu einer Verbesserung der Kriminalprävention der mit Straftäter*innen arbeitenden Dienste beitragen. Sie nehmen damit ausdrücklich die möglichen Opfer in den Blick und betonen die Wichtigkeit der Verringerung krimineller Viktimisierung. Mit diesem Ziel steigt gleichzeitig die ethische Legitimität.

2. Erkenntnisse aus der empirischen Kriminalpsychologie

Wie oben ausgeführt ist es für Bonta und Andrews (2017) entscheidend, ihre Erkenntnisse *empirisch* abzusichern. Die Frage stellt sich also, ob sich ein Zusammenhang zwischen einem bestimmten Faktor und einer beschleunigten Kriminalitätsentwicklung belegen lässt. Keinen Zusammenhang sehen die beiden Forscher beispielsweise zwischen der Schichtzugehörigkeit und einer Kriminalitätsneigung. Wer also behauptet, die Herkunft aus der Unterschicht sei kriminalitätsfördernd, setzt sich empirisch gesehen ins Unrecht (ebd., 55).

Hingegen sind deutliche Risikofaktoren in einem kriminellen Freundeskreis, kriminogenen Einstellungen und mangelnder Selbstkontrolle zu sehen. Einen besonders hohen Zusammenhang erkennen die Empiriker zwischen antisozialen Denk- und Verhaltensmustern und Kriminalität. Wir greifen zur Verdeutlichung eine Facette antisozialer Persönlichkeitsmuster heraus, nämlich die mangelnde

Selbstkontrolle. Schon 1990 argumentierten Gottfredson und Hirschi (1990), dass eine geringe Selbstkontrolle als Grund ausreicht, um kriminelles Verhalten zu erklären. Selbstkontrolle wird verstanden als ein Prozess, durch den ein Individuum sein Verhalten im Sinne der Erreichung eines langfristigen Ziels lenkt. Dieser Prozess erfordert oft eine Verzögerung der sofortigen Befriedigung. Wenn wir in diesem Kontext die Entstehung kriminellen Verhaltens betrachten, ist diese oft eine Wahl zwischen kurzfristigem Gewinn (und damit verbundenem Normverstoß) und dem Verzicht auf einen langfristigeren Vorteil, der durch Einhaltung der sozialen Normen entsteht. So gesehen konzentrieren sich Straftäter*innen zu sehr auf das konkrete Hier und Jetzt und haben Schwierigkeiten mit der Zielorientierung einer abstrakteren Zukunft. Bonta und Andrews betrachten Selbstkontrolle als begrenzte Energieressource und analog zu einem Muskel, der im Zweifelsfall trainiert werden muss. Ein Weg dieses »Trainings« ist der systematische Aufbau von prosozialen Einstellungen. So kann beispielsweise eine Rechtfertigungsstrategie (»Ich arbeite genauso hart wie andere, deshalb steht es mir zu, dass ich das jetzt mitgehen lasse.«) ersetzt werden durch eine normgerechte Einstellung (»Wenn ich nur lange genug hart arbeite, kann ich mir das, was ich will, auch leisten, ohne zu stehlen.«) (Bonta & Andrews 2017, 109f.). Verhaltensveränderung ist damit der Weg zum Ausstieg aus der Kriminalität, Soziale Arbeit ist eine Wegbegleiterin und eine Lotsin, die dem*der Straftäter*in dabei hilft.

In diesem Zusammenhang sei ein Missverständnis angesprochen: Bisweilen wird gerade dieser eben dargelegte Ansatz in die Nähe strafender, punitiver Sozialer Arbeit gestellt (so z. B. Lindenberg 2013). Abgesehen davon, dass sich diese Position aus den dargelegten ethischen und fachlichen Erkenntnissen des Werkes der genannten Autoren nicht ansatzweise belegen lässt, muss vermerkt werden, dass sich Bonta und Andrews (2017, 283–285) aufgrund empirischer Forschung explizit gegen Methoden wie Abschreckung und strafrechtlich harte Sanktionen als Mittel der Rückfallverhinderung aussprechen.

3. Die zentralen Prinzipien des Modells

Im neunten Kapitel ihres einschlägigen Buches beschreiben die Autoren das, was sie »The Risk-Need-Responsivity Model of Offender Assessment and Treatment« (RNR) nennen (ebd., 175ff.). Im Folgenden werden die »*Core RNR Principles*« herausgearbeitet.

1. Das »*Risk Principle*« (Risikoprinzip) gibt Antwort auf die Frage, welche Täter*innen die intensivere Behandlung erhalten sollen (z. B. Kontaktdichte, Betreuungsprogramme). Es besagt, dass die Behandlungsintensität dem Risikoniveau der Proband*innen anzupassen ist: Je höher das Rückfallrisiko einer Straftat liegt, desto intensiver muss die Behandlung des*der Täter*in sein. Risikoproband*innen, die ein hohes Rückfallrisiko bei zu erwartenden schweren Straftaten aufweisen, kommt demnach die intensivste Behandlung zu.

2. Nach dem »*Criminogenic Need Principle*« (Bedürfnisprinzip) stellt sich die Frage, welche Themen in der Zusammenarbeit notwendigerweise eine Rolle spie-

len müssen. Das Prinzip besagt, dass sich die Inhalte der Arbeit mit dem*der Straftäter*in konsequent an den dynamischen, d. h. veränderbaren Risikofaktoren (= kriminogene Faktoren) auszurichten haben. Prozesse haben dann rückfallreduzierende Wirkung, wenn sie gezielt kriminogene Faktoren verändern. Die Veränderung nichtkriminogener Faktoren (also Faktoren, die keinen Bezug zur kriminellen Tat haben) hingegen senken die Rückfallwahrscheinlichkeit nicht. Bei jedem*jeder Täter*in liegen spezifische, individuelle tatbegünstigende kriminogene Faktoren vor. Das bedeutet, dass nicht in jedem Fall die gleichen Faktoren zu bearbeiten sind, um rückfallverhindernd zu wirken.

Kriminogene Faktoren

Kriminogene Faktoren sind diejenigen Risikofaktoren, die unmittelbar im Zusammenhang mit delinquenten Verhalten stehen und sich entsprechend auf die Rückfallwahrscheinlichkeit auswirken. Nach Andrews und Bonta kann zwischen statischen (nicht veränderbaren) und dynamischen (veränderbaren) Faktoren unterschieden werden, wobei letztere unterschiedlich stabil sein können. Andrews und Bonta (2017, 181) benennen als sieben kriminogene Faktoren:

1. antisoziale Persönlichkeitsmuster (Impulsivität, Abenteuersuche, Aggressivität),
2. kriminelle Einstellungen (Rationalisierungen, negative Einstellung zum Gesetz und den Vertretern des Gesetzes),
3. antisoziales/kriminelles Umfeld (kriminelle Freund*innen, Isolation von nichtkriminellen Freund*innen),
4. Suchtmittelmissbrauch (Alkoholmissbrauch und Drogen),
5. Familienverhältnisse/Paarbeziehungen (schlechte Beziehungen, wenig gegenseitige Achtsamkeit),
6. Schule/Arbeit (geringes Level an Bestätigung),
7. Freizeit (wenige nichtkriminelle Aktivitäten).

Empirisch gesehen sind beispielsweise physische Deformationen oder auch viele psychische Erkrankungen (z. B. Depressionen) nicht-kriminogene Faktoren.

Die »Vorgeschichte antisozialen/kriminellen Verhaltens«, die ein guter Prädiktor für Rückfallgefahr ist, ist ein wichtiger, allerdings kein kriminogener Risikofaktor, denn er ist nicht dynamisch und somit grundsätzlich unveränderbar.

Protektive Faktoren

Protektive Faktoren (auch Schutzfaktoren, Strength/Protective Factors) beziehen sich auf Merkmale von Menschen und deren Lebensumstände, die mit einer reduzierten Wahrscheinlichkeit kriminellen Verhaltens verbunden sind. Die Idee hinter protektiven Faktoren ist es, dass sie Risikofaktoren moderieren, d. h. abschwächen können. So kann z. B. ein Therapieerfolg eine bestehende kriminogene Störung abmildern. Bonta und Andrews (ebd., 150) nennen auch Familie und familiäre Bindungen oder eine gute Einbindung in die Nachbarschaft als nachweisbar gute protektive Faktoren. Es gibt wenige Studien zur rückfallreduzierenden Wirkung von protektiven Faktoren (Yoon et al. 2013, 302), allerdings ist in den letzten Jahren die Aufmerksamkeit gegenüber diesem Thema deutlich angestiegen (z. B. de Vries Robbé et al. 2015).

3. Das »*Responsivity Principle*« (Ansprechbarkeitsprinzip) verweist auf die Bedingungen, unter denen Veränderungsarbeit mit Straftäter*innen erst gelingen kann: Die Vorgehensweise muss dem angepasst sein, was ein*e Klient*in verstehen kann, und muss so vermittelt werden, dass es dessen*deren Möglichkeiten entspricht. Das betrifft vor allem die Sprache, die Lernmöglichkeiten und die Motivation. Zu unterscheiden sind das generelle Ansprechbarkeitsprinzip und das spezifische Ansprechbarkeitsprinzip.

   a. »*General Responsivity Principle*« (generelles Ansprechbarkeitsprinzip) verweist darauf, dass empirisch gesehen die am besten belegten Strategien der Einflussnahme auf Menschen kognitiv-verhaltensbezogene und kognitive soziale Lernstrategien sind. Dabei spielt es keine Rolle, ob das Problem asoziales Verhalten, Rauchen, übermäßiges Essen oder nicht effektive Lerngewohnheiten sind – kognitive Verhaltensmodifikationen sind häufig wirksamer als andere Interventionsformen. Das diesbezügliche Methodenarsenal umfasst Verstärkung, Rollenspiele, Kompetenzaufbau und Modifikation von Gedanken und Emotionen durch kognitive Umstrukturierung und wiederholtes Üben neuer, risikoarmer alternativer Verhaltensweisen in einer Vielzahl von risikoreichen Situationen, bis der*die Straftäter*in gut mit den herausfordernden Situationen umgehen kann. Angewendet auf die Straftäter*innenprävention besagt das Prinzip, dass Verhaltenstrainings, soziale Lernprogramme und kognitiv-behaviorale Ansätze die größte Wirkung zeigen, wenn es um Prozesse der Verhaltensänderungen bei Straftäter*innen geht. Bonta und Andrews empfehlen, empirisch überprüfte Methoden zu präferieren (▶ Tabelle 1). Bezogen auf das generelle Ansprechbarkeitsprinzip soll folgender Überblick zeigen, welche Ansätze sich grundsätzlich als erfolgreich und welche sich als weniger erfolgreich erwiesen haben.

   b. Darüber hinaus gilt es jedoch auch, das »*Specific Responsivity Principle*« (spezifisches Ansprechbarkeitsprinzip) zu beachten. Es beantwortet die Frage, welche Strategien am besten bei dem jeweiligen Einzelfall zum Einsatz kommen sollen. Merkmale wie Motivation, Alter, Geschlecht, kulturelle Identifikation, Sprachvermögen, kognitive Reife entscheiden über die individuell geeignete Art und Weise der Vorgehensweise. Diese hat sich den Möglichkeiten des*der Klient*in anzupassen und nicht umgekehrt (siehe auch ausführlicher ▶ Kap. 5.5).

Tab. 1 : Ansätze hinsichtlich des generellen Ansprechbarkeitsprinzips

Erfolgreiche Programme	Weniger erfolgreich/negative Effekte
Theoretisch fundierte, multimodale, kognitiv-behaviorale Therapien	Schwach strukturierte psychodynamische Therapien
Programme zur kognitiven Umstrukturierung, zur Verbesserung der Selbstkontrolle, zum sozialen Problemlösen und zu anderen Fertigkeiten	Nondirektive Therapien Unspezifische, unstrukturierte Fallarbeit und Beratung
Neutralisieren ungünstiger Netzwerke mit Konzepten durchgehender Betreuung	Reine Straf- oder Abschreckungsmaßnahmen ohne psychosoziale Komponenten
Ressourcenorientierte Soziale Arbeit zur Stärkung protektiver Faktoren	Moralisieren
Notfall- und Rückfallpläne zur Nachsorge und Rückfallprävention	Ausschließlich auf Beziehungsarbeit setzen

Klug, W. & Schaitl, H. (2012): Soziale Dienste der Justiz. Perspektiven aus Wissenschaft und Praxis. DBH (Hg.). Mönchengladbach: Forum Verlag Godesberg, 31.

Neben den drei Hauptprinzipien (Risk-Need-Responsivity, also RNR) gibt es eine Reihe weiterer Bedingungen, die eine Arbeit mit Straftäter*innen empirisch gesehen wirksam werden lässt. Dazu gehört ein gutes **Assessment** als Voraussetzung für eine erfolgreiche Arbeit. Ein strukturiertes Assessment umfasst die folgenden Erhebungen und Bewertungen:

- Stärken des*der Klient*in,
- Rückfallrisiko (siehe Nr. 1),
- kriminogene Faktoren (Nr. 2),
- spezifische Eigenschaften des*der Klient*in bezogen auf seine*ihre Ansprechbarkeit (Nr. 3b).

Jede Intervention sollte sich auf dieses Assessment beziehen. Die Autoren plädieren wegen der Komplexität der Einschätzungsaufgabe für ein strukturiertes, instrumentengestütztes Vorgehen und haben dazu selbst ein vielfach evaluiertes und validiertes Instrument, den LSI-R, vorgestellt (Andrews & Bonta 1995; Evaluationsergebnisse beispielsweise aus der englischen Bewährungshilfe Raynor et al. 2000).

Mittlerweile gelten die genannten Prinzipien als kriminologisch gesichertes Wissen, ja als die »dominant theory of offender treatment« (Ziv 2020, 80). Stellvertretend für die unzähligen Untersuchungen, die zur Wirksamkeit der Prinzipien durchgeführt wurden, sei hier eine neuere Metaanalyse von Lösel und Bender (2018) zitiert. Sie fassen den derzeitigen Wissensstand wie folgt zusammen:

»Metaanalysen haben gezeigt, dass Programme, die alle drei Prinzipien [von RNR] erfüllen, die Rückfallraten um etwa 15–30 % senken können. Die Effektstärken nehmen ab, je weniger eine Intervention den drei Prinzipien entspricht. Erfüllen Programme keines der Prinzipien, sind sie unwirksam oder zeigen sogar leicht negative Effekte« (Lösel & Bender 2018, 147).

Auf den ersten Blick scheinen 15 bis 30 % Reduktion von Rückfällen sicher nicht sehr viel. Wenn man aber berücksichtigt, dass bis in die 1990er Jahre die allgemeine wissenschaftliche (und politische) Überzeugung vom einem »nothing works« ausging (so das berühmte Verdikt von Martinson aus dem Jahr 1974: »that there is little reason to hope that we have … found a sure way of reducing recidivism through rehabilitation«, zit. in Bonta et al. 2000, 313), so kann man mit einiger Berechtigung sagen, dass die RNR-Prinzipien wegen ihrer nachgewiesenen rückfallpräventiven Wirkungen nicht mehr aus dem kriminologischen Diskurs über eine Gestaltung von Prozessen zur Rückfallverhinderung wegzudenken sind. Dies zeigt sich besonders auch im Blick auf Alternativen (Überblick in Endrass et al. 2012), die in ihren Effekten die RNR-Prinzipien nicht übertreffen.

4. Kritik

Schon an dieser Stelle sollen die Grenzen dieses Ansatzes nicht verschwiegen werden. Ziv (2020) weist darauf hin, dass die *Motivationsprobleme* der Straftäter*-innen im RNR-Modell nicht ausreichend gelöst werden. Es sei, so Ziv, ein großer Unterschied, ob es sich bei den sogenannten *kriminogenen Faktoren* um Faktoren handelt, die aus Experten*innensicht formuliert werden, oder ob diese tatsächlich auch für den Betroffenen relevant sind. Anders ausgedrückt: Die Tatsache, dass es einen kriminogenen Faktor gibt, der verantwortlich ist für einen möglichen Rückfall (z. B. eine kriminelle Einstellung), ist noch kein ›guter Grund‹ für den straffälligen Menschen, diesen auch zu verändern. Auf diesen Umstand weist das sogenannte »Good Lives Model« (GLM) hin (Ward 2002). Es zeigt, dass man mit Feststellung der Defizite (kriminogene Faktoren) bei dem*-der Klient*in noch keine Veränderungsmotivation erreicht hat. Motivation entsteht nur dann, wenn sich aus Klient*innen-Sicht die Veränderungen ›lohnen‹, d. h. wenn sich wichtige Bereiche ihres Lebens verbessern (z. B. Gesundheit, Wissen, Arbeit, innerer Friede, Freundschaft usw.). Ward und seine Kolleg*innen (2012) machen deutlich, dass es sich bei ihrem GLM keinesfalls um eine Abkehr vom RNR-Modell handelt, dessen Berechtigung sie prinzipiell anerkennen. Vielmehr streben sie ein »enhancement to current existing practices« (Ward et al. 2012, 107) an.

Alle Konzepte der Straffälligenhilfe müssen demnach Wert daraufdlegen, neben den RNR-Prinzipien die Motivationsfrage zum Thema zu machen. Das bedeutet, auch nicht-kriminogene Faktoren in den Arbeitsprozess einzubeziehen, sofern diese zur Motivation des*der Klient*in beitragen, sich bezogen auf die kriminogenen Faktoren zu verändern.

Die sogenannte *Desistance-Forschung*, die sich mit den Bedingungen des Ausstiegs aus der Kriminalität beschäftigt, erhebt ebenfalls Einwände gegen eine Vereinseitigung der Risikoorientierung:

»Der RNR-Ansatz [...] vereinfacht und individualisiert die Ursachen von Kriminalität zu stark, er geht von der Möglichkeit aus, dass Programme diese Ursachen ›heilen‹, er stellt die Bedeutung der ›Behandlung‹ (und der Expert*innen) über die Rolle der (passiven) Empfänger von Behandlungsprogrammen, und er vernachlässigt zu sehr andere Aspekte und Einflussfaktoren des Genesungs- und Veränderungsprozesses. Indem man sich zu sehr auf die Wichtigkeit der Bereitstellung geeigneter und wirksamer Behandlungsprogramme konzentriert, wird der Blick der Bewährungshilfe und der einzelnen Bewährungshelfer*innen im Wesentlichen auf nicht hilfreiche Weise eingeschränkt. Die Folge ist eine unbeabsichtigte Vernachlässigung der Frage, wie ein umfassenderer Prozess des Ausstiegs aus der Kriminalität am besten unterstützt werden kann. Um die medizinische Analogie weiter zu bemühen, ist dies vergleichbar mit dem Ignorieren des Einflusses von nachhaltiger Unterstützung durch eine fürsorgende Person, die Genesung ermöglicht, indem sie positive Anpassungen an die Umweltbedingungen fördert, soziale Unterstützung aufbaut und die individuellen Selbstheilungskräfte nutzt, was letztlich zu besseren und nachhaltigeren Ergebnisse (und zu geringeren Kosten) führen kann als eine Behandlung« (Burnett & McNeill 2005, 235; Übers. d. Verf.).

Diese Kritik ist sehr ernst zu nehmen, stammt sie doch auch von vielen Praktiker*innen, die über viele Jahre Erfahrungen mit RNR gesammelt haben. Die Desistance-Forschung will im Gegensatz zu RNR nicht die Ursachen für die Kriminalitätsentstehung erforschen, sondern Bedingungen, unter denen der Ausstieg aus der Kriminalität gelingt. Hierzu geht diese Forschungsrichtung bevorzugt qualitativ vor und erhebt im Gegensatz zu RNR keine Statistiken (Hofinger 2013). Natürlich schmälert die berechtigte Kritik der Desistance-Forschung nicht die Leistungen der Risikoorientierung, sie steht auch nicht im Gegensatz zu ihr (Hofinger 2016), aber sie weist auf mögliche Vereinseitigungen oder sogar blinde Flecken des RNR-Ansatzes hin.

Wir haben bereits in der Darstellung der Ursachen von Kriminalität Wert daraufgelegt, dass bei der Ätiologie nicht allein die Person und deren Risikoverhalten zugrunde gelegt werden darf. Für einen sozialarbeiterischen Ansatz sind diese einseitigen lediglich personenbezogenen Zuschreibungen nicht zulässig. Daraus ergibt sich zwangsläufig ein *erweiterter Handlungsansatz*, der eben nicht nur die kriminogenen Aspekte der Person zu verändern sucht, sondern auch sozialräumlich ansetzt. Dies gilt genauso für die Ressourcen: Nicht nur die Probleme und Risiken dürfen fokussiert werden, ebenfalls müssen Ressourcen und Möglichkeiten der Person und ihres Sozialraumes im Sinne von *protektiven Faktoren* in den Blick genommen werden (worauf im Übrigen der RNR-Ansatz auch hinweist). Hierfür steht der Case-Management-Ansatz, der – sofern er konzeptuell in der ökosozialen Sozialarbeitstheorie verankert ist (vgl. Klug 2003a) – genau dies tut.

Gerade auch mit der nun folgenden Hilfeorientierung mit ihren vielfältigen Angeboten, die auf von dem*der Klient*in wahrgenommenen Bedarf antworten, werden die Aussichten auf soziale Integration mit Hilfe der Bildung Sozialen Kapitals gestärkt.

5.4   Hilfeorientierung

Der zweite, ebenso wichtige Auftrag aus dem »doppelten Mandat« ist der Auftrag zur Hilfeleistung. Dieser ist an keine andere Bedingung geknüpft als der erklärte Bedarf durch den*die Klient*in. Hier ist diese*r »Expert*in«, setzt die Agenda und konstituiert damit ein »Dienstleistungsverhältnis« (Schaarschuch 1999), das im eben dargestellten Kontrollbereich nicht vorhanden ist. Wenn wir also das »doppelte Mandat« als Konstitutions- und Legitimationsbedingung Sozialer Arbeit ernst nehmen, kann sich kein sozialarbeiterischer Handlungsansatz allein aus einer Risikoorientierung legitimieren. Es wäre mit ihrem Selbstverständnis und ihren wohlfahrtsstaatlichen Auftrag (vgl. Cornel 2018a) nicht vereinbar, wenn sie den Hilfeauftrag nicht gleichrangig neben dem Kontrollauftrag im Sinne des »doppelten Mandats« formulieren würde. Einen Hilfeprozess in den Sozialen Diensten immer völlig unabhängig von der Frage der Rückfallprävention vorhalten zu müssen, ergibt sich aus allen Sozialarbeitstheorien, beispielsweise aus dem ökosozialen Ansatz nach Germain & Gitterman (1999). Darin kommt zum Ausdruck, dass Menschen ganzheitlich in ihrer Umwelt mit ihren Ressourcen, und nicht ausschließlich unter ihren Defiziten bzw. unter ihren Risikofaktoren betrachtet werden (ebd. 1999).

Allerdings wird sehr schnell deutlich, dass zwischen den beiden Mandaten ein wesentlicher Unterschied besteht: Im Gegensatz zum Kontrollmandat, das unabhängig von den Intentionen des*der Straftäter*in als gesellschaftlicher Auftrag zur Rückfallvermeidung formuliert wird, ist *Hilfe eine Dienstleistung* für eine*n Klient*in, die nur geleistet wird, wenn der*die Klient*in sie auch will. Das Aushandeln von Zielen zwischen Sozialarbeiter*innen und Klient*innen und das Finden von Wegen zu ihrer Umsetzung stehen dabei im Mittelpunkt. Die Hilfe ist nach diesem Verständnis eine *Koproduktion* zwischen hilfebedürftigem Menschen und Helfer*in, die darin besteht, dass eine professionelle Fachkraft Hilfe anbietet und ein*e Klient*in sie ohne Zwang annimmt, weil er*sie sich selbst etwas davon verspricht. Nach Müller sollte der Hilfebegriff »nur dann und dort verwendet werden, wo das ›helfende‹ Handeln von Klient*innen selbst als ›hilfreich‹ wahrgenommen wird« (Müller 2008, 428). Im Hilfehandeln wird demnach zwingend der Diskurs auf Augenhöhe vorausgesetzt, in dem der*die Klient*in Expert*in in eigener Sache ist. Deutlich ist aus fachlicher Sicht daher die Abgrenzung zwischen Kontroll- und Hilfeinterventionen. So schreibt Müller:

> »In diesem [...] Modell der diskursiven Ermittlung von Hilfsbedürftigkeit, in dem auch über die Hilfen verhandelt wird, kann keiner der Verhandlungspartner [gemeint sind Sozialarbeiter*in und Klient*in, Anm. d. Verf.] seine Definition gegen den anderen durchsetzen. Es ist ein Verständigungsprozess, der auf Seiten des Klienten Einsichtsfähigkeit und auf Seiten des Helfers Offenheit voraussetzt. Denn nur so kann es zu einer Vermittlung der kulturell und lebensgeschichtlich geprägten Deutungen des Klienten und der durch Normalitätsstandards bestimmten Deutungen des Helfers kommen. Dies setzt in einem hohen Maße ein sanktionsfreies Verhandeln voraus, d. h. der Klient muss die Deutungsangebote des ›Helfers‹ – und die damit korrespondierenden Hilfsangebote – konsequenzlos ablehnen können. Personen, die zu einem solchen Diskurs nicht in der Lage sind, sind in dem zuvor genannten Sinn nicht per se als hilfsbedürftig anzusehen.

Sie sind hilflos und die an diese Eigenschaft anknüpfenden Leistungen sind allenfalls fürsorgliche Hilfen, die von den Hilfen abzugrenzen sind, die das Ergebnis eines Aushandlungsprozesses sind. Leistungen, die aufoktroyiert werden, sind nicht einmal das. Sie sind – je nach Kontext – soziale Kontrolle oder Strafe. Es gibt keine strafende Hilfe und keine helfende Strafe« (Müller 2015, 54).

In diesem Hilfeprozess steht die Förderung der Autonomie der Lebenspraxis der Klient*innen im Mittelpunkt (Heiner 2004; Müller 2008). Übergeordnetes Ziel des Hilfeprozesses ist, die Klient*innen zu befähigen, ihre eigenen Angelegenheiten ›managen‹ zu können. Schott-Leser und Leser beschreiben die Grundlagen des Hilfeprozesses wie folgt:

»Mit der Hilfebedürftigkeit sind also zwei konstitutive Eingangsvoraussetzungen für ein Arbeitsbündnis im Rahmen einer Hilfeleistung gegeben. Erstens muss sich der Klient in einer Notlage befinden, aus der er sich mit eigenen Kräften nicht befreien kann und zweitens muss er über eine Einsicht in seine Hilfsbedürftigkeit verfügen und aufgrund dieser Einsicht Hilfe wünschen. Eine hilfebedürftige Person wird erst dann zum Klienten, wenn sie aufgrund einer selbst nicht zu bewältigenden Krise sich in dieser Hinsicht als hilfebedürftig anerkennt und sich zur Bewältigung der Krise einem Experten anvertraut. Somit ist der Hilfeprozess in sich als ein autonomer Akt des Klienten anzusehen und nur damit ist die Grundlage für ein Arbeitsbündnis gegeben« (Schott-Leser & Leser 2016, 416).

Zum anderen geht es aber auch darum, die Ressourcen der Klient*innen zu aktivieren und damit ihre allgemeine Lebensführungskompetenz zu stärken. Wie anhand der Lebenslagen-Untersuchung der Arbeitsgemeinschaft Deutscher Bewährungshelferinnen und Bewährungshelfer (1999) deutlich wurde, sind die *Problemlagen* und *Hilfebedarfe* der Proband*innen oft sehr vielschichtig. Zu den Problemlagen zählen beispielsweise ein fehlender Schul- und Berufsabschluss, Langzeitarbeitslosigkeit, Überschuldung und Suchterkrankungen. Wie bereits dargestellt besteht nicht grundsätzlich ein Zusammenhang zwischen Problemlagen und Straffälligkeit, nicht jede Problemlage stellt einen kriminogenen Faktor dar. Aus dem Hilfeauftrag Sozialer Arbeit ergibt sich jedoch, dass auch die nichtkriminogenen Bedarfe der Proband*innen bearbeitet werden sollen, sofern der*die Proband*in dies wünscht. Wir können also aus dem Gesagten erkennen, dass es neben dem verpflichtenden Kontrollprozess einen Hilfeprozess auf *Angebotsbasis* geben muss.

Die Motivation der Klient*innen, im (Kontroll-)Prozess mit dem Ziel der Rückfallverhinderung mitzuarbeiten, hängt sicherlich davon ab, ob sie ihre Anliegen (im Sinne eines ›guten Grundes für Veränderung‹) wiederfinden. Unterstützt der*die Sozialarbeiter*in den*die Klient*in dabei, Hindernisse in der Lebensbewältigung zu beseitigen, kann dies einen hilfreichen Motivationsprozess in Gang setzen, in dem sich der*die Sozialarbeiter*in als verlässlich und der*die Klient*in als kompetent erweisen.

Ein Beispiel für die Hilfeorientierung kann auch hier die Schuldenregulierung sein. Wie gesehen sind Schulden eines der Hauptprobleme besonders von Haftentlassenen und stellen damit ein eminentes Risiko für die Wiedereingliederung dar (Zimmermann 2014). Aus diesem Grund ist es sicher äußerst motivierend für die Betroffenen, wenn schon in der JVA mit schuldenregulierenden Hilfen begonnen wird, sofern die Klient*innen damit einverstanden sind (siehe z. B. das Konzept von Welling 2014).

5.5 Zielgruppenorientierung: von »Hard-to-Reach« zu »How-to-Reach«

Diverse Zielgruppen Sozialer Arbeit werden häufig mit dem Label »*Hard-to-Reach*« beschrieben, das besagen soll, dass professionelle Hilfeangebote – mit anderen Worten: Methoden der Sozialen Arbeit – meist nicht oder nur unter erschwerten Bedingungen von diesen (potenziellen) Klient*innen in Anspruch genommen werden, jedoch für diese (vermeintlich) von großer Bedeutung sind (Niebauer 2015). Wenn diese erschwerte Erreichbarkeit nicht ausschließlich räumlich, sondern maßgeblich inhaltlich und methodisch gedacht wird, erscheint sie gerade in Zwangskontexten wie in den Sozialen Diensten der Justiz von besonderer Relevanz. So lassen sich für straffällige Menschen folgende »Hard-to-Reach«-Merkmale herausstellen, die sowohl von professionellen Fachkräften der Praxis als auch im Rahmen von Publikationen der *Scientific Community* wiederkehrend angeführt werden (vgl. ausführlicher Niebauer 2015; 2017b):

- geringe Veränderungsmotivation,
- kein Problembewusstsein bzw. keine Krankheitseinsicht,
- kognitive Defizite, aufgrund schwerwiegenden Alkohol- oder Drogenkonsums,
- Angst vor Stigmatisierungen bei Annahme von Hilfeangeboten,
- fehlendes Vertrauen in Hilfeangebote,
- herausfordernde Beziehungsgestaltung,
- mangelnde Verlässlichkeit hinsichtlich gemeinsamer Absprachen (z. B. Terminvereinbarungen),
- hohe Abbruchsraten von Therapie- und Hilfemaßnahmen (Drop-outs).

Eine Studie im Kontext der Bewährungshilfe (vgl. Klug & Niebauer 2016) konnte u. a. zeigen, dass diese Merkmale im Rahmen der Einzelfallhilfe von Fachkräften der Sozialen Arbeit als belastend wahrgenommen werden und häufig zu Resignation, Widerstand, Verzweiflung und Unsicherheit gegenüber der Zielgruppe führen. Die Folge ist der Rückzug der Fachkräfte auf vermeintliches Erfahrungswissen, ein erkennbarer Widerstand gegen Forschungserkenntnisse und eine Neigung, fachliche Kompetenz zu reklamieren, den empirischen Nachweis der Wirksamkeit des eigenen Tuns aber überwiegend zu scheuen. Dies wird unmittelbar im methodischen Handeln und in den individuellen Haltungen der Bewährungshelfer*innen deutlich, worauf die Erkenntnisse der Untersuchung eindrücklich hinweisen: Anstelle relevanter Themen für eine Rückfallvermeidung werden überwiegend Alltagsthemen besprochen, aufgrund von Überforderung und Unsicherheit werden Zuständigkeiten schnell an die Psychotherapie übertragen (vgl. Klug & Niebauer 2016, 352ff.).

Die genannten »Hard-to-Reach«-Merkmale der Zielgruppe werden auf Seiten der Praktiker*innen zur zentralen Erklärung für gescheiterte Maßnahmen, wobei die kritische Auseinandersetzung mit den eigenen sozialarbeiterischen Konzepten und Methoden in den Hintergrund geraten kann (Labonté-Roset 2010). Daher sollte es neben der Analyse von Barrieren seitens der als schwer erreichbar betrachteten Zielgruppe auch stets darum gehen, die »eigenen Barrieren in Forschung und Praxis unter die Lupe zu nehmen« (Borde 2010, 252). Diese Annahme führt dazu, dass nicht ausschließlich die potenzielle Zielgruppe als »Hard-to-Reach« eingeschätzt werden sollte, sondern maßgeblich die sozialarbeiterischen Programme. Diese sind häufig *nicht an den Bedürfnissen der Zielgruppen orientiert*, da sie u. a. zu hochschwellig, nicht zielgruppenspezifisch, mittelschichtsorientiert und nicht ausreichend ressourcenorientiert konzipiert sind (vgl. Niebauer 2015). Trotzdem werden diese unpassenden Angebote aus diversen Gründen aufrechterhalten (vgl. Rosenfeld & Sykes 1998). Für eine möglichst weitreichende Zielgruppenorientierung erscheint daher ein *Perspektivenwechsel von »Hard-to-Reach« zu »How-to-Reach«* notwendig. Hierbei rückt im Sinne des Ansprechbarkeitsprinzips (»General Responsivity Principle« und »Specific Responsivity Principle«; ▶ Kap. 5.3) nach Andrews und Bonta (2010) die Frage in den Mittelpunkt, welche konzeptionellen und methodischen Zugänge für welche Zielgruppen Erfolg versprechend sind.

Hierfür kann, wie bereits in Kapitel 5.2 dargelegt, die Evidenzbasierung als zentraler Bezugspunkt benannt werden. Ein entsprechendes Professionsverständnis geht mit einer »What-Works«-Orientierung einher und erfordert *spezialisiertes Wissen* und ein *evidenzbasiertes Handeln*. Liegt jedoch ein pädagogisch-hermeneutisches Professionsverständnis (▶ Kap. 2.2.2) zugrunde, wie es auch in der oben zitierten Studie im Rahmen der Bewährungshilfe zu erkennen war (Klug & Niebauer 2016), folgt eine generalistische Ausrichtung Sozialer Arbeit. Diese setzt überwiegend bei der Bearbeitung lebenspraktischer Krisen im Alltag der Klient*innen an und erachtet das Arbeitsbündnis zwischen den Pädagog*innen und Klient*innen als von entscheidender Bedeutung (vgl. Thiersch 1986). Dem Einzelfall angemessenes Agieren ist dann durch stellvertretende Deutung, Reflexion und hermeneutisches Fallverstehen geprägt (vgl. u. a. Dewe & Otto 2002; Ferchhoff 1993; Haupert & Kraimer 1991). Dass dieses Professionsverständnis gerade für das Feld der staatlich organisierten Straffälligenhilfe mit dem »doppelten Mandat« und dem Ziel der Rückfallverhinderung problematisch erscheint, haben wir bereits in Kapitel 2.2.2 und 2.2.3 umfangreich dargelegt.

Die Entwicklung *zielgruppenorientierter Problemlösungsverfahren* – im Sinne einer »How-to-Reach«-Perspektive – setzt also eine vertiefte und differenzierte Auseinandersetzung mit hochkomplexen Wissensbeständen voraus, für die ein gewisser *Spezialisierungsprozess* unabdingbar erscheint (vgl. Sommerfeld 2003), wie er sich beispielsweise in der *Klinischen Sozialarbeit* erfolgreich abbildet. Diese hat sich zu einer entsprechenden *Fachsozialarbeit* mit eigenem empirischem Wissen sowie entsprechenden Konzepten und Methoden entwickelt (vgl. u. a. Gahleitner & Hahn 2008; Pauls 2013). Dabei erhält für die Entwicklung zielgruppenorientierter Methoden der gemeinsame Austausch von Wissenschaft und Praxis im Sinne der *Kooperation* nach Sommerfeld (2014, ▶ Kap. 8.2) einen besonderen Stellenwert. Darüber hinaus ist neben der Verschränkung von Wissensbeständen aus Wissenschaft und Praxis gerade im Hinblick auf eine optimale Zielgruppenorientierung eine *vermehrte Beteiligung der Adressat*innen* Sozialer Arbeit notwendig, um unmittelbar aus ihrer Perspektive eine ideale »Passung« zu sozialarbeiterischen Maßnahmen zu befördern (vgl. Graßhoff 2015, 99). So ließen sich letztlich Konzepte und Methoden entwickeln, die sowohl wissenschaftlich fundiert als auch praxistauglich sind und zudem die Bedürfnisse der jeweiligen Zielgruppen würdigen.

Literatur zum Weiterlesen

Wirksamkeit von Methoden

Endrass, J., Rossegger, A. & Braunschweig, M. (2012): Wirksamkeit von Behandlungsprogrammen. In: Endrass, J., Rossegger, A., Urbaniok, F. & Borchard, B. (Hg.): Interventionen bei Gewalt- und Sexualstraftätern. Risk-Management, Methoden und Konzepte der forensischen Therapie. Berlin: Medizinisch Wissenschaftliche Verlagsgesellschaft, 45–69.
McGuire, J. (2013): ›What Works‹ to Reduce Re-offending: 18 Years on. In: Craig, L. A., Dixon, L. & Gannon, T. A. (Hg.): What Works in Offender Rehabilitaton. An Evidence-Based Approach to Assessment and Treatment. Chichester: Wiley-Blackwell, 20–49.

Risikoorientierung

Bonta, J. & Andrews D. A. (2017): The psychology of criminal conduct (6. Aufl.). London, New York: Routledge, Taylor & Francis Group.
Endres, J. & Schwanengel, M. F. (2015): Straftäterbehandlung. In: Bewährungshilfe, 62 (4), 293–319.

Hilfeorientierung

Schaarschuch, A. (1999): Theoretische Grundelemente Sozialer Arbeit als Dienstleistung. Ein analytischer Zugang zur Neuorientierung Sozialer Dienste. In: Neue Praxis, 29 (6), 543–560.
Hochuli-Freund, U. & Stotz, W. (2017): Kooperative Prozessgestaltung in der Sozialen Arbeit. Ein methodenintegratives Lehrbuch (4., aktual. Aufl.). Stuttgart: Kohlhammer.

Desistance-Forschung/Good Lives Model

Bewährungshilfe (Zeitschrift) (2019): Schwerpunktheft Modelle der Straffälligenhilfe: »Risk-Need-Responsivity«, »Good Lives Modell« und »Desistance«. In: Bewährungshilfe, 66 (3), 194–288.
Willis, G. M. & Ward, T. (2013): The Good Lives Model: Does It Work? Preliminary Evidence. In: Craig, L. A., Dixon, L. & Gannon, T. A. (Hrsg.): What Works in Offender Rehabilitation. An Evidence-Based Approach to Assessment and Treatment. Chichester: Wiley-Blackwell, 305–317.

6 Methodische Schlüsselprozesse

☞ **Das erwartet Sie ...**

Aufbauend auf den Paradigmen des vorangegangenen Kapitels, werden in diesem Kapitel folgende methodische Schlüsselprozesse der Sozialen Arbeit in der Justiz präsentiert:

- Case Management als methodische Falllogik,
- Motivationsarbeit,
- Beziehungsgestaltung,
- Übergangsmanagement,
- ausgewählte Gruppenprogramme,
- Soziale Netzwerkarbeit.

Mit diesen Schlüsselprozessen sollen die theoretischen Grundlagen in methodisches Handeln überführt werden. Dabei ist stets zu betonen, dass es sich hierbei um Modelle – also disziplinäre (wissenschaftliche) Antworten auf professionelle Fragestellungen – handelt. Diese Modelle sind per se nicht mit der Praxis zu verwechseln, denn sie reduzieren die Komplexität, die der Praxis eigen ist. Deshalb müssen wissenschaftliche Modelle und professionelle Anwendungslogik immer miteinander synthetisiert und synchronisiert werden.

Angefügt werden einige Anmerkungen zur Gerichtshilfe, die aus Erfahrungen anderer Länder und einem Vorschlag zur Weiterentwicklung bestehen.

6.1 Vorbemerkung

Anekdote zum Einstieg

Bei einem USA-Besuch wurde ein deutscher Professor gebeten, vor Kolleg*innen einer befreundeten Universität Methoden der deutschen Straffälligenhilfe zu referieren. Schon die Vorbereitung gestaltete sich ziemlich schwierig, weil es kaum Veröffentlichungen gab, die Aufschluss darüber gegeben hätten, mit welchen Methoden die Praxis vorgeht. Schon gar nicht hätte er sich getraut, eine Art »Trend« zu beschreiben, ob etwa konfrontative Methoden vorherrschen oder klientenzentrierte oder ganz andere. Der Vortrag geriet zum kleinen Fiasko. Zwar waren die amerikanischen Kolleg*innen bemüht und sehr freundlich, konnten aber ihre Verwunderung nicht verhehlen, weshalb eigentlich so wenig ge- und erforscht wird in Deutschland. Ein Kollege fragte denn auch unverblümt: »Wollen die Auftraggeber*innen eigentlich gar nicht wissen, was die Dienste, für die sie immerhin viele Millionen ausgeben, tatsächlich machen?« Ein anderer setzte noch eine Frage drauf: »Interessiert es die Steuerzahler*innen eigentlich nicht, ob das auch wirkt, was da gemacht wird?« Auch nach vielen Jahren, die seitdem vergangen sind, wüsste man als Professor doch gerne, was man den amerikanischen Kolleg*innen antworten könnte.

Es ist erstaunlich, dass es zur methodischen Arbeit der deutschen Sozialarbeit in der Justiz kaum im wissenschaftlichen Sinne brauchbare Darstellungen gibt. Zwar wurden in den letzten Jahren im Bereich der Bewährungshilfe in fast allen Bundesländern *Standards* entwickelt, die das methodische Vorgehen beschreiben sollen, eine systematische wissenschaftliche Aufarbeitung gibt es jedoch nicht. Wir wissen de facto nicht, ob die Standards eingehalten werden, mehr noch: Es gibt kaum fundierte Erhebungen, welche Methoden in der Sozialarbeit der Justiz eigentlich zum Tragen kommen. Ähnliche Standardentwicklungen kann man – zumindest soweit die Autoren wissen – nicht in gleicher Weise von Gerichtshilfe und Sozialer Arbeit im Vollzug berichten. Deshalb stützen wir uns nachfolgend hauptsächlich auf die Bewährungshilfe.

Felix Braun (2014) hat, um wenigstens einige Anhaltspunkte zu finden, in einer akribischen Kleinarbeit aus Fachartikeln verschiedene *Phasen der Methodenentwicklung in der Bewährungshilfe* nachgezeichnet. Er kommt zu einer erstaunlichen Bandbreite der verwendeten Methoden in den verschiedenen untersuchten Zeiträumen (▶ Tab. 2).

Sieht man diese Übersicht positiv, kann man von einer großen Methodenvielfalt sprechen, sieht man sie kritisch, bleibt der Eindruck einer Beliebigkeit. Wie im vorigen Kapitel erläutert, gibt es Voraussetzungen für einen professionellen Methodengebrauch. Insgesamt erscheint es doch sehr überraschend, dass auch nach Jahren der Verwissenschaftlichung Sozialer Arbeit in diesen Jahren ein kaum als professionell zu bezeichnender Methodeneinsatz zu konstatieren ist. So berichten Nadai et al. (2005) davon, dass zwischen ehrenamtlichen und hauptamtlichen Interventionen kaum unterschieden werden kann. Einer der wesentlichen Gründe für diese Austauschbarkeit zwischen Haupt- und Ehrenamtlichen sehen Nadai et al. in der Geringschätzung der Hochschulausbildung durch die Professionellen bei gleichzeitiger Wertschätzung der Lebens- und Arbeitserfahrung. Das theoretische Wissen wird, so Nadai et al., im besten Fall als nützlich, aber als nicht notwendig eingestuft. Sie zeigen dies an einem Zitat eines Sozialarbeiters, der im Interview sagt, seinen Job »kann auch ein Maurer machen, der

Tab. 2: Methodenentwicklung in der Bewährungshilfe (Daten aus: Braun 2014, 335)

Methode	1980–1989	1990–1999	2000–2010
Klientenzentrierte Gesprächsführung	X		
Familientherapie	X		
Sozial-integrative Methode	X	X	
Soziale Gruppenarbeit	X	X	X
Supervision	X	X	X
Anti-Gewalt-Training		X	X
Case Management		X	X (inkl. Risiko-management)
Psychosoziale Diagnose		X	X (inkl. Risiko-management)
Erlebnispädagogik			X
Lösungsorientierte Beratung			X
Gemeinwesenarbeit	X		

nen bisschen sensibel ist« (zit. in Nadai et al. 2005, 148). Wenn es die Lebenserfahrung ist, die die Qualität der sozialarbeiterischen Interventionen ausmacht und nicht (zumindest auch) die wissenschaftliche Qualifikation, dann ist es leicht verständlich, dass sich Ehren- und Hauptamtliche nicht unterscheiden, denn Lebenserfahrung haben beide.

Wir möchten an dieser Stelle noch einmal betonen, dass aus unserer Sicht professionelle Interventionen in der Straffälligenhilfe nur mit Bezugnahme auf den aktuellen wissenschaftlichen Wissensstand möglich sind. Insofern sind die nachfolgenden Modelle als disziplinäre (also wissenschaftliche) Antwort auf professionelle Fragestellungen zu verstehen. Natürlich müssen wissenschaftliche Modelle und professionelle Anwendungslogik miteinander synthetisiert werden, denn Modelle sind per se nicht mit der Praxis zu verwechseln, sie reduzieren die Komplexität, die der Praxis eigen ist. Insofern darf auch kein*e Wissenschaftler*in sich anmaßen, ›vom Schreibtisch aus‹ praxistaugliche Lösungen zu finden, sodass letztlich kein Weg an einer gemeinsamen, zwischen Wissenschaft und Praxis kooperativ gestalteten Konzeptentwicklung vorbeiführt (▶ Kap. 8.2).

6.2   Methodische Falllogik: Case Management

Wie mehrfach betont, muss die auszuwählende Methode zur Zielgruppe, zum theoretischen Bezugsrahmen (z. B. den Kriminalentstehungstheorien) und zu den angesteuerten Zielen (die sich aus dem »doppelten Mandat« ergeben) passen.

Als Hauptziele des »doppelten Mandats« in der Straffälligenhilfe sind zu nennen:

1. Prävention von Rückfällen,
2. Reintegration von Straftäter*innen in die Gesellschaft,
3. Lebenslagenverbesserung als Beitrag zur Stabilisierung des Reintegrationsprozesses,
4. systematisches Monitoring des individuellen Fortschritts und der Wirkung von Interventionen.

Schon vor vielen Jahren hat sich in den USA das *Case Management* als methodische Antwort auf all diese Fragen herauskristallisiert. Enos und Southern schreiben hierzu:

> »Das Correctional Case Management ist ein systematischer Prozess, bei dem identifizierte Bedürfnisse und Stärken von Straftätern im Veränderungsprozess mit den Möglichkeiten ausgewählter Dienste und Ressourcen abgeglichen werden. Das Case Management war eine integrative Antwort auf die unzähligen biopsychosozialen Probleme chronisch kranker oder behinderter Menschen. Viele dieser chronisch kranken Klient*innen wurden aus der Langzeitpflege in staatlichen Einrichtungen und anderen restriktiven Umgebungen für die Gemeinde entlassen« (Enos & Southern 1996, 1; Übers. d. Verf.).

Aus der Geschichte des Case Management wissen wir also, dass es als Alternative zu stationären Einrichtungen erdacht war, ohne dass es zu Qualitätsverlusten führen sollte. Übertragen auf die Situation der Straffälligenhilfe heißt das: *Correctional Case Management* ist eine Möglichkeit, bei konsequenter Anwendung zumindest teilweise auf Gefängnisse verzichten zu können, ohne Einbußen bezogen auf Sicherheitsbelange befürchten zu müssen. Zudem werden die Chancen auf Reintegration gestärkt, da es sich um eine ambulante, also in der Lebenswelt des*der Straftäter*in befindliche Maßnahme handelt.

Correctional Case Management bietet, gerade für *komplexe Problemkonstellationen*, Optionen zur Vernetzung von Hilfen und zu Veränderungen durch die Verbindung von bereitgestellten institutionellen Programmen. Insofern ist Case Management viel mehr als nur ein Ablauf von verschiedenen Phasen. Es ist eine Kernstruktur, in der die notwendigen Dienste *kooperativ* und in *Netzwerken* verbunden schrittweise einem strukturierten Plan folgen, um die genannten Ziele erreichen zu können. Somit passt die Grundkonzeption des Case Managements voll und ganz zu den Zielesetzungen der Straffälligenhilfe. In seiner Zusammenfassung des derzeitigen Wissensstandes führt Stanley aus,

> »dass die Qualität des Fallmanagements, einschließlich der von Straftätern gesteuerten Bewertung und Zuweisung zu Programmen, und die wirksame Unterstützung zur Verbesserung der Chancen auf einen erfolgreichen Abschluss ein Schlüsselfaktor ist und dass mehr Aufmerksamkeit darauf verwendet werden muss« (Stanley 2009, 156; Übers. d. Verf.).

Die spezifischen Gründe für Case Management als Basis für das methodische Vorgehen liegen auf der Hand:

- Case Management ist prädestiniert für komplexe Problemsituationen (Wendt 2009).
- Case Management fußt auf einem ökosozialen Konzept, d. h. arbeitet bewusst mit den personen- *und* umweltbezogenen Ressourcen (Klug 2003a).
- Case Management ist eine strukturierte Vorgehensweise (Wendt 2009).
- Case Management integriert Fallsteuerung und Systemsteuerung, also die Arbeit mit der Person und mit der Umwelt, die Verbindung von Beratung und Management, von personenbezogener Unterstützung mit fallbezogenem Ressourcenmanagement (Gissel-Palkovich 2010).

Das »Grundprogramm« Case Management (▶ Abb. 4) ist das Rückgrat sowohl des Hilfe- als auch des Kontrollprozesses. Es wird, je nach der Eigenart von Hilfe (als freiwillige akzeptierte Dienstleistung) oder Kontrolle (als ›verordneter‹ Zwangsprozess) gestaltet.

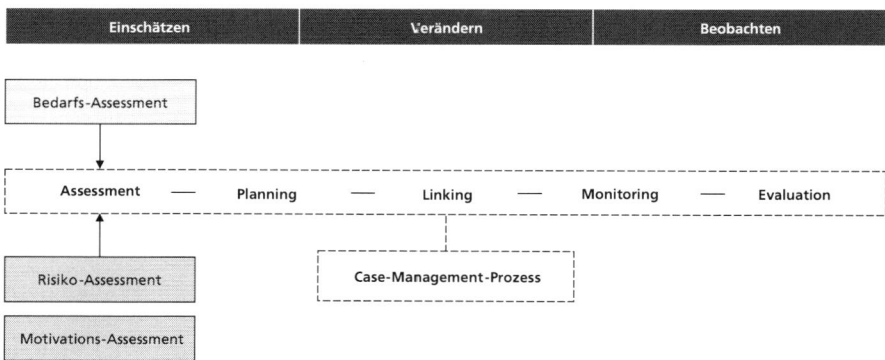

Abb. 4: Case Management – »Grundprogramm« für Veränderungsprozesse

In diesem »Grundprogramm« für Veränderungsprozesse (▶ Abb. 4) muss das grundlegende Wissen zum *General Responsivity Principle* (generelles Ansprechbarkeitsprinzip) berücksichtigt werden: Demnach sollen Veränderungsprogramme tendenziell stärkenorientiert und kognitiv-behavioral sein, auf jeden Fall aber strukturiert und an den Problemlösungstechniken der Klient*innen ansetzend. Das *Specific Responsivity Principle* (spezifische Ansprechbarkeitsprinzip) legt darüber hinaus nahe, die spezifische Lernsituation der Klient*innen zugrunde zu legen (für beide Prinzipien siehe ausführlicher ▶ Kap. 5.3). Das betrifft insbesondere die Motivation zur Veränderung (▶ Kap. 6.3). Schon jetzt ist eines klar: Wenn keine *Veränderungsmotivation* vorhanden ist, ist ein spezielles Veränderungsprogramm nicht sinnvoll und eine strukturierte Motivationsarbeit nötig (Breuer et al. 2014; Klug & Zobrist 2016).

Das bedeutet in jedem Fall, dass vor einer Intervention eine systematische Einschätzungsphase erfolgen muss. Und: Der Intervention muss eine Beobachtung der Effekte der Interventionen folgen. Ein Intervenieren ohne entsprechende Informationsgrundlage ist aus ethischer, aber auch aus fachlicher Sicht höchst fragwürdig, weil sie einem ›Blindflug‹ gleichkommt.

Die Einsicht, dass Interventionen durch Beobachtung und Datensammlung vorbereitet und durch systematisches Beobachten der erzielten Effekte nachbereitet werden müssen, korrespondiert mit den bekannten (und unten noch ausführlich dargestellten) Phasen des Case Managements (Assessment – Planning – Linking/Intervention – Monitoring – Evaluation).

In diesem Sinn wird das Grundprogramm Case Management risiko- und bedürfnisorientiert ausdifferenziert (▶ Abb. 5).

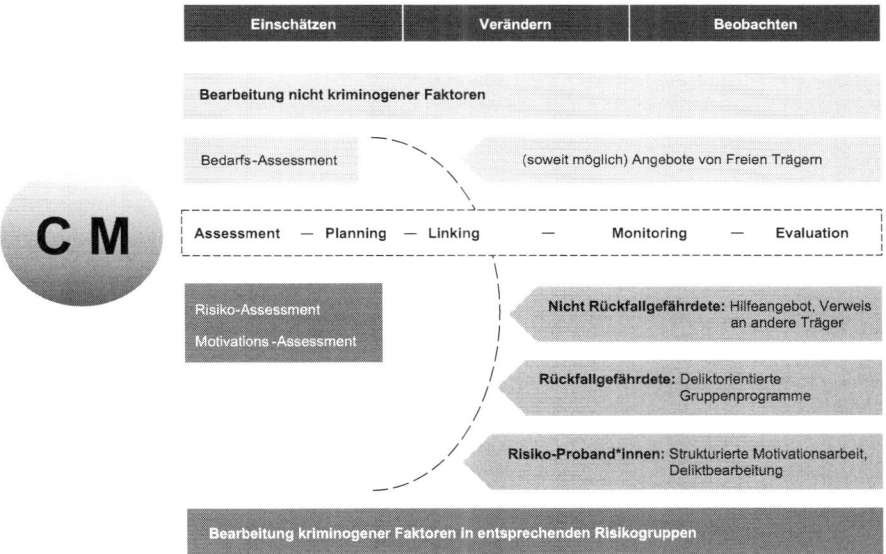

Abb. 5: Case Management – Risiko- und bedürfnisorientierte Ausdifferenzierung

Assessment

Ein Case-Management-Prozess beginnt üblicherweise mit dem *Assessment*. Entscheidend dürfte sein, im Assessment-Prozess (für ausführliche Beschreibung des Case-Management-Prozesses vgl. z.B. Klug 2003a) die beiden Aufträge – Hilfe und Kontrolle – angemessen zu berücksichtigen. Zum einen bedarf der Prozess einer genauen Bestandsaufnahme, was Wünsche, Probleme, Ressourcen und Anliegen der Klient*innen sind (*Bedarfs-Assessment*), um herauszuarbeiten, worin die Aufträge der Klient*innen bestehen (siehe Hilfeorientierung ▶ Kap. 5.4). Zum anderen müssen – im Sinne der Risikoorientierung (▶ Kap. 5.3) – in einem systematischen *Risiko-Assessment* die kriminogenen Faktoren analysiert werden, um dann die Rückfallgefahr bestimmen zu können. Das besteht im Sammeln und Bewerten von für den jeweiligen Zweck notwendigen Informationen. Wichtig ist dieser Schritt deshalb, weil nur mit einer ›sozialen Diagnose‹, die die Informationen zu einer Aussage über möglichst effektive, ausführliche und differenzierte Feststellung des Bedarfs bündelt, die Legitimation zur Intervention begründet werden kann. Ziel des Assessments innerhalb des Kontrollprozesses ist es, die kriminogenen und protektiven Faktoren zu finden sowie die Rückfallwahrscheinlichkeit festzustellen. Je nach *Höhe des Rückfallrisikos* und gemäß dem Risiko-Assessment können die Klient*innen beispielsweise in drei Gruppen eingeteilt werden.

- *Risiko-Probanden*:
  Straftäter*innen, die rückfallgefährdet sind, und deren Rückfall eine große Gefahr für Leib und Leben bedeuten würden.
- *Rückfallgefährdete Probanden*:
  Straftäter*innen, die rückfallgefährdet sind, deren möglicher Rückfall aber keine Gefahr für Leib und Leben bedeutet.
- *Nicht Rückfallgefährdete*:
  Straftäter*innen ohne Rückfallgefahr.

Wegen der prinzipiellen Anfälligkeit von menschlicher Intuition (Kahneman 2012) sollte diese durch ein standardisiertes Instrument (z. B. den LSI-R) ergänzt werden. Empirische Studien haben gezeigt, dass die Qualität des Assessments dadurch steigt (Vaswani & Merone 2014). Für ein systematisches Risiko-Assessment gibt es eine Reihe von sehr guten, wissenschaftlich abgesicherten, sehr differenzierten Instrumenten (Überblick in Rettenberger & von Franqué 2013). Auch halten verschiedene Bundesländer selbst entwickelte Risikoeinschätzungs-Tabellen vor. Diese hier abzubilden, ist wegen deren Umfang nicht möglich, einen Eindruck kann jedoch ein Auszug aus der Kriterienliste aus Bayern vermitteln (▶ Tab. 3), die in den Standards des Freistaates Bayern unter dem Titel »Beobachtung der Lebensführung« geführt wird.

Ziel dieser Liste ist es keineswegs mit Hilfe eines quasi mathematischen Verfahrens die Rückfallgefahr zu ›berechnen‹, sondern die Aufmerksamkeit der Fachkraft zu stärken. Hinter den Items stehen theoretische Konstrukte, die helfen sollen, bestimmte Phänomene besser zu verstehen und einzuordnen.

Die protektiven Faktoren dienen in der Veränderungsphase der Verwirklichung eines ressourcenorientierten Vorgehens. Indem protektive Faktoren systematisch aufgebaut werden, erweitern sie die Möglichkeiten des*der Klient*in, sich alternativ zu den bisherigen, kriminellen Mustern zu verhalten. Wer beispielsweise lernt, mit seinen*ihren Impulsen angemessen umzugehen (Impulskontrolle), kann eine angespannte Situation kommunikativ gestalten, statt sie mit Gewalt ›lösen‹ zu müssen.

Im Hilfeprozess geht es um die Feststellung der Bedarfe des*der Klient*in und seiner*ihrer Bewältigungsressourcen. Hierzu sind an anderer Stelle umfangreiche Vorlagen erarbeitet worden (Klug 2003a). Da ein Assessment ein Vorgang ist, in dem viele Aspekte auch aus anderen professionellen Zusammenhängen eingehen sollten, ist ein multiprofessionelles Einbeziehen auch von Aspekten, die andere erhoben haben, zwingend notwendig. So müssen die entsprechenden in den Akten vorliegenden Gutachten von Ärzt*innen und Psychotherapeut*innen und die

Tab. 3: Kriterienliste »Beobachtung der Lebensführung« (Auszug) Bayern (Quelle: Zentrale Koordinierungsstelle Bewährungshilfe (Hg.) (2007): Qualitätsstandards in der Bewährungshilfe in Bayern, München, 56)

Günstig	Ungünstig
Stabiler psychischer Zustand	• Diagnostizierte Persönlichkeits- und/oder Verhaltensstörung
Angemessenes Maß an Selbstsicherheit und Selbstvertrauen	• Mangel an Selbstwertgefühl und Selbstsicherheit • Übersteigertes Selbstwertgefühl und Selbstsicherheit
Empathiefähigkeit	• Herzloses Unbeteiligtsein gegenüber den Gefühlen anderer • Deutliche und andauernde Verantwortungslosigkeit und Missachtung sozialer Normen, Regeln und Verpflichtungen • Unvermögen zur Beibehaltung längerfristiger Beziehungen
Affekttoleranz	• Sehr geringe Affekttoleranz
Impulskontrolle	• Impulsives Verhalten ohne Überlegungen der Konsequenzen • Bereitschaft für aggressives, auch gewalttätiges Verhalten
Fähigkeit zur Selbstreflexion	• Unfähigkeit zur Selbstreflexion
Fähigkeit zum Erleben von Schuldbewusstsein	• Unfähigkeit zum Erleben von Schuldbewusstsein • Neigung, andere zu beschuldigen

Informationen aus dem Bundeszentralregister mit einbezogen werden. Um ein adäquates Assessment zu erreichen, ist deshalb ausreichende Zeit zu veranschlagen.

Im Kontrollprozess ist – bezogen auf die kriminogenen Faktoren – auch ein *Motivationsassessment* durchzuführen. Die Fragestellung lautet: Wie motiviert ist der*die Klient*in zur Veränderung des jeweiligen kriminogenen Faktors? Die Vorgehensweise der Diagnostik und darauf basierend der Motivationsarbeit wird in Kapitel 6.3 ausführlich erläutert (▶ Kap. 6.3).

Zielplanung

Die nächste Phase ist die *Zielplanung (»planning«)*. Auch hier ist zwischen Hilfe- und Kotrollprozess zu differenzieren. In jedem Fall ist der*die Klient*in in die Zielplanung einzubeziehen, in der Hilfeplanung des Hilfeprozesses ist seine*ihrer Einschätzung elementar (Rothman 1992). Im Kontrollprozess stellt sich die Frage, inwieweit welche Maßnahmen (z. B. Anti-Aggressionstraining) angesichts der Motivationsdiagnostik sinnvoll sind. Ggf. ist als Ziel das »Problembewusstsein des*der Klient*in« bezogen auf den kriminogenen Faktor zu formulieren, um dann entsprechend Motivationsarbeit zu leisten. In der Zielplanung wird es im Zwangskontext neben einem *Hilfeplan* auch einen *Kontrollplan* geben müssen, um die unterschiedlichen Auftraggeber*innen von Hilfe und Kontrolle ›zufriedenzustellen‹ und sicher zu gehen, dass auf jeden Fall die kriminogenen Faktoren bearbeitet werden. Dem Charakter des Kontrollprozesses entspricht es, dass es ihn auch dann gibt, wenn es – weil der*die Klient*in keine Veränderungswünsche formuliert – zu keinem Hilfeplan kommt.

Linking

Ein besonderes Gewicht liegt im Case Management auf einem passgenauen *Linking*, d. h. einer systematischen Verknüpfung mit internen und externen Diensten, aber auch informellen Hilfen. Dies ist für eine wirksame Veränderung von kriminogenen Faktoren entscheidend. In dieser Phase werden mögliche interne und externe Ressourcen mobilisiert, die für die Zielerreichung sinnvoll erscheinen. Im Einklang mit der jeweiligen Risikogruppe und der Problem- und Motivationslage der Klient*innen sind dann Gruppenangebote (z. B. Anti-Aggressionstraining oder Soziales Kompetenztraining) und/oder Einzelangebote (Deliktbearbeitung) vorgesehen.

Intervention

Intervention meint nun, dass die Maßnahmen tatsächlich durchgeführt werden. Für den Kontrollprozess stellt sich zudem die Frage nach der Intensität (die sich nach dem Risikoprinzip bemisst) und den standardmäßig vorgeschriebenen Programmen (z. B. Deliktbearbeitung). Entsprechend dem Charakter des Kontrollprozesses als Zwangskontext gibt es hier keine Wahlmöglichkeit des*der Straftäter*in, wohl aber eine ausführliche Erklärung und Diskussion mit ihm*ihr. Dies ist als Teil des Veränderungsprozesses zu verstehen, in dem der*die Straftäter*in Klarheit über die Auswirkungen des eigenen Verhaltens gewinnen soll.

Monitoring

Das *Monitoring* begleitet den gesamten Case-Management-Prozess. Gemeint ist damit die Überwachung und Bewertung der eingeleiteten Maßnahmen auf die im Zielplan vorgesehenen Ziele. Ein Monitoring sollte auch deshalb fortlaufend erfolgen, um den sich ändernden Bedarfen gerecht zu werden. Dazu wird in der Fachliteratur empfohlen, einen Zeitrahmen für die Überwachung festzulegen. Die Beobachtung der Effekte der eingeleiteten Maßnahmen und der Vorgehensweise der Dienste sollte außerplanmäßige Anforderungen, Krisenpunkte und Anforderungen erkennen (Rothman 1992, 23). Ohne das Thema »Monitoring« vertiefen zu können, sei an dieser Stelle angemerkt, dass nach unseren Untersuchungen (Klug et al. 2012) sich Fachkräfte gerade mit dieser Phase sehr schwertun, weil sie der Meinung sind, sie könnten mit dem Einschalten anderer Dienste den Fall ›abschließen‹. Dass dies zu fatalen Folgen führen kann, konnte in einer Fallstudie, die in den USA entstanden ist, eindrücklich belegt werden (Klug 2003a, 143ff.).

Evaluation

Mit einer *Evaluation* des gesamten Prozesses wird das Case Management abgeschlossen, es kann allerdings bei Bedarf mit einem Re-Assessment wieder von Neuem beginnen.

Die Fallsteuerung im Sinne des Case Management bleibt selbstverständlich auch bei Einschaltung von anderen Diensten in der Hand der Fachkraft.

Auch für das Case Management gilt das, was wir über die Notwendigkeit einer Evidenzbasierung von Methoden gesagt haben. Leider sind auch hier die entsprechenden Studien sehr dünn gesät, wie dies in der gesamten Forschung Sozialer Arbeit der Justiz (leider) fast überall anzutreffen ist (▶ Kap. 8). Immerhin zeigen sich einige sehr positive Effekte. So weisen Wirth und Grosch darauf hin, dass Case Management auch im Strafvollzug ein ideales sozialarbeiterisches Handlungskonzept darstellt:

> »Der Erfolg der im Strafvollzug vorgehaltenen ›Befähigungsmaßnahmen‹ setzt allerdings voraus, dass es gelingt, die spezifischen Defizite zu kompensieren, die die frühere Straffälligkeit begünstigt oder gar verursacht haben und jene persönlichen Ressourcen zu stärken, die ihre künftige Legalbewährung fördern können. Und die hier zum Ausdruck kommende ›Bedarfsorientierung‹ setzt ihrerseits voraus, dass es gelingt, die entsprechenden kriminogenen und protektiven Faktoren in jedem Einzelfall zu identifizieren und zur Grundlage vollzuglicher Maßnahmen zu machen. Dieses ›criminogenic need principle‹ ist zusammen mit dem im Strafvollzug besonders bedeutsamen ›risk principle‹ und dem sogenannten ›responsivity principle‹ Teil des weltweit rezipierten ›RNR Model of Correctional Assessment and Treatment‹ (Bonta & Andrews 2017, 48ff.), das auch für das Übergangsmanagement relevant ist. Die dazu in den Strafvollzugsgesetzen vorgesehene ›Behandlungsuntersuchung‹ und die daran anschließende ›Vollzugsplanung‹ entsprechen im Wesentlichen den Prozessschritten ›Assessment‹ und ›Planning‹ in der Case Management-Logik und bieten entsprechende Anknüpfungspunkte für deren Anwendung im Strafvollzug« (Wirth & Grosch 2018, 216).

Die beiden Autor*innen zeigen, wie man mit einer ganz ähnlichen Vorgehensweise, wie am Beispiel der Bewährungshilfe dargestellt, auch im Strafvollzug sozialarbeiterisch konzeptionell und methodisch die Praxis strukturieren kann. Dies gilt insbesondere für das Übergangsmanagement, das aus Sicht von Wirth und Grosch entscheidend für den Erfolg von Straftäter*innen beim Wiedereintritt in die Gesellschaft ist.

Nicht unerwähnt soll bleiben, dass in empirischen Untersuchungen positive Effekte für Case Management (bei richtiger Umsetzung) in unterschiedlichen Handlungsfeldern der Sozialen Arbeit zu verzeichnen sind, so z.B. auch in der Arbeit mit drogenabhängigen Menschen (Longshore, Turner & Fain 2005; Schmid et al. 2007).

6.3 Motivationsarbeit

Soziale Arbeit im Kontext der Justiz bedeutet Arbeiten im »Zwangskontext« (Zobrist & Kähler 2017). In diesen Zwangskontexten stellen sich grundlegend andere Anforderungen an die Fachkräfte als etwa in der Freien Straffälligenhilfe, in der sich Klient*innen die Beratenden – zumindest unter dem Gesichtspunkt einer grundlegenden Freiwilligkeit zur Annahme oder eben auch Ablehnung eines Hilfeangebots – aussuchen können (und auch umgekehrt). Insofern ist es ein Irrtum, Justizsozialarbeit mit anderen freien Formen der Sozialen Arbeit gleichzusetzen. Wenn »Hilfe«, wie in Kapitel 5.4 ausführlich beschrieben, als ein gemeinsames Zusammenwirken zwischen der hilfebedürftigen Person und der Fachkraft verstanden wird, diese von dem*der Klient*in aber nicht gewünscht wird und die Fachkraft dennoch mit ihm*ihr an den kriminogenen Faktoren arbeiten muss, diese*r aber daran nicht arbeiten will, stellt sich die entscheidende Frage: Wie kann eine solche Arbeit mit Klient*innen im Zwangskontext *motivierend* gestaltet werden?

6.3.1 Motivationsarbeit ist unverzichtbar

Zum Teil herrscht die Auffassung, man brauche keine Motivationsarbeit, denn die Klient*innen seien per se zu ihrer eigenen Lebenslagenverbesserung motiviert. Selbst wenn man hier den Rückfallpräventionsaspekt außen vorlässt, übersieht diese Position doch etwas sehr Entscheidendes, worauf Clark et al. (2006) hinweisen: Manche Straftäter*innen sehen keine Probleme (»no problem at all«), insofern sehen sie auch keinen Bedarf, ein Angebot zur Lebenslagenverbesserung anzunehmen. Bei manchen stehen rein strategische Gesichtspunkte im Vordergrund (»Wenn ich mich kooperativ zeige, bekomme ich, was ich will.«), viele sind ambivalent – kurz: Die *Motivationslagen sind sehr unterschiedlich*. Hinzu kommt ein Problem, auf das Göppner und Hämäläinen hinweisen: Die »Lebenslagenverbesserung« als eine äußere Veränderung sieht bisweilen gut aus, aber nur dann, wenn man sie sehr oberflächlich betrachtet. Sie schreiben hierzu:

> »Es ist zum Beispiel relativ einfach, der Notlage eines Strafentlassenen mit ›gezielten‹ Maßnahmen zu begegnen (z. B. er bekommt eine Wohnung vermittelt und aus einem Fond ein Übergangsgeld). Aber es ist fraglich, ob damit schon eine tragfähige Lösung erarbeitet ist (z. B. der Strafentlassene hat mit dem Geld seine wiedererlangte Freiheit gefeiert und alkoholisiert so randaliert, dass ihm die Wohnung sofort wieder gekündigt wurde)« (Göppner & Hämäläinen 2004, 151).

Die beiden Autoren kritisieren, dass das simple Vermitteln von Diensten, ohne dass eine innere Veränderung des*der Straftäter*in intendiert und methodisch angepeilt wird, kaum eine echte Veränderung der Lebenslage mit sich bringt. Damit, so darf man die Autoren interpretieren, kuriere man nur oberflächlich das Symptom, nicht aber das auch in der Person selbst tieferliegende Problem. Wenn mit der Person ökosozial (mit Blick auf die Interaktion zwischen Person und Umwelt) gearbeitet werden soll, sind Motivationsprobleme bei Klient*innen der Straffälligenhilfe das zentrale Thema, insbesondere im Bereich der notwendigen Veränderungen von kriminogenen Faktoren.

6.3.2 Ein kurzer Blick in die Motivationstheorie

Um zu klären, wie und inwieweit Soziale Arbeit in der Straffälligenhilfe Motivation unterstützt oder behindert, hilft ein Blick in die Motivationstheorie. Dies soll in aller Kürze anhand dreier Thesen geschehen.

1.   Motivation ist ein komplexes Geschehen

»Motivation« ist keine vorhandene oder nicht vorhandene ›Eigenschaft‹ des*der Klient*in, sondern ein komplexes Geschehen, das zu verschiedenen Zeitpunkten unterschiedlich ausgeprägt ist. Mit einem systemischen Verständnis wird diese These sehr schnell plausibel. Wenn wir von der *Autopoiesis* sozialer Systeme ausgehen, können wir ohne weiteres daraus folgern, dass Menschen nicht von außen determinierbar sind. Tilly Miller schreibt dazu:

> »Zwischen SozialarbeiterInnen und AdressatInnen lässt sich häufig beobachten, dass AdressatInnen trotz Inanspruchnahme professioneller Beratung, Aufklärung und Intervention an ihrer Situation nichts Grundlegendes ändern. Sozialarbeiterinnen in Frauenhäusern sind häufig frustriert, wenn sie mitansehen müssen, dass Frauen in Gewaltsituationen zurückkehren. Autopoietisch erklärt, verarbeiten die Betroffenen die Intervention und die damit verbundenen Informationen von außen nach eigenen Bewußtseinslogiken, die diametral zu denen der Sozialarbeiterinnen liegen können« (Miller 1999, 53).

Dies führt zur zweiten These.

2.   Motivation lässt sich nicht erzeugen

Motivation ist etwas, was sich nicht ›machen‹ lässt. Es lassen sich aber ›Kontexte‹ verändern, durch die der Mensch zur Selbstveränderung angeregt wird.

Veränderungsprozesse sind so komplex, dass sich *keine klare Ursache-Wirkung-Relation* herstellen lässt. So hat beispielsweise die englische Bewährungshilfe-Forschung aufgezeigt, wie schwer intrinsische Motivation von außen zu ›erzeugen‹ ist, insbesondere dann, wenn die äußeren Umstände nicht entsprechend sind. In umfangreichen Untersuchungen bei Klient*innen der britischen Bewährungshilfe zeigte sich, dass in helfenden Prozessen die Motivation eines*einer Klient*in wesentlich mehr von *Kontextbedingungen* abhängt als von methodischer Intervention der Sozialarbeiter*innen. So kann die Motivation eines*einer Klient*in ihren Ausgang nehmen

- im Wunsch negative Konsequenzen zu vermeiden (z. B. Tod, Verletzungen),
- in der Einsicht, mit legalen Mitteln insgesamt bessere Ergebnisse zu erzielen als mit illegalen Mittel,
- im Wunsch nach einem ruhigeren Leben,
- in der Suche nach einer stabilen Beziehung (Farrall 2002).

Diese These ist in einem ökosozialen Sozialarbeitsverständnis (»person in environment«) sehr nachvollziehbar: Der Wunsch nach Veränderung hat mit einer je eigenen und für jeden Menschen eigentümlichen kognitiven und affektiven Verarbeitung von Umweltinformationen zu tun, er ist direkte Folge der Auseinandersetzung des Menschen mit seiner Umwelt. In der Bewertung von Umweltinformationen schafft sich ein Mensch seine *Nische*, er findet darin Sinn. Wie jedoch Umwelt-Faktoren bewertet werden, kann man von außen zwar beobachten, einen direkten Zugriff zu den kognitiven und affektiven (Selbst-)Einschätzungen des*der Klient*in gibt es nicht. Allerdings eröffnet sich der Sozialen Arbeit die Möglichkeit von *Kontextveränderungen*, durch die der*die Klient*in eine Neubewertung vornehmen und damit zu Selbstveränderung angeregt werden kann. Kontextveränderungen können u. a. durch folgende Faktoren herbeigeführt werden:

- die eigene Beratungsorganisation,
- die Erschließung des den Klient*innen umgebenden Hilfesystems,
- die Person des*der Berater*in selbst.

Selbstverständlich gehört – ökosozial gesehen – zum Lebenskontext der Klient*innen viel mehr als das formelle Hilfesystem, weitere wichtige Faktoren sind: Familie, Arbeits- und Freizeitmöglichkeiten, die Wohnumgebung und vieles mehr – Faktoren also, die ggf. von Klient*innen wesentlich stärker bewertet werden. So beurteilt Ortmann (2002) die Erfolgsaussichten von Sozialtherapie für schwer rückfallgefährdete Straftäter*innen als äußerst gering, wenn es keine Arbeitsmöglichkeiten nach der Entlassung gibt. Wenn ein delinquenter Jugendlicher eine Freundin kennen lernt und diese Beziehung für so wichtig hält, dass er sein Leben verändern will, ist seine Motivation zur Selbstveränderung eine andere, als wenn ihn eine Peer-Group fest im Griff hat. Zu Kontextveränderungen gehört auch das Arbeitsbündnis, die Beziehung, die Art der Interaktion des*der Sozialarbeiter*in mit dem*der Klient*in. Andere Mittel der Kontextveränderungen sind: konkrete Lösung von anstehenden Problemen, Ressourcenvermittlung, Konfrontation mit den Lebenszielen des*der Klient*in und damit dessen*deren steigende Unzufriedenheit mit den negativen Konsequenzen (Arbeit mit dem Leidensdruck).

Die dritte These bezieht die Erkenntnisse der transtheoretischen Motivationsforschung mit ein.

3. Motivationsprozesse verlaufen in Stufen

Motivationsprozesse verlaufen offensichtlich in Stufen, die ein differenziertes Vorgehen, je nach dem erreichten Stadium, angeraten sein lassen. Aus der Motivationsforschung – genauer gesagt anhand des Transtheoretischen Modells (TTM) nach Prochaska et al. (1994) – wissen wir, dass sich ein Prozess der Verhaltensänderung in diskrete, aufeinander aufbauende Stufen, den sogenannten *Stages of Change*, einteilen lässt, bei dem allerdings die Zeiträume der einzelnen Stufen individuell stark variieren können (vgl. auch Klug & Zobrist 2016).

Motivationsstufen (Prochaska & Levensque 2002; Klug & Zobrist 2016, 41ff.)

1. Absichtslosigkeit
   In dieser Stufe haben Menschen *keine Intention* zur Veränderung in absehbarer Zeit (sechs Monate). Dies kann sowohl an mangelndem Risiko- bzw. Problembewusstseins, an mangelnder Information bezüglich der Konsequenzen des aktuell problematischen Verhaltens als auch an Resignation aufgrund bisher gescheiterter Veränderungsversuche liegen (charakteristische Aussage: »An meinen Problemen kann ich sowieso nicht ändern, das hat bisher noch nie geklappt.«).

2. Absichtsbildung
   In dieser Stufe erfolgt eine bewusste Auseinandersetzung der Betroffenen mit ihrem Problem- bzw. Risikoverhalten, bei der die *Ambivalenz* – also das gleichzeitige Auftreten von Vor- und Nachteilen – einer Veränderung im Mittelpunkt steht. Personen dieser Stufe haben zwar vor sich in absehbarer Zeit (sechs Monate) zu verändern, aktuell werden jedoch keine konkreten Handlungsschritte begonnen (charakteristische Aussage: »Ich würde ja gerne weniger trinken, aber ganz so einfach ist das auch nicht.«).

3. Vorbereitung
   In dieser Stufe überwiegen nun die Vorteile für eine Veränderung und es entsteht die *feste Absicht*, in den nächsten 30 Tagen das Verhalten zu verändern. Zum Teil werden auch schon *erste Schritte* unternommen wie z. B. eine Terminvereinbarung bei einer Suchtberatung (charakteristische Aussage: »Ich möchte gerne mein Trinkverhalten ändern und habe auch gestern schon für einen Vorstellungstermin bei der Suchtberatung angerufen«.).

4. Handlungsstadium
   In dieser Stufe vollziehen Menschen *beobachtbare Veränderungen* in ihrem Lebenswandel. Veränderungspläne werden umgesetzt, neue Verhaltensweisen ausprobiert und entsprechende Mühen auf sich genommen. Zentrales Merkmal dieser Stufe ist das *tatsächlich veränderte Verhalten* der Betroffenen (charakteristische Beobachtung: Der Klient nimmt regelmäßig an Gruppensitzungen in der Suchtberatungsstell teil und hat seit drei Monaten keinen Alkohol mehr konsumiert.).

5. Aufrechterhaltung
   In dieser Stufe arbeiten Menschen daran, die in der vorherigen Stufe *veränderten Verhaltensweisen aufrechtzuerhalten* und einen *Rückfall zu verhindern*. Diese Stufe kann zwischen sechs Monaten und fünf Jahren, aber auch lebenslang dauern.

6. Ausstieg
   In dieser Stufe verspüren Menschen *keine Versuchung* und sind *vollkommen zuversichtlich*, dass sie nie mehr in alte Gewohnheiten zurückfallen werden, unabhängig wie viele emotionale Belastungen sie auch erfahren werden.

6.3.3   Vorgehensweisen

Gelingende Motivationsarbeit braucht ein *strukturiertes Vorgehen* und eine *motivierende Beziehungsgestaltung*. Beides ist gleichermaßen wichtig und darf nicht gegeneinander ausgespielt werden.

1.   Strukturiertes Vorgehen

Eine strukturierte Vorgehensweise wird in Zwangskontexten generell angeraten (Bonta & Andrews 2017), sodass Motivationsarbeit in eine Schrittfolge auszudifferenzieren ist:

- Der erste Schritt ist eine klare *Motivationsdiagnostik*. Hierfür bietet sich das oben dargestellte Modell der Motivationsstufen an.
- Die Fachkraft muss die Bewertung der *Kontextfaktoren* durch den*die Klient*in kennen (z. B. Freund*innen, Ehepartner*in). Im Sinne der Resilienzförderung – also der Förderung der psychischen Widerstandfähigkeit, Krisen zu bewältigen – sind positiv konnotierte Kontextfaktoren gezielt zu entwickeln.
- Für die *Planung* und *Durchführung* der Veränderung der Motivation ist entscheidend, dass die gewählten Interventionen der jeweiligen Motivationsstufe angemessen sind (Prochaska & Levesque 2002).

Beispiel

Muss die Bewertung der Situation verändert werden (1. Stufe: Absichtslosigkeit) oder ist das Zutrauen, die Veränderung auch durchhalten zu können, durch positive Erfahrungen zu stärken (2. Stufe Absichtsbildung)?

2.   Motivierende Beziehungsgestaltung

Jeder Schritt des Vorgehens muss getragen sein von einer motivierenden Beziehungsgestaltung. Neuerdings wird Kritik an einer zu stark technisch fokussierten Psychotherapie geübt. Gerade von Verhaltenstherapeuten würden »Techniken wohl eher überschätzt, der Einfluss [... von] Beziehungs- und Therapeuteneffekte[n], dagegen eher unterschätzt« (Stucki 2004, 9). Auf das Thema »Beziehungsgestaltung« werden wir im nächsten Kapitel gesondert eingehen, deshalb mag an dieser Stelle der Hinweis genügen, dass Interventionen nur dann wirksam sein können, wenn sie von einer entsprechenden Beziehung getragen werden.

6.4   Beziehungsgestaltung

Schon vor einigen Jahren haben Asay und Lambert (2001) eine aufsehenerregende Untersuchung über die Wirksamkeit von Therapien vorgelegt. Ihre Schlussfolgerung aus der Auswertung vieler Studien lautet, dass 40 % der Erfolge durch außertherapeutische Faktoren bestimmt werden (z. B. stützende Netzwerke), 15 % durch die gewählte Therapiemethode und ca. 30 % durch Beziehungsfaktoren. Hier findet also die oben ausgesprochene These der Gewichtigkeit von Beziehungsgestaltung prinzipiell ihre empirische Entsprechung. Allerdings muss an dieser Stelle deutlich vor einer Gleichsetzung therapeutischer Beziehungsmodelle mit der Beziehungsarbeit in der Straffälligenhilfe gewarnt werden. Blay und Boxstaens (2018) weisen zu Recht darauf hin, dass im Zwangskontext wesentliche Charakteristika einer »therapeutischen Beziehung« fehlen, so z. B. die Problemdefinition durch die Betroffenen, während eine dritte Instanz (in unserem Fall die Justiz) maßgeblich die Inhalte bestimmt. Andererseits gibt es eine positive Korrelation zwischen einer positiven Beziehung zum*zur Klient*in und dessen*deren Hoffnung auf eine Resozialisierung (Hart & Collins 2014). Damit trägt die Arbeitsbeziehung ganz entscheidend zum Bewährungserfolg bei.

Es stellt sich nun die Frage, welche *Formen der Beziehungsgestaltung* im Bereich der Arbeit mit Straffälligen notwendig sind. Tatman und Love (2010) stellen zwölf Fragen an den*die Straftäter*in, mit deren Hilfe die Fachkräfte die Sicht der jeweiligen Klient*innen zur Arbeitsbeziehung einschätzen können. Gleichzeitig sind darin wichtige – aus der Literatur herausgearbeitete – Kriterien zu finden, die für die Arbeitsbeziehung konstitutiv sind.

Fragen an Klient*innen zur fachlichen Einschätzung der Arbeitsbeziehung

1. Mit der Hilfe meines*meiner Sozialarbeiter*in wird mir jetzt klarer, wie ich mich möglicherweise ändern kann.
2. Wie die Bewährungszeit gestaltet wird, gibt mir neue Sichtweisen auf meine Probleme.
3. Ich glaube, mein*e Sozialarbeiter*in respektiert mich.
4. Ich habe das Gefühl, dass die Dinge, die ich in der Bewährungszeit tue, mir helfen werden, die notwendigen Änderungen zu erreichen.
5. Ich habe das Gefühl, dass mein*e Sozialarbeiter*in mir wirklich zuhört.
6. Mein*e Sozialarbeiter*in und ich arbeiten auf einvernehmlich festgelegte Ziele hin.
7. Mein*e Sozialarbeiter*in zeigt mir Respekt, auch wenn ich Dinge tue, die er*sie nicht gutheißt.
8. Wir sind uns einig, woran ich arbeiten muss.
9. Mein*e Sozialarbeiter*in und ich respektieren uns gegenseitig.
10. Mein*e Sozialarbeiter*in und ich arbeiten zusammen, um Ziele für meine Bewährungszeit festzulegen.

11. Wir haben ein gutes Verständnis für die Art von Veränderungen geschaffen, die für mich gut wären.
12. Ich glaube, dass die Art und Weise, wie wir mit meinem Problem arbeiten, richtig ist.

Einige weitere Aspekte der Beziehungsgestaltung seien hier genannt:

1. Vielfach wird angenommen, Beziehungsgestaltung sei ein »naturwüchsige[r] Prozess, der selbstverständlich erfolgt« (Ansen 2009, 382), auch wenn man sich dessen gar nicht (mehr) bewusst ist. Diese Vorstellung ist aus wissenschaftlicher Sicht nicht haltbar. Vielmehr ist die Beziehungsgestaltung »reflektiert aus der Fallkonzeption« für jeden (!) Einzelfall abzuleiten, also *aus dem intuitiven in das bewusst Gestaltete* hinein zu nehmen. Caspar betont hierzu:

   »Auch wenn dabei Intuition eine Rolle spielt, soll es gerade nicht dem Zufall, Gewohnheit, persönlichen Vorlieben oder unreflektiertem Gutdünken überlassen bleiben, wie therapeutisches Handeln unter der Beziehungsperspektive gestaltet wird« (Caspar 2008, 549).

2. Eine tragfähige Beziehung entsteht nicht durch von der Fachkraft *behauptetes* ressourcenorientiertes Arbeiten, sondern durch von Klient*innen als *echt erlebtes* Zutrauen zu deren Selbsthilfe-Fähigkeiten. Grawe weist darauf hin, dass die Voraussetzungen für das Erleben von Selbstwirksamkeit in den Gesprächen mit den Klient*innen gelegt werden. Als eine Art Selbstevaluation schlägt Grawe vor, Klient*innen nach jedem Gespräch folgende Aussagen (auf einer siebenstufigen Skala von starker Zustimmung bis starke Ablehnung) bewerten zu lassen:

   - »Heute habe ich das Gefühl, dass wir in der Therapie wirklich vorwärtsgekommen sind.
   - Heute sind mir die einzelnen Möglichkeiten zur Lösung meiner Probleme klarer geworden.
   - Ich fühle mich jetzt Situationen gewachsener, denen ich mich bisher nicht gewachsen gefühlt habe.
   - Ich glaube, dass ich mich jetzt besser so verhalten kann, wie ich möchte.
   - Ich habe das Gefühl, dass ich mich selbst und meine Probleme besser verstehe.
   - Ich glaube, es wird mir immer besser möglich, meine Probleme aus eigener Kraft zu lösen.
   - Heute sind mir Zusammenhänge klar geworden, die ich bisher nicht gesehen habe.
   - Nach der heutigen Sitzung bin ich fest entschlossen, die besprochenen Probleme anzupacken« (Grawe 2004, 387).

3. So verschieden die Menschen sind, so verschieden ist das, was sie an Beziehungsangeboten brauchen. Welches Beziehungsangebot angebracht ist, hängt wiederum von den individuellen Bedürfnissen und Interaktionsmustern der Klient*innen ab. Je nachdem, welche Bedürfnislage in welcher Intensität vorliegt, ob ein hohes Bindungsbedürfnis (emotionale Wärme) oder ein hohes Kontrollbedürfnis (Bedürfnis nach Mitbestimmung und Klarheit), das Bedürf-

nis nach Selbstwerterhöhung (Sehnsucht nach Lob) oder auch das Bedürfnis nach Lust/Wohlbefinden (›Spaß‹), muss sich das Beziehungsangebot *komplementär zu den Bedürfnissen des*der Klient*in* verhalten (Grawe 1992).

4. Wichtig ist die *Klärung der jeweiligen Verantwortlichkeit.* Insofern ist zu Beginn und – insbesondere in einer Beratung im Zwangskontext – zwischendurch immer wieder die Frage der Auftrags- und Rollenklärung aufzugreifen (ausführlich Zobrist & Kähler 2017, 53ff.): Wer erteilt welchen Auftrag und wer hat Verantwortung für was? Was passiert, wenn der*die Klient*in was tut oder unterlässt? Das Durchspielen der Konsequenzen des jeweiligen Verhaltens stellt die Verantwortung klar. Andererseits ist die Arbeit in Zwangskontexten ein andauerndes Suchen nach gemeinsamen Themen: »In vielen Fällen können die gemeinsamen Ziele am besten so umschrieben werden, dass sie dem Klienten dazu verhelfen, [...] den Sozialarbeiter wieder loszuwerden« (Germain & Gitterman 1999, 119). In der Zusammenarbeit ist immer zwischen »Pflicht- und Küranteilen« zu unterscheiden.

5. Grawe weist darauf hin, dass das unstrukturierte und thematisch zufällige Gespräch keine verhaltens- und einstellungsverändernde Wirkung hat. Deshalb muss der*die Sozialarbeiter*in darauf achten, »dass man an einem Problem dranbleibt, es wirklich von allen Seiten bearbeitet« (Grawe 2004, 55). Das heißt dann, in freundlicher Hartnäckigkeit die »pros« und »cons« der Veränderung immer wieder zu beleuchten (Prochaska 1999).

6. Wesentlich für Beziehung ist die Mobilisierung von *Zuversicht* und *Hoffnung* auf Besserung. Diese können einer reinen Konstruktion von »Misserfolgsszenarien« mit der Folge von sich selbsterfüllender Prophezeiung entgegenwirken und sind insofern wichtige Motivations- und Wirkfaktoren (Snyder et al. 1999). Die Erkenntnis, dass Mobilisierung von Zuversicht und Hoffnung sich positiv auf die Veränderungsmotivation auswirkt, wurde bei der Beobachtung der Wirkung von Interventionen mit spirituellen Inhalten bei Menschen mit Abhängigkeitserkrankungen gewonnen. Leider ist der Zusammenhang zwischen Spiritualität und Motivation zur Verhaltensänderung bislang wenig erforscht. Der Desistance-Forscher McNeill beschreibt Hoffnung als einen zentralen Faktor für die Motivation eines*einer Straftäter*in zum Ausstieg aus der Kriminalität, und zieht daraus die entsprechenden Konsequenzen für den beziehungsgestaltenden Prozess:

»Since desistance often involves developing hope for the future, interventions need to work to nurture hope and motivation. Since hope seems to be connected to developing a sense of ›agency‹ (meaning the capacity to govern one's life), interventions should seek to identify and mobilize personal strengths and self-determination, encouraging the acquisition of a sense of agency« (McNeill 2016, 151).

6.5   Übergangsmanagement

Seit vielen Jahren gibt es in der Diskussion um die Gestaltung der Sozialen Arbeit innerhalb der Justiz einen ›Dauerbrenner‹, und der heißt *Übergangsmanagement* zwischen den verschiedenen Säulen der justiziellen Befassung (Maelicke 1985). Davon betroffen sind verschiedene Soziale Dienste:

- Bewährungshilfe,
- Gerichtshilfe,
- Soziale Arbeit im Strafvollzug,
- Freie Straffälligenhilfe.

Es liegt auf der Hand, dass diese verschiedenen Dienste verzahnt miteinander arbeiten müssen. Dazu schreibt Maelicke als *der* Experte für das Übergangsmanagement Folgendes:

Übergangsmanagement

»[Übergangsmanagement] will durch Fallmanagement die Hilfe- und Kontrollprozesse an den Übergängen zwischen drinnen und draußen aus einer Hand heraus fachlich steuern. Dadurch wird die Wirksamkeit der Resozialisierung gesteigert, und der Klient erhält einen kompetenten Partner, der mit ihm gemeinsam verlässlich Chancen vorbereitet und nutzt, der aber auch bei Klippen und Rückfällen an seiner Seite bleibt. Fehlende Verlässlichkeit und abgebrochene und wechselhafte Beziehungen erweisen sich immer wieder als zentrale kriminogene Faktoren. Ein wirksames Hilfesystem muss deshalb gegenteilige positive Erfahrungen ermöglichen und sie dauerhaft absichern« (Maelicke 2015, 228).

Die Notwendigkeit effektiver Zusammenarbeit zwischen extramuralen (außerhalb des Strafvollzugs) und intramuralen (innerhalb des Strafvollzugs) justiziellen Diensten zeigt sich sehr schnell, wenn man empirisch gestützt erkennt, dass Zeitverzögerungen und Lücken in der Übergabe zwischen der JVA und den ambulanten Einrichtungen genau in die Zeit fallen, in der die Rückfallgefahr besonders hoch ist.

Grundlegende Erkenntnisse und Ziele in der *Phase des Übergangs* eines*einer Gefangenen von der Inhaftierung in die Freiheit sind u. a.:

- *Rückfälle* sind insbesondere null bis sechs Monate nach Entlassung (Fuchs 2005; Maelicke 2012) zu erwarten.
- Die ›*Drehtür*‹-*Klient*innen*: Im Bereich der Strafhaft findet sich ein hoher Anteil von Personen, die wiederholt in Haft sind, meist eher kürzere Haftstrafen zu verbüßen haben und sich durch eine Mehrzahl von (psycho-sozialen) Pro-

blemlagen (Drogen, Langzeitarbeitslosigkeit, Schulden usw.) auszeichnen (Matt 2012, 11).
- Insbesondere bei längeren Inhaftierungen sind *Prisonisierungseffekte* – also Anpassungen an die Gefängniskultur und das Leben in einer totalen Institution (► Kap. 1.4) – eher die Regel (Kawamura-Reindl 2004).
- *Kontinuität* statt »Zerstückelung« der Hilfe (Lochmann, Baumann & Chilian 1994) sollte Markenzeichen Sozialer Arbeit sein.

Das Ziel der Sozialen Arbeit der Justiz muss es sein, die *Dienste innerhalb und außerhalb der JVA miteinander zu verzahnen.* Wie dieses Ziel zu operationalisieren ist, hat Maelicke schon vor vielen Jahren benannt:

- ganzheitliche Problemsicht und -bearbeitung,
- aufeinander abgestimmte Ersthilfen und erweiterte Beratung,
- Einbeziehung des sozialen Umfeldes,
- keine künstliche zeitliche Aufteilung in Phasen,
- Beginn so früh wie möglich,
- Hilfe so lange wie nötig,
- Teamarbeit und kollegiale Beratung,
- durchgehende Planung und Evaluation (Maelicke 1985, 54).

Konzeptionelle und methodische Grundlage, die sich für die Sozialen Dienste der Justiz zur Etablierung des Übergangsmanagements anbieten, sind die ökosoziale Theorie (Germain & Gitterman 1999; Wendt 1990) und das Case Management (Klug 2003a), woraus sich folgende Eckpunkte ergeben:

- Ein *übergreifender Versorgungszusammenhang* wird hergestellt.
- Die *Verknüpfung von Diensten und Einrichtungen* hat den Zweck, komplexe Problemsituationen (z. B. Entlassung) zu lösen.
- Zielperspektive ist das *Funktionieren der Lebensführung* und damit der übergreifende Lebenszusammenhang des*der Klient*in diesseits und jenseits von Gefängnismauern.

Mit dem sozialarbeiterischen Grundverständnis der Sozialen Dienste der Justiz im Sinne des Case Managements (► Kap. 6.2) erschließt sich nun die primäre Aufgabe, Übergänge herzustellen, Dienste miteinander zu vernetzen und für den*die Klient*in zugänglich zu machen. Dies ist keine marginale, nach Belieben zu tun oder zu lassende Aufgabe, vielmehr ist es der Kernbereich Sozialer Arbeit im ökosozialen Verständnis. Hilfreich kann es dabei sein, dem gesamten Wirken der Sozialen Arbeit in der Justiz einen *Resozialisierungsplan* zugrunde zu legen, der die Kontinuität der eingeleiteten Maßnahmen sicherstellt.

Der*die Case Manager*in ist damit inhaltlich und technisch dafür verantwortlich,

- dass vorangegangene Maßnahmen gemäß Entlassplanung weitergeführt werden,
- dass Module und andere Hilfen zur Zielerreichung zugeschaltet werden,
- dass die Übergabe an eine*n andere*n Case Manager*in gelingt.

Ein bereits bestehendes Konzept aus Mecklenburg-Vorpommern (»InStar«) zeigt, wie dies verwirklicht werden kann. Darin sind die in der folgenden Abbildung dargestellten Verfahrensschritte vorgesehen (▶ Abb. 6).

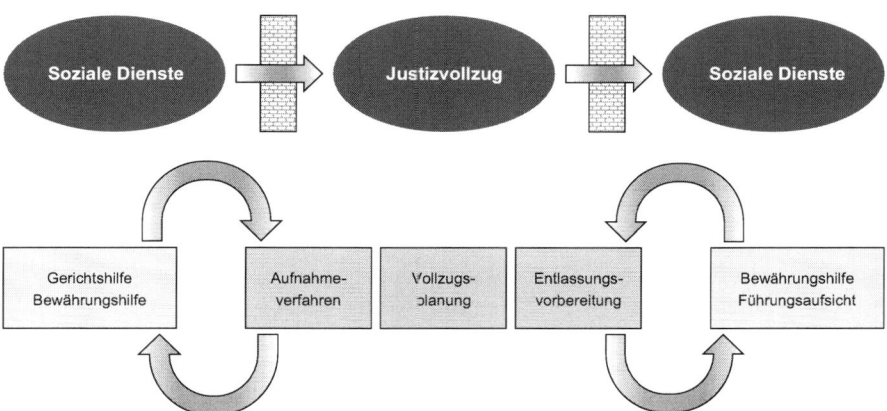

Abb. 6: Übergangsmanagement (Koch, R. (2009): Integrale Straffälligenarbeit in Mecklenburg-Vorpommern: Nicht nur ein neuer Begriff. In: Bewährungshilfe, 56 (2), 116–134, hier 121)

Aufnahmeverfahren

»Bereits im Aufnahmegespräch in der Justizvollzugsanstalt erfolgt die Klärung, ob der Gefangene vor seiner Inhaftierung unter Bewährungs- oder Führungsaufsicht stand oder steht« (Grosser 2012, 93). Sollte der*die Klient*in eine Schweigepflichtentbindung abgeben, kann die JVA Informationen der Bewährungshilfe anfordern. Dabei sind die

> »auf schriftlichem Wege übermittelten Erkenntnisse aus der Zeit der Bewährungsunterstellung oder der Führungsaufsicht [...] für die Übergangsgestaltung von hohem Interesse, weil in beiden Bereichen die gleichen Prognosekriterien genutzt werden. Dazu wurden Standards sowohl für die Bewährungshilfeplanung als auch für die Vollzugsplanung entwickelt« (ebd., 94).

Der große Fortschritt: Die Daten können wegen der Kompatibilität von beiden Diensten genutzt werden, damit werden zeitraubende Ersterhebungen vermieden und Prozesse können so fortgeführt werden. Während der Haft werden die im Aufnahmeverfahren gewonnenen Erkenntnisse in den *Vollzugsplan* überführt.

Entlassungsvorbereitung

Wenn der Entlassungstermin ansteht, ist der*die Vollzugsabteilungsleiter*in für den rechtzeitigen Beginn der Entlassungsvorbereitung verantwortlich. Er*Sie beruft eine Vollzugskonferenz zur Entlassungsvorbereitung und dem Auftrag zur Erstellung eines *Entlassungsplans* ein (sogenannte Entlassungsvorbereitungskonferenz).

Für den*die zu Entlassende*n wird ein Entlassungsplan erstellt, der ihn*sie dazu zu motivieren und ihn*sie bei der Wiedereingliederung unterstützen soll. Schwerpunkt ist das Zusammenstellen der persönlichen Dokumente und Unterlagen, der gesicherte Wohnraum sowie eine ausreichende finanzielle Grundlage und/oder eine Arbeit bzw. Ausbildung.

Grosser (2012, 95f.) betont die zwischen den justiziellen Diensten zu lösende Kooperationsaufgabe. Eine

> »persönliche Kontaktaufnahme des Bewährungshelfers mit dem Inhaftierten und dem zuständigen Mitarbeiter des Vollzugs zur Klärung und Abstimmung der Entlassungssituation [findet] zwingend statt, […] wenn zu erwarten ist, dass der Gefangene nach seiner Haftentlassung durch die Sozialen Dienste wegen der zugrunde liegenden Straftaten oder eines außergewöhnlichen Hilfebedarfs besonders intensiv betreut oder überwacht werden muss« (ebd., 96).

Eine mögliche Weiterentwicklung des Modells könnte eine stärkere Berücksichtigung des Subsidiaritätsprinzips sein, nach dem die staatliche Seite nur subsidiär eintritt: Die häufig und natürlich zurecht angemahnten lebenspraktischen Probleme (z. B. Wohnen, materielle Absicherung etc.) sind die Domäne der Freien Straffälligenhilfe (vgl. Bruns 2013) und so weit als möglich sollte dies ihr überlassen bleiben. Im Sinne einer effizienten Arbeitsteilung ist es wenig wünschenswert, wenn mehrere Akteur*innen an einer Problemstellung arbeiten, möglicherweise sogar gegeneinander. Hier hilft ein funktionierender Case-Management-Ansatz, der verstehen lässt, dass man auch als Bewährungshelfer*in bei Weitem nicht für alles da ist oder da sein sollte. Da – wie aufgezeigt – in allen Sozialen Diensten der Justiz Mecklenburg-Vorpommerns eine gemeinsame konzeptuelle Arbeitsgrundlage vorliegt, sind eine Vernetzung der Dienste und eine Zusammenarbeit im Sinne einer Weiterführung ohne weiteres möglich.

Das Modell »InStar« aus Mecklenburg-Vorpommern hat zentrale Herausforderungen gelöst:

- ein gemeinsames sozialarbeiterisches Prozessverständnis statt Binnenlogik des jeweiligen Dienstes,
- die Informationsgewinnung durch gemeinsame Tools.

Bezogen auf die föderale Situation in ganz Deutschland, ist »InStar« sicher ein ›Leuchtturm‹. Insgesamt jedoch gilt:

> »Über diese ›Leuchtturmprojekte‹ in den Ländern hinausgehend ist es aber erforderlich, das Übergangsmanagement als Bindeglied und Brücke zwischen der ambulanten und stationären Resozialisierung rechtlich, organisatorisch, finanziell und personell flächen-

deckend und nicht nur punktuell abzusichern – eine Reformaufgabe, die durchaus gleichwertig zur Strafvollzugsreform der Siebzigerjahre anzusehen ist« (Maelicke 2015, 228).

6.6 Ausgewählte Gruppenprogramme

Neben der Einzelfallhilfe stellt das Gruppensetting einen weiteren methodischen Zugang der Sozialen Arbeit dar (vgl. Schmidt-Grunert 2009). Im Rahmen der Sozialen Dienste der Justiz sind diverse Gruppenangebote meist unter den Bezeichnungen *Soziale Gruppenarbeit, Sozialer Trainingskurs* oder auch *Behandlungsprogramme* (vgl. Kawamura-Reindl & Schneider 2015, 150; Köhler 2018) zu finden. Die Gruppenprogramme in der Straffälligenhilfe sind gesetzlich insbesondere im Jugendstrafrecht verankert (z. B. § 10 Abs. 1 Nr. 6 JGG), im Erwachsenenstrafrecht wird beispielsweise der Soziale Trainingskurs explizit benannt (z. B. § 153a Abs. 1 Nr. 6 StPO).

Der Einsatz des Gruppensettings geht mit einigen Vorteilen gegenüber der Einzelfallhilfe einher:

- *Fachliche Vorteile*:
  Das Gruppensetting geht mit spezifischen Wirkfaktoren (z. B. »Universalität des Leidens«: Gruppenmitglieder teilen ähnliche Probleme, Ängste, Bedürfnisse) einher, die insbesondere aus der (Gruppen-)Psychotherapie-Forschung sehr gut belegt sind (vgl. Yalom 2007; Übersichten z. B. bei Kämmerer 2012; Tschuschke 2010).
- *Ökonomische Vorteile*:
  Trotz begrenzter Ressourcen kann durch das Gruppensetting gleichzeitig eine Vielzahl an Personen erreicht werden (Schmitz et al 2000).
- *Vorteile der besseren empirischen Überprüfbarkeit*:
  Viele Gruppenprogramme liegen in strukturierter bzw. manualisierter Form vor, sodass die empirische Überprüfbarkeit begünstigt wird (Köhler 2018, 420).

Nicht unerwähnt soll an dieser Stelle bleiben, dass das Gruppensetting insbesondere im Kontext der Arbeit mit straffälligen Menschen auch gewisse Grenzen und besondere Herausforderungen mit sich bringt:

»Das Gruppensetting weist allerdings auch einige Nachteile auf: So können in der Offenlegung individueller Lebensläufe und Delikthergänge Einzelne bloßgestellt und stigmatisiert werden. Die ›Deliktbearbeitung‹ (vgl. dazu kritisch Suhling und Endres 2016) kann auch dazu beitragen, dass andere Teilnehmer Anregungen für neue Straftaten bekommen. Subkulturelle Einstellungen (z. B. hinsichtlich Gewalt gegen Frauen, fragwürdige Ehrkonzepte) können in der Gruppendiskussion als verbreitet und akzeptabel wahrgenommen werden« (Endres & Breuer 2018, 91).

Im Folgenden werden drei ausgewählte Gruppenprogramme überblicksartig vorgestellt, deren Anwendung sich in der Praxis etabliert hat, und die – zumindest in Teilen – gut evaluiert sind: das *Anti-Aggressivitäts-Training (AAT®)*, das *Reasoning and Rehabilitation Program (R&R)* und das *Gruppentraining sozialer Kompetenzen (GSK)*.

6.6.1 Anti-Aggressivitäts-Training (AAT®)

Es liegen zahlreiche, unterschiedlich betitelte Gruppenprogramme für aggressive und gewalttätige jugendliche, heranwachsende oder erwachsene Straftäter*innen vor. Das Anti-Aggressivitäts-Training (AAT®), das von Weidner (1990) ursprünglich im Kontext des Jugendstrafvollzugs entwickelt wurde, zählt sicherlich zu den bekanntesten und am Weitesten verbreiteten Gruppenprogrammen. Es richtet sich (überwiegend) an gewalttätige männliche Wiederholungstäter. Das AAT® ist sowohl eine defizitspezifische als auch auf den Ressourcen der Teilnehmenden aufbauende Gruppenmaßnahme, die sich der *Konfrontativen Pädagogik* sowie einem *kognitiv-verhaltenstherapeutischen Ansatz* zuordnen lässt (vgl. Kilb & Weidner 2013, 98).

Konfrontative Pädagogik

»Der Begriff der ›*Konfrontativen Pädagogik*‹ steht ausdrücklich nicht für eine in sich geschlossene pädagogische Theorie, sondern bezeichnet einen pädagogischen *Handlungsstil*, eine *Methodik* im Kontext eines auf Demokratie und auf Förderung von Selbstverantwortung des Klienten zielenden erzieherischen Prinzips. Konfrontation wird hierbei als eine von zahlreichen Interventionsformen eingesetzt. Hinter dieser Handlungsform steht die entschiedene Haltung des intervenierenden Pädagogen, entweder eine Störung sozial-kommunikativer Gruppenbezüge, die Verletzungen individueller Freiheitsrechte oder der Unversehrtheit anderer Personen *nicht zu akzeptieren*, sondern den Regelverletzer mit der von ihm begangenen Regelüberschreitung bzw. mit seiner Tat möglichst rasch und direkt zu konfrontieren. Gleichzeitig gilt es dabei, die Person des Regelverletzers innerhalb der pädagogischen Beziehung ernst zu nehmen und damit auf der personalen Ebene zu respektieren« (Kilb 2011 zit. nach Kilb & Weidner 2013, 85; Herv. i. O.).

Das AAT® wird in der Regel von zwei sozialpädagogischen oder psychologischen Fachkräften geleitet und durch ehemalige Gewalttäter*innen in der Funktion von Tutor*innen ergänzt. Ein Trainingskurs ist auf sechs Monate mit wöchentlichen mehrstündigen Sitzungen angelegt und soll durch zusätzliche Einzelgespräche begleitet werden. Die Durchführung des AAT® vollzieht sich in vier Phasen:

- der Einstiegs- und Integrationsphase,
- der Konfrontationsphase,

- der Vertiefungs- und Stabilisierungsphase sowie
- der Kompetenzentwicklungs- und Nachbetreuungsphase.

Im Rahmen des Gruppenprogramms sollen die Teilnehmenden erkennen, dass Aggression und Gewalt zur Erhöhung des eigenen Selbstwertgefühls dienen und ihre antisozialen Verhaltensweisen zur Steigerung von Anerkennung und Respekt eingesetzt werden. Die individuellen Aggressionsauslöser sollen durch das Gruppenprogramm ausfindig gemacht werden und mittels einer Kosten-Nutzen-Analyse deutlich werden, dass Aggression und Gewalt – zumindest langfristig – mehr Nach- als Vorteile mit sich bringen. Zudem soll eine Thematisierung der Differenz zwischen Ideal-Selbst und Real-Selbst erfolgen. Einen zentralen Stellenwert nimmt die Konfrontation mit der Tat bzw. mit der Regelverletzung und den eigenen Neutralisierungstechniken ein, die insbesondere durch den sogenannten »Heißen Stuhl« methodisch umgesetzt wird. Dabei wird auch die konkrete, tatbezogene Opferperspektive intensiv thematisiert. Schließlich sollen Ressourcen und Kompetenzen der Teilnehmenden gestärkt werden, die eine Verzicht auf Gewalt und Aggression ermöglichen. Der durch den Wegfall gewalttätigen Verhaltens entstehenden Leere soll zudem durch kompensierende Aktivitäten begegnet werden (vgl. Kilb & Weidner 2013, 98ff.; Köhler 2018, 423ff.)

Curriculum AAT®: Neun Bausteine (Kilb & Weidner 2013, 100)

»1. Die Arbeit an den Aggressionsauslösern,
2. eine Kosten-Nutzen-Kalkulation aggressiven Verhaltens,
3. die Thematisierung der Differenz zwischen idealem Selbstbild und Real-Selbst,
4. die Bearbeitung von Neutralisierungstechniken, die vonseiten des Täters oder Regelverletzers häufig zur eigenen Entlastung angewandt werden,
5. die eigentliche Konfrontation mit der Tat oder der Regelverletzung (meist auf dem »Heißen Stuhl«),
6. die Beziehungsgestaltung zu den hiervon betroffenen Opfern und deren durch die Tat möglicherweise veränderte Zukunftsperspektive,
7. der Desensibilisierung dienenden Provokationstests,
8. ein abschließendes Kompetenztraining sowie
9. die Nachbetreuung, Auswertung und gemeinsame Reflexion.«

In Bezugnahme auf fünf Forschungsstudien zum AAT®, die zwischen 1989 und 2007 durchgeführt wurden, ziehen Kilb und Weidner (2013, 131ff.) eine positive Bilanz und resümieren eine Reduzierung der Gewaltneigung durch das Gruppenprogramm. Köhler (2018, 426) sieht den aktuellen Forschungsstand zum AAT® skeptischer: So benennt er, dass in Anlehnung an die Untersuchung von Ohlemacher et al. (2001) das AAT® nicht besser, aber auch nicht schlechter als eine Standardbehandlung im Jugendstrafvollzug wirkt. Auf diese Untersuchung verweisen selbstverständlich auch Kilb und Weidner (2013, 132), sie formulieren hierbei jedoch deutlich positiver als Fazit, dass sich – egal ob mit AAT® oder anderen Behandlungsformen im Strafvollzug – Täter*innenbehandlung grundsätzlich lohnt.

Für die weitere Bewertung der Wirksamkeit von AAT® erscheinen auch zukünftig Studien – möglichst in Anlehnung an ein RCT-Design (randomisierte Studie mit Kontrollgruppen) – erforderlich.

6.6.2 Reasoning and Rehabilitation Program (R&R)

Das Reasoning and Rehabilitation Program (R&R) ist ein *multimodales, strukturiertes kognitiv-behaviorales* Gruppenprogramm, das vom kanadischen Psychologen Ross (Ross et al. 1988) als ein Behandlungsbaustein für Gewaltstraftäter*innen entwickelt wurde. Das Gruppenprogramm wird von zwei ausgebildeten Trainer*innen geleitet, wobei explizit darauf hingewiesen wird, dass R&R von Personen diverser Berufsgruppen, nach einer entsprechenden Schulung, angeboten werden kann, darunter auch Sozialarbeiter*innen. Das Programm wird von sechs bis acht Teilnehmenden besucht, umfasst 35 zweistündige Sitzungen, die bei einem wöchentlichen Turnus eine Gesamtdauer von etwa einem Dreivierteljahr ausmachen. Mittlerweile gibt es auch Kurzformen (R&R2), die nur 14 Sitzungen beinhalten und sich an spezifische Zielgruppen richten (z. B. Jugendliche, Frauen, Angehörige). R&R ist ein Trainingsprogramm, bei dem das *Einüben von kognitiven Kompetenzen und Problemlösestrategien* im Vordergrund steht (vgl. Gretenkord 2017; Köhler 2018).

Zentrale Inhalte des Reasoning and Rehabilitation Program (R&R) (vgl. Gretenkord 2017, 436f.; Köhler 2018, 421)

- *Problemlösen* (Problemerkennung, -identifikation, -formulierung, verbale und non-verbale Kommunikation, selbstsicheres Verhalten, konsequenzorientiertes Denken)
- *Soziale Fertigleiten* (um von anderen akzeptiert und nicht abgelehnt zu werden, z. B.: »jemanden um Hilfe bitten«, »sich beschweren können«, »Umgang mit eigenen Fehlern«)
- *Verhandeln* (Konflikte adäquat lösen, Kompromisse eingehen)
- *Umgang mit Emotionen* (kontrollierter Umgang mit Gefühlen wie Wut oder Ärger)
- *Kreatives Denken* (z. B. Planen, Prioritäten setzen, Perspektivenübernahme)
- *Entwicklung und Stärkung von Werten/Rücksicht auf Belange anderer Menschen* (Vermittlung von prosozialen Werten u. a. durch: Lernen am Modell, Verstärken von prosozialen Äußerungen und Verhaltensweisen, Förderung von Empathie)
- *Kritisches Urteilen* (Überredungskünsten widerstehen, Denkfehler erkennen, Gesichtspunkte anderer Menschen berücksichtigen)

- *Kognitive Übungen* (vor allem Denksportaufgaben, um erlernte Fähigkeiten auf spielerische Weise zu trainieren)
- *Fertigkeiten im Überblick* (bisher erlernter Fertigkeiten miteinander kombinieren, um komplexe Probleme zu lösen)

Eine Vielzahl an Studien zeigt die positiven Effekte des Gruppenprogramms. In einer Metaanalyse (Tong & Farrington 2006) wurden 16 Studien aus Kanada, Schweden, den USA und dem Vereinigten Königreich miteinander verglichen. Dabei zeigte sich eine signifikante Reduktion der Rückfallrate um 14 % bei den Teilnehmenden des R&R-Programms im Vergleich zu den Personen der Kontrollgruppen. Dieser Effekt konnte sowohl intramural (Strafvollzug) und extramural (Bewährungshilfe) als auch für stark und weniger stark rückfallgefährdete Straftäter*innen nachgewiesen werden.

Gretenkord (2017) weist noch auf zwei wichtige Aspekte hin: Zum einen ist das R&R-Programm in vorbildlicher Weise *an dem empirischen Kenntnisstand ausgerichtet*. So werden die RNR-Prinzipien (▶ Kap. 5.3) nach Bonta und Andrews (2017) maßgeblich berücksichtigt. Das Risikoprinzip und das Bedürfnisprinzip spielen bei der Indikation eine wichtige Rolle, da eine Teilnahme nur dann angezeigt ist, wenn eine Person auch rückfallgefährdet oder kaum prosozial eingestellt ist. Durch die Entwicklung der Kurzversionen von R&R kommt das Ansprechbarkeitsprinzip in besonderem Maße zur Geltung. Darüber hinaus liegt im Rahmen von R&R der Fokus auf der Förderung der Stärken und Ressourcen der Teilnehmenden, wodurch es vollkommen kompatibel mit dem »Good Lives Model« (Ward 2002) ist (▶ Kap. 5.3). Zum anderen ist die *Programmintegrität* ein wichtiger Erfolgsfaktor. So schreibt Gretenkord dazu:

> »Wenn die Trainer schlecht ausgebildet oder mangelhaft motiviert sind, wenn Teile des Programms weggelassen werden oder das Umfeld die Lernerfolge konterkariert, ist kein Erfolg zu erwarten. Des Weiteren sind Bemühungen, Interventionen zu evaluieren, nur dann sinnvoll, wenn der Ablauf nachvollziehbar dargestellt ist. [...] Ein Programm nicht richtig durchzuführen, so die Lehre daraus [aus empirischen Untersuchungen zur Notwendigkeit der Programmintegrität vor. R&R, Anm. d. Verf.], bringt nichts; vielleicht ist es sogar schädlich« (Gretenkord 2017, 439f.).

Der hohe Stellenwert der Programmintegrität zeigt sich auch darin, dass das Manual von R&R nicht frei verkäuflich ist, es kann nur im Zusammenhang mit einer Ausbildung zum*zur R&R-Trainer*in (die in Deutschland derzeit exklusiv von dem Institut für Forensische Psychiatrie Haina e. V. angeboten wird) erworben werden.

6.6.3 Gruppentraining sozialer Kompetenzen (GSK)

Wie bereits oben erwähnt, finden sich unter der Bezeichnung *Sozialer Trainingskurs* eine Vielzahl an Gruppenangeboten, darunter auch unterschiedliche Interventionen zur Verbesserung der sozialen Kompetenzen. Hierbei existieren sowohl generalpräventive Ansätze zur grundsätzlichen Vermeidung von delinquenten

Entwicklungen als auch spezialpräventive Ausrichtungen von Gruppenangeboten, die sich an straffällige Menschen richten und zum Teil nach spezifischen Zielgruppen selektiert sind (z. B. hinsichtlich Alter, Geschlecht, Delikt, sozialen Status; vgl. Kawamura-Reinl & Schneider 2015, 152). Nach einer Untersuchung von Dünkel und Geng (2007) wird in 96 % der Jugendanstalten in Deutschland ein Sozialer Trainingskurs oder ein Soziales Kompetenztraining angeboten.

In der Arbeit mit straffälligen Menschen kommt der Steigerung sozial kompetenten Verhaltens sowohl im Hinblick auf die Rückfallprävention als auch auf die Resozialisierung eine besondere Bedeutung zu (vgl. für eine detailliertere Auseinandersetzung von Sozialen Kompetenztrainings mit Straftäter*innen: Drinkmann 2017).

Ein Soziales Kompetenztraining, das in unterschiedlichen Handlungsfeldern der Sozialen Arbeit – und durchaus auch in der Arbeit mit straffälligen Menschen – regelmäßig zum Einsatz kommt, ist das *Gruppentraining sozialer Kompetenzen (GSK)* von Hinsch und Pfingsten (2015). GSK als Standardverfahren umfasst sieben Sitzungen von jeweils 150 bis 180 Minuten, die in einem wöchentlichen Abstand stattfinden. An dem Programm sollten zwischen acht und zehn Personen, bei zwei Trainer*innen, teilnehmen. GSK liegt als strukturiertes Manual mit entsprechenden Materialien vor.

Definition: Soziale Kompetenz

Soziale Kompetenz im Rahmen des GSK wird verstanden als »die Verfügbarkeit und Anwendung von kognitiven, emotionalen und motorischen Verhaltensweisen, die in bestimmten sozialen Situationen für den Handelnden zu einem langfristig günstigen Verhältnis von positiven und negativen Konsequenzen führen« (Hinsch & Pfingsten 2015, 103).

Im Zuge der Definition weisen Hinsch und Pfingsten darauf hin, dass es sich hier lediglich um einen formalen Rahmen für die Bestimmung des Zielverhaltens handelt. Eine inhaltliche Konkretisierung ergibt sich erst aus der Verknüpfung der Trainingsziele mit den jeweils persönlichen Zielen der Klient*innen. Im GSK stehen drei Typen von sozialen Situationen im Mittelpunkt:

- »Recht durchsetzen« (Typ R),
- »Beziehungen« (Typ B) und
- »um Sympathie werben« (Typ S).

Dabei soll den Teilnehmenden des Gruppenprogrammes vermittelt werden, dass es unterschiedliche soziale Situationen gibt, in denen unterschiedliche Fertigkeiten (soziale Kompetenzen) erforderlich sind. Hierfür bezieht das Programm umfangreiche Trainingselemente auf der kognitiven, emotionalen und motorischen Ebene ein (Hinsch & Pfingsten 2015, 103ff.).

Überblick: Sitzungen des Gruppentrainings sozialer Kompetenzen (GSK)

1. Sitzung: Einführung des »Erklärungsmodells sozialer Kompetenzen und Kompetenzprobleme«
2. Sitzung: Diskriminationstraining und »Recht durchsetzen (Typ R)«
3. Sitzung: Analyse von Selbstverbalisationen
4. Sitzung: »Selbstsicheres Verhalten in Beziehungen (Typ B)« (Teil 1)
5. Sitzung: »Selbstsicheres Verhalten in Beziehungen (Typ B)« (Teil 2)
6. Sitzung: »Sympathie gewinnen (Typ S)«
7. Sitzung: Diskrimination der Situationstypen

Hinsch und Pfingsten referieren Evaluationsbefunde, die Effekte nachweisen, die sowohl kurzfristig eintreten als auch im Langzeit-Follow-up langfristig erhalten blieben:

> »Vor dem Training zeigen die Trainingsteilnehmer deutliche Abweichungen vom Normalwert in Richtung einer höheren Problembelastung: Sie berichteten überdurchschnittlich über Schwierigkeiten, Forderungen zu stellen, konnten schlechter Forderungen ablehnen, litten unter übertriebenen Schuldgefühlen oder Skrupeln und hatten mehr Ängste vor Misserfolgen sowie vor sozialen Kontakten überhaupt. In all diesen Bereichen kommt es durch das Training kurz- und mittelfristig zu signifikanten Verbesserungen. Dabei bleiben die Skalenwerte zwischen Post-Test und Follow-up in etwa konstant und liegen sowohl unmittelbar nach dem Training, aber auch nach etwa eineinhalb Jahren im Bereich ›normaler‹ Vergleichspersonen« (Hinsch & Pfingsten 2015, 136).

Drinkmann (2017, 250) gibt jedoch zu Recht zu bedenken, dass es sich hierbei um Studienergebnisse aus den 1980er Jahren handelt, die zudem mit einem Messinstrument erhoben wurden, das aus heutiger Sicht inhaltlich nur als bedingt valide anzusehen ist.

Das GSK wurde von Thomalla (2008) für den Kontext des Strafvollzugs als Selbstsicherheitstraining angepasst und in zwei Versionen überführt: Das *GSK für selbstunsichere Gefangene (GSKnast-U)* und *das GSK für »aggressive« Gefangene (GSKnast-A)*. Lewrick-Gönnecke et al. (2009) haben die Durchführung des GSK für straffällige Menschen im Straf- und Maßregelvollzug untersucht und kommen u. a. zu folgendem Ergebnis:

> »Die an die spezifische Klientel im Straf- und Maßregelvollzug angepasste Version des GSK hat sich sowohl für unsichere als auch für aggressive Teilnehmer bewährt. Die Ergebnisse stehen allerdings noch insofern unter gewissem Vorbehalt, als aus inhaltlichen und organisatorischen Gründen kein Kontrollgruppendesign realisiert wurde und die Veränderungen daher nicht mit letzter Sicherheit auf das Training zurückzuführen sind« (Lewrick-Gönnecke et al. 2009, 54).

6.7 Soziale Netzwerkarbeit

In den bisherigen Ausführungen wurde bereits an verschiedenen Stellen darauf hingewiesen, dass Straffälligkeit nicht ausschließlich auf einer individuellen Ebene, sondern auch stets aus einem sozialräumlichen Blickwinkel zu betrachten ist. So ist dieser bereits als Grundverständnis der Sozialen Arbeit im ökosozialen Ansatz theoretisch verankert (▶ Kap. 2.2.1), zudem trägt die konkrete Betrachtung der Umwelt bzw. des Sozialraums ganz wesentlich dazu bei, Straffälligkeit auch als Ergebnis struktureller Bedingungen zu verstehen (▶ Kap. 4.3) und entsprechend strukturelle Veränderungsprozesse anzustoßen.

Diesen sozialräumlichen und umweltbezogenen Zugang möchten wir für die Sozialen Dienste der Justiz anhand der *Sozialen Netzwerkarbeit* methodisch konkretisieren.

Definition: Soziale Netzwerkarbeit

»Unter Sozialer Netzwerkarbeit versteht man ein sozialpädagogisches Handlungsmodell, das aufbauend auf Methoden und Befunden der sozialen Netzwerkforschung durch die Analyse, Nutzung, Gestaltung und Ausweitung des Beziehungsgeflechts der Klienten zu Personen, Gruppen und Institutionen auf eine Optimierung ihrer Unterstützungsnetzwerke und damit auf die Stärkung ihrer Selbsthilfepotenziale abzielt und sich zu diesem Zweck unterschiedlichster Techniken der Analyse von und Einflussnahme auf Klientennetzwerke bedient« (Galuske 2013, 330).

Anknüpfend an diese Definition geht es in der Sozialen Netzwerkarbeit also im Kern darum – und dies lässt sich auch in ähnlicher Weise für die Sozialraumorientierung oder Gemeinwesenarbeit konstatieren – den individualisierenden Einzelfallbezug zu erweitern und dementsprechend Klient*innen stets eingebettet in (soziale) Umweltbedingungen zu verstehen.

Formal lassen sich folgende *Netzwerktypen* unterscheiden, die Menschen zur Verfügung stehen sollten (vgl. Stimmer 2012, 178ff.).

- *Primäre, mikrosoziale oder persönliche Netzwerke*: u. a. familiäre und verwandtschaftliche Beziehungen, nachbarschaftliche und freundschaftliche Beziehungen, Peer-Group, Cliquen etc.
- *Sekundäre, makrosoziale oder global-gesellschaftliche Netzwerke*: marktwirtschaftliche und öffentliche Institutionen und Infrastrukturen, die das Alltagsleben von Menschen maßgeblich prägen (z. B. Bildungssystem, Arbeitsplatz, öffentliches Verkehrssystem, Behörden).
- *Tertiäre, mesosoziale Netzwerke*: liegen zwischen primären und sekundären Netzwerken, wie z. B. Freizeitgruppen, Selbsthilfegruppen oder auch »intermediäre professionelle Dienstleistungen« im Sozial- und Gesundheitssystem (z. B. Soziale Arbeit).

Diese drei unterschiedlichen Typen sozialer Netzwerke stehen sowohl unterein-
ander als auch miteinander in Wechselbeziehungen. Die methodischen Konsequenzen der Netzwerkarbeit lassen sich – ähnlich wie dies im Kontext der Sozialraumorientierung beschrieben wird (vgl. Bestmann 2013; 2019) – auf drei
unterschiedlichen Ebenen verorten und wie folgt für sozialarbeiterisches Handeln in den Sozialen Diensten der Justiz konkretisieren.

6.7.1 Fallspezifische Netzwerkarbeit als Bestandteil der psychosozialen Fallarbeit

Im Rahmen der fallspezifischen Netzwerkarbeit ist es zunächst notwendig, anhand einer *Netzwerkanalyse bzw. -diagnostik* herauszuarbeiten, welche Netzwerke
einer straffälligen Person tatsächlich zur Verfügung stehen. In einem weiteren
Schritt gilt es, diese Netzwerkbeziehungen zu bewerten, z. B. nach diversen Inter-
aktionskriterien (Häufigkeit der Nutzung, direkte oder indirekte Verbindung),
Interaktionsinhalten (emotionale oder materielle Unterstützung) oder Quali-
tätskriterien (Intensität, Erreichbarkeit, Verlässlichkeit) (vgl.; Kufer & Nestmann
2018). Ganz im Sinne der Fallsteuerung im Case Management (▶ Kap. 6.2) sind
prosoziale und protektive Netzwerkstrukturen auf- und deviante und negativ wir-
kende Netzwerkbeziehungen abzubauen. Hierbei kommt für einen großen Teil
straffälliger Menschen dem Aufbau und/oder der Stabilisierung von prosozialen
Beziehungen – also der sozialen Eingebundenheit – eine besondere Bedeutung
zu, wie auch die Desistance-Forschung nahelegt (vgl. Ghanem & Graebsch 2020;
Hofinger 2012). Dabei spielt beispielsweise auch die (Re-)Aktivierung sozialer
Beziehungsnetzwerke im Rahmen der Angehörigenarbeit mit straffälligen Menschen eine Rolle (vgl. Kawamura-Reindl 2018).

Neben diesen sozialen Beziehungsnetzwerken sind auch weitere sozialräumliche Aspekte wie die Wohn- und Arbeitssituation in den Blick zu nehmen. Denn
auch hier zeigt die Desistance-Forschung, dass praktische Hilfeleistungen in
alltagsprägenden Lebensbereichen das soziale Kapital erhöhen und somit den
Ausstieg aus der Kriminalität begünstigen können (vgl. Farrall 2002; Hofinger
2012). Mit Böhnisch (2019) lässt sich zusammenfassen, dass Netzwerkarbeit in
der psychosozialen Fallarbeit als *prosoziale Milieubildung* verstanden werden
kann, wonach Menschen *Bewältigungskulturen* (z. B. Familie, Freundschaften,
Nachbarschaften, Arbeitsverhältnisse) benötigen, die ein straffreies Leben und soziale (Re-)Integrationsprozesse begünstigen. Im Rahmen solcher Bewältigungskulturen können straffällige Menschen ihre eigene Hilflosigkeit und ihre Ängste
des Scheiterns thematisieren und gleichzeitig Anerkennung und Wertschätzung
auf prosozialem Weg erfahren, wodurch letztlich ihre *Ausstiegsidentität* (vgl. Ghanem & Graebsch 2020) begünstigt werden kann.

6.7.2 Fallübergreifende Netzwerkarbeit im Sinne von »Systemsteuerung«

Im Rahmen der fallübergreifenden Netzwerkarbeit geht es darum, einzelfallunabhängig eine regionale Versorgungsstruktur aufzubauen, wie folgendes Zitat von Grosser verdeutlicht.

> »Die Einzelfallhilfe, die sich auf die persönliche Hilfe und Beratung und Unterstützung bei der Durchsetzung von Ansprüchen gegenüber Sozialleistungsträgern beschränken muss, ändert nicht die infrastrukturell bedingten materiellen Unterversorgungslagen der Straffälligen. Deshalb sind einzelfallübergreifende Aktivitäten gefordert, die Einfluss nehmen auf die soziale Infrastrukturplanung für sozial Benachteiligte und mitwirken bei der Kooperation und Vernetzung der Angebote und Aktivitäten der öffentlichen und privaten Träger der Jugend- und Sozialhilfe auf lokaler und regionaler Ebene« (Grosser 2018a, 210).

Der Sozialen Arbeit kommt also an dieser Stelle eine vernetzende und kooperierende Rolle zu, wie dies auch im Case Management als *Systemsteuerung* angelegt ist (▶ Kap. 6.2). Insbesondere wenn Soziale Arbeit wie in den Sozialen Diensten der Justiz mit Klient*innen arbeitet, die durch ganz unterschiedliche Bedarfe und multiple Problemlagen gekennzeichnet sind, erfordert dies eine über den Einzelfall hinausgehende Kooperation mit verschiedenen Einrichtungen, Institutionen, Behörden etc., um auf deren Dienstleistungen dann jeweils einzelfallspezifisch zurückgreifen zu können (vgl. Reis 2018). Wichtig ist dabei, die Kooperation und Netzwerkarbeit mit anderen Diensten nicht rein auf informellen und somit meist personenabhängigen Absprachen zu stützen. Vielmehr gilt es eine systematische Netzwerkarbeit zu etablieren, die auf stabile und verlässliche Kooperationen, z. B. in Form von Kooperationsvereinbarungen, abzielt (vgl. Klug 2018b).

Neben der Förderung von Kooperationen bedeutet Systemsteuerung aber auch *Angebotslücken* und *Zugangsbarrieren* hinsichtlich der jeweiligen Zielgruppe zu erkennen, zu thematisieren und entsprechend Lösungen zu initiieren (vgl. Reis 2018, 176). Gerade für Klient*innen in den Sozialen Diensten der Justiz lassen sich diverse Zugangsbarrieren zu sozialen Dienstleistungen feststellen, wie auch ein erschwerter Zugang z. B. zum Arbeits- und Wohnungsmarkt, woraus erhebliche Unterversorgungslagen resultieren (vgl. Kawamura-Reindl 2018). Soziale Arbeit ist also gefordert, systematisch regionale Versorgungslücken aufzudecken und Möglichkeiten der Bedarfsdeckung anzuregen und dies entsprechend in einer regionalen *Sozialplanung* einzubringen (vgl. Klug 2003a, 119). Letztlich soll durch eine fallübergreifende Netzwerkarbeit eine soziale Infrastruktur entstehen, die straffälligen Menschen bestmöglich zugänglich ist und ihren Ausstieg aus der Kriminalität maßgeblich unterstützt.

6.7.3 Fallunspezifische Netzwerkarbeit als politisches Einmischen:

In der fallübergreifenden Netzwerkarbeit klingt bereits an, was nun in der fallunspezifischen Netzwerkarbeit ganz deutlich wird: Um strukturellen Defiziten entgegenzuwirken, bedarf es eines *politischen Einmischens*. Soziale Arbeit ist also gefordert, die Lebensumstände straffälliger Menschen in den (sozial-)politischen Diskurs einzubringen. Dahinterliegend lassen sich zwei wesentliche methodische Paradigmen benennen: *Advocacy* und *Empowerment*. Advocacy – verstanden als eine Art Anwaltschaftlichkeit und Fürsprache – haben wir bereits im Rahmen des ökosozialen Ansatzes kurz kennengelernt (▶ Kap. 2.2.1). Neben der Fürsprache in der regionalen Sozialplanung (▶ Kap. 6.7.2) bedarf es der Beeinflussung politischer Strukturen und gesellschaftlicher Verhältnisse (vgl. Germain & Gitterman 1999, 590ff.). Hierbei geht es darum, problemverursachende und -stabilisierende Machtstrukturen und gesellschaftliche Ausgrenzungsprozesse zu beeinflussen und *Resozialisierung als gesamtgesellschaftliche Aufgabe* zu verstehen (vgl. Reichenbach & Bruns 2018). Methodisch kann dies beispielsweise durch *Medien- und Öffentlichkeitsarbeit* umgesetzt werden, die grundsätzlich darauf abzielt,

> »die Bevölkerung auf Ausgrenzungsprozesse, die eine gesellschaftliche Integration Straffälliger verhindern, hinzuweisen. Sie kann helfen, Vorurteile abzubauen und einen vernünftigen kriminalpolitischen Umgang mit Straffälligen einfordern« (Kawamura-Reindl & Schneider 2015, 110).

Sozialarbeiter*innen müssen sich also als versierte Dialogpartner*innen anbieten, »um den öffentlichen Diskurs zu Kriminalität und Resozialisierung konstruktiv mitzugestalten« (Haas 2018, 609). Dabei gilt es jedoch nicht nur über straffällige Menschen und deren Lebenssituation zu berichten, sondern es auch den Betroffenen selbst zu ermöglichen, sich zu artikulieren. Demnach sind mit dem Advocacy-Prinzip auch stets Grundgedanken des Empowerments verbunden. Nach Herriger umfasst ein politisches Empowerment insbesondere den Zugewinn an partizipatorischer Kompetenz, den »Aufbau von Solidargemeinschaften und die Einforderung von Teilhabe und Mitverantwortung auf der Bühne der (lokal-)politischen Öffentlichkeit« (Herriger 2014, 206).

Im Kontext des politischen Einmischens lässt sich an dieser Stelle auch das Thematisieren von als notwendig erachteten rechtlichen Rahmenbedingungen für eine gelingende Resozialisierung anführen, wie dies anhand der langanhaltenden Forderung nach einem Resozialisierungsgesetz erkennbar wird (vgl. Dünkel et al. 2018). Ein weiteres Beispiel der politischen Fürsprache ist die *Dubliner Erklärung zu HIV/Aids in Gefängnissen in Europa und Zentralasien (2004)*, in der das Recht auf unversehrte Gesundheit und medizinisch-therapeutische Leistungen (z.B. Substitution) für Menschen in Gefängnissen gleichermaßen wie für alle anderen Menschen gefordert wird.

6.8   Fachlichkeit in der Gerichtshilfe

Vermutlich war es als Witz gedacht, was ein Leitender Oberstaatsanwalt einem Gerichtshelfer zur Begrüßung entgegengehalten hat: »Ach, Sie sind ja nur ein

Halbsatz im Gesetz«. Tatsächlich sind – ebenso wie in der Bewährungshilfe – die Aufgaben der Gerichtshilfe nur äußerst knapp im Gesetz verankert. Das Wenige, das direkt im Gesetz steht, zielt auf die Verbesserung der Entscheidungsgrundlagen des Gerichts, indem den Entscheidungsträgern der Justiz ein Sozialer Dienst als Entscheidungshilfe zur Seite gestellt wird.

> »Er [gemeint ist der Gesetzgeber, Anm. d. Verf.] geht davon aus, dass hierdurch eine verlässlichere und breitere tatsächliche und prognostische Grundlage gewonnen werden kann. Die spezifische Kompetenz von Sozialarbeitern soll hierfür nutzbar gemacht werden, mit ihrer nach Ausbildung und Vorverständnis anderen Sichtweise als die von Polizei und Juristen« (Arbeitsgemeinschaft Deutsche Gerichtshilfe, zit. in Klug & Schaitl 2012, 86).

Nicht nur das Gesetz sagt wenig bis nichts über die Gerichtshilfe aus, auch die Wissenschaft – zumindest in Deutschland – ignoriert die Gerichtshilfe komplett. Es existieren keine Studien, sodass wir im Folgenden keine gesicherten Erkenntnisse, sondern allenfalls Hypothesen vorlegen können.

In den letzten Jahren verstärkte sich die Tendenz in der Gerichtshilfe, sich (lediglich) als Ermittlungshilfe zu sehen. Beispielhaft sei hier eine Aussage aus der Homepage der Arbeitsgemeinschaft Deutsche Gerichtshilfe, die den Unterschied zwischen Bewährungshilfe und Gerichtshilfe betont:

> »In beide Arbeitsfelder [sic] sind Sozialarbeiter mit unterschiedlichen Aufgaben, Arbeitsweisen und Zielsetzungen tätig. Während die *Zielgruppe der Gerichtshilfe vorrangig die Strafjuristen* sind, denen eine fachliche Expertise als Zuarbeit erstellt werden soll, ist der unterstellte Verurteilte (Proband) einer Straftat das Objekt/Subjekt der Bewährungshilfe. Weiterhin ist der zeitliche Kontakt der Gerichtshilfe zu dem Beschuldigten/Angeklagten deutlich eingegrenzt wogegen in der Bewährungshilfe über einen längeren Zeitabschnitt (Bewährungszeit) eine betreuende/begleitende Zusammenarbeit vorgesehen ist« (Hering 2019; Herv. d. Verf.).

Man mag hier die Tendenz erkennen, die Gerichtshilfe deutlich justiznäher zu akzentuieren als die Bewährungshilfe, damit wird sie aber gleichzeitig zu einer reinen Erfüllungsgehilfin der Staatsanwaltschaft ohne ein eigenes sozialarbeiterisches Profil. Vielleicht auch deswegen sind neuerdings in einigen Bundesländern der Gerichtshilfe andere Aufgaben zugewachsen, von der Durchführung des Täter-Opfer-Ausgleichs über die Vermittlung gemeinnütziger Arbeit bis hin zu Opferberichten (Thier 2018). Diese Aufgabenerweiterung der Gerichtshilfe hat dort, wo sie praktiziert wird (was keineswegs überall der Fall ist), das Gewicht der ansonsten immer stärker betonten Orientierung an den Leitbildern der Staatsanwaltschaft wieder deutlicher zugunsten der sozialarbeiterischen Methodik verschoben. Dadurch ist die Gerichtshilfe wieder mehr in die Nähe sozialarbeiterischer Tätigkeitsvollzüge gelangt, was ihre Integration in einheitliche Soziale Dienste der Justiz deutlich erleichtert. Im Grunde kehrt die Gerichtshilfe damit zurück zu ihren Wurzeln, wie ein älteres Zitat belegt:

> »Die Gerichtshilfe ist in erster Linie Sozialarbeit im Bereich psycho-sozialer Diagnose. […] Das Gespräch dient dem Gerichtshelfer zur Information, es soll dem Klienten aber gleichzeitig ermöglichen, sich und seine Situation deutlicher zu erkennen, um durch Einsicht in das eigene Verhalten einen ersten Schritt eines therapeutischen Lernprozesses zu erreichen. Es bildet mit seiner Wechselwirkung im Beziehungsfeld zwischen Klienten – Sozialarbeiter die Hauptgrundlage für eine diagnostische Aussage. Der dargelegte An-

spruch an das methodische Gespräch in der Gerichtshilfe bedeutet, dass es zwischen der Informationssammlung zur psycho-sozialen Diagnose und einer Behandlung und Betreuung nur einen fließenden Übergang geben kann« (Mai 1979, 234f.).

Nimmt man diese Verortung der Gerichtshilfe ernst, so können – bei »fließendem Übergang« – helfende Anteile und ermittelnd-kontrollierende Anteile im Sinne eines »doppelten Mandats« als Hilfe und Kontrolle identifiziert werden, was nach dem oben Dargelegten dem sozialarbeiterischen Selbstverständnis entspricht.

Wie gesagt hat sich die Gerichtshilfe zwischen dem Zeitpunkt, als das Zitat entstand (1979), und der heutigen Praxis in Richtung staatsanwaltlicher Leitbilder entwickelt; erst in den letzten Jahren wurde wieder stärker verstanden, dass sie damit ihr sozialarbeiterisches Leitbild verliert. Ihre Orientierung an Sozialer Arbeit, so Maelicke und Thier, sollte dafür sorgen, dass die Funktionen der Gerichtshilfe wieder umfassend »*als Ermittlungshilfe, als Vermittler von sozialer Hilfe und als Vermittler von ›sozialem Frieden‹*« (Maelicke & Thier 2009, 176) wahrgenommen werden.

Wenn vom derzeitigen IST-Stand zu einem bedeutungsvollen sozialarbeiterischen Dienst offenbar noch ein weiter Weg ist, stellt sich zunächst die Frage, warum die Gerichtshilfe im Vergleich zu anderen Ländern in Deutschland eine so marginale Stellung inne hat. Wieso sind ihre Berichte nicht, wie beispielsweise in den USA, »the most important document in the sentencing and correctional process« (Carman & Harutunian 2004, 1)? Auffallend an Beschreibungen der Gerichtshilfe in nahezu allen Bundesländern ist, wie wenig fachlich profiliert sich die Gerichtshilfe selbst darstellt, wie wenig ausgearbeitet die fachlichen Konzepte sind und wie wenig sie überhaupt als sozialarbeiterischer Dienst in Erscheinung tritt. Unsere Vermutung geht dahin, dass Gerichtshilfe ihr Profil ganz als Hilfstätigkeit für die Staatsanwaltschaft sieht und damit bewusst oder unbewusst auf ein Profil verzichtet, außer in dem einen Punkt, sich von der Bewährungshilfe abzugrenzen. Angesichts der deutlichen Diskrepanz der Möglichkeiten der Gerichtshilfe, die sich in anderen Ländern zeigt (so richten sich z.B. 92 % aller amerikanischen Gerichtsurteile nach den Vorschlägen des Pre Sentence Reports, so Norman & Wadman 2000), ist dies bedauerlich. Ein Weg der Gerichtshilfe aus diesem Nischendasein – das lässt sich aus dieser These folgern – kann also nur in einer stärkeren Betonung der sozialarbeiterischen Fachlichkeit und weniger in einer in der Orientierung als einem staatsanwaltlichen Ermittlungsorgan liegen.

Aus dem Gesagten lassen sich einige Leitsätze für die Fachlichkeit der Gerichtshilfe erarbeiten.

Leitsätze für die Fachlichkeit der Gerichtshilfe

1. Die Gerichtshilfe muss in jedem Fall Ermittlungshilfe sein, sie kann – sofern dies der Landesgesetzgeber so wünscht und die Kapazitäten es erlauben – auch andere Tätigkeitsfelder umfassen (z. B. Täter-Opfer-Ausgleich).
2. Alle Tätigkeiten müssen den Grundnormen sozialarbeiterischer Fachlichkeit genügen, d. h. sich im Rahmen von Hilfe und Kontrolle bewegen. Da-

bei bedarf sie einer sozialarbeiterischen Grundlegung, wie wir sie z. B. mit dem ökosozialen Arbeitsansatz dargestellt haben.

3. Auch Werte der Sozialen Arbeit wie Empowerment, Empathie oder Klient*innenorientierung müssen ihren Platz finden. Diese dürfen nicht nur inhaltlose Hüllen innerhalb einer Hilfstätigkeit für die Staatsanwaltschaft sein.

4. Die Gerichtshilfe muss mit Bewährungshilfe und Führungsaufsicht in einen einheitlichen Sozialen Dienst zusammengeführt werden, was nicht nur heißen kann, dass beide Dienste unter einem gemeinsamen Namen (»Sozialer Dienst der Justiz«) weiterhin nebeneinander und unbeeinflusst voneinander existieren, sondern im Sinne einer ›durchgehenden Betreuung‹ fachlich und methodisch integriert werden (selbst wenn der Begriff der ›Betreuung‹ hier nicht exakt ist).

Aufgrund der Erfahrungen anderer Länder soll im Folgenden eine Zukunftsvision der Gerichtshilfe skizziert werden, die eigentlich eine Rückbesinnung auf die Wurzeln bedeuten würde.

In den angelsächsischen Ländern gibt es unter dem Dach des einen Dienstes (Probation Service) zwei Aufgabenbereiche, die mit dem jeweiligen Stand des Verfahrens zu tun haben. Ein Aufgabenbereich ist die »Presentence Investigation« (PI). Nach dem Strafrechtsverständnis wird vom Gericht zunächst der Straftatbestand ermittelt, dann in einer zweiten Phase das Strafmaß festgelegt. Zwischen beiden Phasen, also entweder, nachdem sich die*der Angeklagte für schuldig erklärt hat oder nachdem sie*er für schuldig befunden wurde, findet die Ermittlung der Persönlichkeit und der entlastenden oder belastenden Umstände durch die PI statt. Hier wird auch eine Empfehlung ausgesprochen, welches Strafmaß und ggf. mit welchen Auflagen eine Bewährung erfolgen soll (Carman & Harutunian 2004). In einer Beschreibung der PI heißt es dazu:

> »The purpose of this report is to provide information about the defendant to the court to assist in the disposition of the case. This report is generally prepared by the probation department« (Cumming & Buell 1997, 3).

Der Dienst der »Presentence Investigation« ist somit eine zweite Funktion neben der klassischen »Probation«.

Der Presentence Report (PSR) der Probation Officers der Federal Probation beispielsweise umfasst folgende Schritte:

1. Defendant's Interview (Gespräch mit dem*der Angeschuldigten und oder seinem*ihrem Anwalt),

2. Investigation (Untersuchungen zu Fragestellungen zu finanziellen, sozialen, arbeitsbezogenen und anderen Themen),

3. Evaluation (Bewertung der Daten hinsichtlich von (2) im Sinne eines Ahndungsvorschlages an das Gericht sowie der Resozialisierungsmöglichkeiten als Vorschlag für die Weiterarbeit beispielsweise in der Bewährungshilfe),

4. Sentence Recommendation (Vorschlag an das Gericht bezüglich der Strafe und der Ausgestaltung der Strafe, z. B. von Auflagen) (Carman & Harutuian 2004).

Die zu erhebenden Daten sind vielfältig und umfangreich, sie umfassen die familiären und berufsbiografischen Hintergründe ebenso wie die Frage nach Abhängigkeitserkrankungen, der ökonomischen Situation und kriminellen Vorgeschichte. Der PSR soll auf Antrag der Opfer deren Einlassungen beinhalten. Auch hier ist die Einschaltung des PI freiwillig, kein*e Angeschuldigte*r muss ihn einschalten, wie auch kein Richter der Empfehlung folgen muss. Die Ähnlichkeiten mit der Jugendgerichtshilfe sind an dieser Stelle unübersehbar, allerdings mit einem Unterschied: Während die Jugendgerichtshilfe häufig genug ein Inseldasein fristet, d. h. ihre Interventionen nicht mit denen der Justiz vernetzt sind, ist dies beim PI grundlegend anders. Bereits in der Empfehlung an das Gericht ist die Weiterarbeit durch die im gleichen Dienst befindlichen Kolleg*innen mitgedacht, häufig sind es Probation Officers, die im gleichen Team, zumindest aber Hand in Hand arbeiten. Das reicht von der Voraussicht, welche Informationen der nachfolgende Dienst braucht, bis hin zum Nutzen gemeinsamer Instrumente. So sollen beispielsweise bei Sexualstraftäter*innen Neutralisierungsstrategien, Phantasien oder sexuelle Vorlieben ebenso erhoben werden wie die Zustimmung zu den Auflagen, die der PSR vorsieht (Cumming & Buell 1997). Maguire (2020, 258) betont die sozialarbeiterische Orientierung der Gerichtshilfe und führt aus:

> »The functionality of reports went beyond the formal purpose of providing assistance to judges in some instances by acting as a form of intervention in itself as clients were linked up with various services that would otherwise be difficult for them to access« (ebd.).

Unschwer können wir dahinter das »doppelte Mandat« und weitere gemeinsame Grundlagen mit der Bewährungshilfe erkennen (z. B. Case Management).

Was können wir für die Gerichtshilfe daraus lernen?

Grundlegend sollte die Erkenntnis sein, dass dieselbe Strafe bei unterschiedlichen Menschen unterschiedlich wirkt. Dazu gehören Fragen der Lernfähigkeit des*der Proband*in, aber auch seine Perzeption der entsprechenden Sanktion und die vermutliche Wirkung auf seine*ihre soziale Integration. Diese Überlegung bezogen auf die Fragestellung: »Bewährung – ja oder nein? und wenn ja: Wie?«, müsste bedeuten, einer häufig sehr ›tatorientierten‹ Justiz eine ›Täterorientierung‹ entgegenzusetzen, die die mögliche Wirkung von bestimmten Sanktionen reflektiert und dem*der Richter*in dazu verhilft, die vernünftigste Wahl auch in der Ausgestaltung dieser Sanktion (z. B. bei der Formulierung von Auflagen und Weisungen) zu treffen. Abgrenzungsfragen zwischen den Diensten sind dabei nicht unwichtig, sollten aber nicht im Vordergrund stehen. Einige Aspekte sollen hier genannt werden:

1. Der Gegensatz zwischen Neutralität der Berichterstattung und Hilfestellung ist ein Scheingegensatz. Schon beim Blick auf das »doppelte Mandat« wurde deutlich, dass in der Sozialen Arbeit weder das eine das andere ausschließt noch ausschließen darf. Ebenso gilt das für die Gerichtshilfe. Sie kann – zumindest aus fachlicher Sicht – nicht ›neutral‹ über mögliche Hilfestellungen berichten, denn vorgeschlagene Hilfestellungen sind nur sinnvoll, wenn sie vom Klient*innen getragen werden, und sie kann nicht ›neutral‹ über nötige

Kontrollmaßnahmen berichten, denn auch ›Kontrolle‹ ist nicht wertneutral, sie hat die Sicherheit der Bevölkerung im Auge. Alleine Fakten zu berichten, ist keine Hilfe, denn Fakten bedürfen einer Interpretation, sollen sie eine Hilfe für den*die Richter*in und den Dienst sein. Die Fragen nach »Stärken und gesunden Aspekten im Leben und seiner Umwelt«, nach »Bedürfnissen und ihrer Befriedigung«, nach »störenden Persönlichkeitsfaktoren« und mehr noch nach »Motiven« und »Zielen«, wie sie in einer frühen Veröffentlichung der »Arbeitsgemeinschaft Deutscher Gerichtshelfer« (1968, 296) gestellt werden, sind nicht ›neutral‹ zu beantworten. Vielmehr beruhen sie auf Theorien und Bewertungen, die entweder reflektiert sind oder unreflektiert zugrunde gelegt werden. Diese Bewertungen sind überdies nicht das Beiwerk, sondern die notwendige Dienstleistung der Profession. Würde eine Profession auf die für ihre Fachlichkeit spezifische Bewertung verzichten, verlöre sie ihre Daseinsberechtigung.

2. Wollen die Gerichts- und Bewährungshilfe kooperieren, bedarf es eines gemeinsamen, die Phasen der justiziellen Behandlung übergreifenden Konzepts. Die Gerichtshilfe muss Daten erheben, die die Bewährungshilfe verwenden kann, zumindest dann, wenn eine Bewährung im Raum steht. Wenn eine Inhaftierung zu erwarten ist, gilt dasselbe für die Soziale Arbeit im Vollzug: Die Gerichtshilfe als vorgeschaltete Instanz muss neben dem unmittelbaren Auftraggeber (Gericht oder Staatsanwaltschaft) immer die sozialarbeiterische Dimension im Auge haben. Wenn sie sich nur an den Bedürfnissen des Gerichts oder der Staatsanwaltschaft orientiert, mag sie deren Instrument werden, es klärt aber nicht die Frage, was dies mit Sozialer Arbeit zu tun hat. Mai (1979, 240) schlägt vor, dass für die Gerichtshilfe der »Begriff ›bedingte Begleitung bis zum Urteil‹ verwendet werden soll, [...] um einen nahtlosen Übergang zu der Betreuung anderer Funktionsträger der Sozialarbeit in der Strafrechtspflege zu sichern.« Dem ist vorbehaltlos zuzustimmen.

3. Wenn die Bedeutung der Gerichtshilfe wachsen soll, muss sie eine interprofessionelle Kommunikation mit Richter*innen und Vollzugsorganen führen können. Dazu sollte sie in der Lage sein, systematisch (an ihrer Fachlichkeit orientiertes) Wissen so zu generieren, dass einerseits die Arbeit der Gerichte damit unterstützt wird, andererseits der Prozess der Resozialisierung weitergeführt werden kann. Dies bedeutet eine doppelte Orientierung: Einerseits muss der Risikofokus, andererseits die Hilfefunktion ernst genommen werden. Dies geht nicht ohne eine sozialarbeiterische Konzeptualisierung, wie wir sie bei der Bewährungshilfe sehen. Die dänischen Erfahrungen könnten dabei hilfreich sein (Wandall 2010), die besonders auch auf die informellen Einwirkungsmöglichkeiten hinweisen.

4. Um dies zu erreichen, müssen gemeinsame Zielperspektiven mit den anderen Diensten der Sozialarbeit in der Justiz und darauf abgestimmte Instrumente entwickelt werden. Gemeinsame Grundlage ist das »doppelte Mandat« und die methodischen Grundlegungen, die oben dargestellt wurden, insbesondere die Logik des Case Managements.

Die Präferenz für Soziale Arbeit darf also nicht darin gegründet sein, dass sie sich zum willfährigen Werkzeug anderer Professionen macht, sondern dadurch, dass sie eine spezifische konzeptionelle Sicht hat, die die Sicht anderer Professionen auf gleicher Augenhöhe ergänzt. Der sozialarbeiterische Blick legt zwingend eine prozesshafte, an der Veränderung des Menschen interessierte Logik nahe, die eben nicht aus der reinen (und ›neutralen‹) Darlegung von Fakten besteht (die es, wie gesagt, auch gar nicht geben kann). Insofern bedarf es einer Rückbindung an ein professionelles Konzept (Klug 2003a). Auf diese Weise – und man wird wohl sagen müssen: nur auf diese Weise – wird aus einem Dach der Sozialen Dienste tatsächlich ein einheitlicher Dienst.

Dieser sehr allgemeinen Anmerkungen müssten natürlich zusammen mit der Praxis konkretisiert werden. Dazu bedarf es einer gemeinsamen Konzeptentwicklung, wie wir sie im achten Kapitel darstellen (▶ Kap. 8).

Literatur zum Weiterlesen

 Case Management

Enos, R. & Southern, S. (1996): Correctional Case Management. Cincinnati/Ohio: Anderson Publishing.

Klug, W. (2015): Nach der Haft – Theorie und Praxis einer risikoorientierten Bewährungshilfe. In: Schweder, M. (Hg.): Handbuch Jugendstrafvollzug. Weinheim/Basel: Beltz Juventa, 657–676.

Wirth, W. & Grosch, B. (2018): Case Management in Strafvollzug und Straffälligenhilfe: Allgemeine Grundlagen und spezifische Erfordernisse. In: Löcherbach, P., Klug, W. & Remmel-Faßbender, R. (Hg.): Case Management. Fall- und Systemsteuerung in der Sozialen Arbeit (5. Aufl.). München: Reinhardt, 212–236.

Motivationsarbeit und Beziehungsgestaltung

Klug, W. & Zobrist, P. (2016): Motivierte Klienten trotz Zwangskontext. Tools für die Soziale Arbeit (2., aktual. Aufl.). München/Basel: Reinhardt.

Trotter, C. (2009): Work with Involuntary Clients in Corrections. In: Rooney, R. H. (Hg.): Strategies for Work with Involuntary Clients (2. Aufl.). New York: Columbia University Press, 387–401.

Zobrist, P. & Kähler, H. D. (2017): Soziale Arbeit in Zwangskontexten. Wie unerwünschte Hilfe erfolgreich sein kann (3., vollst. überarb. Aufl.). München/Basel: Reinhardt.

Übergangsmanagement

Matt, E. (2014): Übergangsmanagement und der Ausstieg aus der Straffälligkeit. Wiedereingliederung als gemeinschaftliche Aufgabe. Herbolzheim: Centaurus & Media UG.

Pruin, I. (2017): Gestaltung von Übergängen. In: Cornel, H., Kawamura-Reindl, G. & Sonnen, B.-R. (Hg.): Resozialisierung Handbuch (4., vollst. überarb. und aktual. Aufl.). Baden-Baden: Nomos, 572–590.

Wirth, W. (2014): Übergangsmanagement im Strafvollzug: Anwendungsfelder – Schwerpunkte. In: Kerner, H.-J. & Marks, E. (Hg.): Internetdokumentation des Deutschen Präventionstages. Hannover 2014. Online verfügbar unter: www.praeventionstag.de/Dokumentation.cms/2823 (letzter Zugriff: 12.11.2020).

Gruppenprogramme

Köhler, D. (2018): Behandlung von männlichen Gewalt- und Sexualstraftätern im Strafvollzug. In: Cornel, H., Kawamura-Reindl, G. & Sonnen, B.-R. (Hg.): Resozialisierung. Handbuch (4. Aufl.). Baden-Baden: Nomos, 416–432.

Soziale Netzwerkarbeit

Reis, C. (2018): Dienstleistungsketten und Produktionsnetzwerke – die »Systemebene« des Case Managements. In: Löcherbach, P., Klug, W., Remmel-Faßbender, R. & Wendt, W. R. (Hg.): Case Management. Fall- und Systemsteuerung in der Sozialen Arbeit. (5., überarb. Aufl.). München: Reinhardt, 172–191.
Schönig, W. & Motzke, K. (2016): Netzwerkorientierung in der Sozialen Arbeit. Theorie, Forschung, Praxis. Stuttgart: Kohlhammer.

Gerichtshilfe

Canton, R. & Dominey, J. (2018): Probation (2. Aufl.). New York: Routledge.
Maguire, N. (2020): Pre-sentence reports. Constructing the subject of punishment and rehabilitation. In: Ugwudike, P., Graham, H., McNeill, F., Raynor, P., Taxman, F. S. & Trotter, C. (Hg.): The Routledge Companion to Rehabilitative Work in Criminal Justice. London: Routledge, 256–267.

7 Methodisches Handeln mit besonders herausfordernden Teilzielgruppen

☞ **Das erwartet Sie ...**

In diesem Kapitel werden zwei besonders herausfordernde Teilzielgruppen der Sozialen Dienste der Justiz näher beleuchtet: Sexualstraftäter[1] und Menschen mit dissozialen Persönlichkeitsstörungen. Jeweils gesondert wird die Komplexität der beiden Teilzielgruppen beschrieben und ein tieferes Verständnis für ihre jeweils spezifischen Merkmale herausgearbeitet. Dadurch wird auch sichtbar, warum mit ihnen besondere Anforderungen an das sozialarbeiterische Handeln einhergehen. Abschließend wird für beide Teilzielgruppen ein übergreifender Handlungsrahmen entworfen, der insbesondere die Rückfallprävention in den Blick nimmt.

7.1 Vorbemerkung

Anekdote zum Einstieg

In einer wissenschaftlichen Untersuchung im Bereich der Führungsaufsicht stellten wir Praktiker*innen die Frage, ob es für die Fachkräfte besonders ›schwierige‹ Zielgruppen gibt. Ein Bewährungshelfer sagte daraufhin: »Also ich muss jetzt erst Mal grundsätzlich sagen, dass bei mir ist es jetzt erst mal grundsätzlich egal, ob da ein Sexualstraftäter vor mir sitzt oder jemand der eine andere Straftat gemacht hat. Kriegt er auch mit, denke ich. Kriegt man im Gespräch mit, das ist ja dann auch eine Sache, die man kommunizieren kann.«

---

1 Wenngleich im gesamten Buch eine möglichst gendersensible Sprache zum Tragen kommt, haben wir uns entschieden, den Begriff »Sexualstraftäter« oder »Missbrauchstäter« in seiner männlichen Form zu belassen, wohl wissend, dass es auch Sexualstraftäterinnen gibt (vgl. Hunger 2019). In der Praxis scheinen – nach unserer Kenntnis – die in diesem Bereich einschlägigen Täterinnen nur eine sehr geringe Rolle zu spielen. Ebenfalls ist die Wissenschaft in diesem Feld noch wenig ausdifferenziert.

In der Tat konnten wir in den Dokumentationen der Fachkräfte nicht erkennen, dass die Soziale Arbeit z. B. mit Sexualstraftätern oder Menschen mit einer besonderen psychischen Disposition sich von anderen Zielgruppen (z. B. Personen, die Unterhaltspflichten verletzen) unterschieden hätte.

Die Haltung »bei mir werden alle Klient*innen gleichbehandelt« führt bei manchen Fachkräften dazu, dass sie allen ihren Klient*innen ein gleiches Zeitbudget einräumen (»alle Klienten erhalten alle vier Wochen einen Termin«). Dass eine solche Vorgehensweise dem Risikoprinzip (▶ Kap. 5.3) widerspricht, braucht an dieser Stelle nicht eigens betont zu werden. Hier wird vielmehr die Frage zu erörtern sein, ob die Grundannahme, dass alle Klient*innen gleichbehandelt werden müssen, aus Sicht der Wissenschaft haltbar ist. Fragt man bei Praktiker*innen nach, trifft man als Begründung bisweilen auf juristisch oder demokratisch konnotierte Einstellung (»vor dem Gesetz sind alle Menschen gleich«), die dann fachlich umgedeutet werden (»Bei mir haben alle Klient*innen den gleichen Anspruch auf meine Betreuung!«). Die Zuteilungslogik, dass jede*r Klient*in wegen des gleichen Anspruchs gleich viel Zeit erhält, führt leicht zur zeitlichen Überforderung bei steigenden Fallzahlen. Insofern verwundert es nicht, dass Fallzahlen seit Anbeginn der Sozialarbeit in der Justiz ein Dauerthema sind. Mit einer Fallzahl soll die höchstmögliche Belastung mit Klient*innen pro Sozialarbeiter berechnet werden. Diese Vorgehensweise der Belastungsmessung, die bis zum heutigen Tag vehement vertreten wird (z. B. Cornel 2014), kann aus den genannten Gründen den hier fachlich vertretenen Ansprüchen nicht genügen (zu diesem Thema ausführlich: Klug & Schaitl 2012, 13f). Zu reflektieren wäre an dieser Stelle auch, ob die juristische Logik von vermeintlich gleichen Klient*innenrechten wirklich entscheidend sein kann für die Vorgehensweise und die Zuordnung von begrenzten zeitlichen Ressourcen. Anders ausgedrückt: Dass jede*r Klient*in die gleichen Rechte hat, ist eine Sache, ob er*sie auch dasselbe braucht (und zwar sowohl aus seiner*ihrer eigenen Perspektive als auch aus der fachlichen), ist eine andere Sache. Die Zuteilungslogik »jede*r erhält gleich viel« setzt ein formales Gleichheitsprinzip über ein *fachliches Bedarfsprinzip*.

Wenn die Frage, wie die Intensität der Klient*innenarbeit nicht dem Zufall oder unreflektiert dem ›Bauchgefühl‹ überlassen bleiben sollen und wir das fachliche Bedarfsprinzip in den Mittelpunkt stellen, werden wir unweigerlich wieder an den Anfang unserer Überlegungen zurückgeführt: Was ist der Auftrag der Sozialen Dienste in der Justiz? Welche Ansprüche aus dem Auftrag können von den jeweiligen Anspruchsgruppen gestellt werden? Welche Bedarfskonstellationen könnten zu einer anderen, weil fachlicheren Allokation von Zeitressourcen führen?

Dass dies kein ›akademisches‹ Problem ist, mit dem sich praxisferne Wissenschaftler*innen befassen, hat das Kategorienmodell des Bewährungshelfers Schmitt gezeigt, das u. a. die Frage des Einsatzes zeitlicher Ressourcen zum Thema machte und dabei explizit das »Fallzahlenmodell« ablehnte, das von der oben genannten Logik ausgeht. Schmitt schreibt hierzu:

>»Mit einer differenzierten Betreuung der Probanden kann die Intensität der Betreuung gesteuert werden. Nicht jeder Proband braucht die gleiche Stärke an Hilfe und Kontrolle durch den Bewährungshelfer/die Bewährungshelferin. Rückfallgefährdete sollten eher und intensiver betreut und ggf. auch kontrolliert werden, als diejenigen, von denen ein positiver Bewährungsausgang erwartet wird« (Schmitt 2007, 6).

Mit diesem aus der Praxis der Sozialen Arbeit mit Straftäter*innen stammenden Ansatz wird zugleich die Grundthese des folgenden Kapitels deutlich: Die unterschiedlichen Problemkonstellationen bei verschiedenen Klient*innen machen eine differenzierte Betrachtungsweise bezüglich der Vorgehensweise (und der damit verbundenen zeitlichen Ressourcen) notwendig. Die Vorstellung »One Size Fits It All« ist der Differenziertheit des Bedarfs in Bezug auf Hilfe und Kontrolle nicht angemessen.

Wenn man diesen Gedanken der Differenzierung von Klient*innenbedarfen weiterverfolgt und ihn mit Grundüberlegungen der Konzeptentwicklung verknüpft, kann (und muss) man *zielgruppentypische* Bedarfe differenzieren und auf diese eine konzeptionelle Antwort finden.

Beispielhaft werden in diesem Kapitel zwei Zielgruppen herausgegriffen, Sexualstraftäter und Menschen mit einer dissozialen Persönlichkeitsstörung, die insbesondere im Bereich der Führungsaufsicht eine große Rolle spielen. Zum einen sind sie im besonderen Fokus der Öffentlichkeit, weil ein Rückfall besonders schweren Schaden an Opfern mit sich bringen würde, zum anderen sind es auch die spezifischen fachlichen Herausforderungen, die mit diesen beiden Zielgruppen verbunden sind. Die beispielsweise mit der Gruppe von Sexualstraftätern einhergehenden fachlichen Probleme und die Überforderungssymptome bei den Fachkräften konnten wir in einer Untersuchung empirisch belegen (Klug 2018a) und in vielen informellen Gesprächen erfahren, sodass es für eine Sozialarbeitswissenschaft, die sich als Handlungswissenschaft versteht, schlicht weg unmöglich ist, diese Handlungsprobleme zu ignorieren.

Es sei an dieser Stelle angemerkt, dass wir uns mit diesem Thema in einer Art >totem Winkel< der deutschen Sozialarbeitswissenschaft befinden. In den bekannten Lehrbüchern (z. B. Bukowski & Nickolai 2018; Kawamura-Reindl & Schneider 2015) sind die genannten Handlungsprobleme zum Teil fast völlig ausgespart. Es liegt uns fern, über die Gründe dieser Desiderata zu spekulieren, allerdings bringt das Faktum fehlender Referenzquellen eine Besonderheit mit sich, die wir zu berücksichtigen bitten: Da es wie gesagt kaum einschlägige deutschsprachige sozialarbeiterische Fachliteratur gibt, sind wir in erhöhtem Maße auf ausländische, aber auch bezugswissenschaftliche Wissensbestände angewiesen. Diese Vorgehensweise stößt da und dort auf Kritik. Wenn beispielsweise Bohrhardt schreibt, bestimmte, an die Kriminalpsychologie angelehnte und in die Soziale Arbeit eingebrachte, Vorgehensweisen seien

>»keine Konzepte aus der Sozialen Arbeit, sondern aus der Verhaltensökonomie und der forensischen Psychologie bzw. Psychiatrie[, und] »SozialarbeiterInnen [würden] damit allenfalls als Billigvariante forensischer PsychologInnen instrumentalisiert« (Bohrhardt 2014, 12),

so verweist seine Kritik darauf, dass in seinen Augen kein sozialarbeitstypisches Wissen verwendet, sondern zur Lösung der methodischen Probleme auf Verfahrensweisen und Theorien anderer Wissenschaften zurückgegriffen wird.

Ohne hier auf den mittlerweile gängigen transdisziplinären Professionsbegriff Sozialer Arbeit (z. B. Sommerfeld 2010) näher eingehen zu können, der es gerade zum Kern des Professionsverständnisses macht, fremddisziplinäres Wissen nutzbar zu machen, bleibt bei einer Forderung nach ›sortenreiner‹ sozialarbeiterischer Konzeptionierung die Frage offen, wie Soziale Arbeit mit herausfordernden Zielgruppen umgehen soll, wenn sie kein eigenes Wissen darüber produziert und diese Zielgruppen konsequent ignoriert. Die Antwort, diese Adressat*innen wie alle anderen zu behandeln, ist, wie gesehen, unbefriedigend. Es bleibt insofern nur (professionsspezifisch) zu forschen und zu entwickeln, und dabei den breiten Schatz anderer Wissenschaftsdisziplinen zu nutzen, um entsprechendes Wissen für die Aufgabenstellung der Sozialen Arbeit zu akquirieren und es dann auf spezifisch sozialarbeiterische Handlungskonzepte zu transformieren. Diese Vorgehensweise ist im Übrigen in anderen Feldern und Methoden (z. B. in der aus der Psychotherapie übernommenen und auf sozialarbeiterische Bedürfnisse adaptierten klient*innenzentrierten Gesprächsführung) mit Erfolg praktiziert worden (vgl. Klug et al. 2020).

7.2 Zielgruppe: Sexualstraftäter

Die Soziale Arbeit wird – ob sie will oder nicht – in zunehmend restriktivere Sicherheitskonzepte hineingenommen. An dieser ›Auftragslage‹ ist zunächst wenig zu ändern, es wird sehr darauf ankommen, konzeptuell rational damit umzugehen, damit das berechtigte Interesse des Auftraggebers (Stichwort: »Opferschutz«) berücksichtigt wird, ohne dabei in einen nicht mehr nachvollziehbaren punitiven Sog zu geraten.

7.2.1 Die Bedeutung der Zielgruppe

Die Bedeutung gerade dieser Zielgruppe in der öffentlichen Wahrnehmung ist in den letzten Jahren enorm gewachsen. Die mediale Öffentlichkeit registriert Verstöße gegen die sexuelle Selbstbestimmung (siehe die Vorkommnisse auf der Kölner Domplatte in der Silvesternacht 2015/2016) mit großer Aufmerksamkeit. Dadurch entsteht ein Bild zunehmender Kriminalität, das sich längst von den realen Zahlen der Kriminalitätsentwicklung entkoppelt hat, denn laut polizeilicher Kriminalstatistik gingen die Straftaten der Vergewaltigung, der sexuellen Nötigung und des sexuellen Übergriffs im besonders schweren Fall einschließlich mit Todesfolge von 2017 auf 2018 wie auch von 2018 auf 2019 zurück (PKS 2019; 2018).

Die Politik reagiert auf diese wahrgenommene Kriminalitätsfurcht teils populistisch (wie der ehemalige Bundeskanzler Schröder, der sich mit dem Satz zitieren lässt: »Wegschließen – und zwar für immer«, Schröder zit. in Der Spiegel

129

2001), teils mit Gesetzesverschärfungen (das Gesetz zur »Verbesserung des Schutzes der sexuellen Selbstbestimmung« vom 10. November 2016 war eine direkte Reaktion auf die »Nein heißt Nein«-Kampagne im Anschluss an die Vorkommnisse in der Kölner Silvesternacht), teils mit erhöhtem Überwachungsdruck. Kammermeier hat in einem Artikel *die Programme zur polizeilichen Überwachung rückfallgefährdeter Sexualstraftäter* zusammengestellt. Hier eine Auswahl aus den verschiedenen Bundesländern:

- *Bayern* (Verwaltungsvorschrift HEADS = Haft-Entlassenen-Auskunfts-Datei Sexualstraftäter)
- *Berlin* (Verwaltungsvorschrift SPREE = Sexualstraftäter Prävention (bei) Rückfallgefahr (durch) Eingriffsmaßnahmen und Ermittlungen)
- *Bremen* (Verwaltungsvorschrift HEADS = Haft-Entlassenen-Auskunfts-Datei Sexualstraftäter)
- *Hessen* (Verwaltungsvorschrift ZÜRS = Zentralstelle zur Überwachung besonders rückfallgefährdeter Sexualstraftäter)
- *Niedersachsen* (Verwaltungsvorschrift K. U. R. S. = Konzeption zum Umgang mit rückfallgefährdeten Sexualstraftätern)
- *Saarland* (Verwaltungsvorschrift Rahmenrichtlinie zum Schutz der Bevölkerung vor rückfallgefährdeten Sexualstraftätern)
- *Sachsen* (Verwaltungsvorschrift ISIS = Informationssystem zur Intensivüberwachung besonders rückfallgefährdeter Sexualstraftäter)
- *Sachsen-Anhalt* (Verwaltungsvorschrift RiMS = Risikomanagement für besonders Rückfallgefährdete Sexualstraftäter)
- *Schleswig-Holstein* (Verwaltungsvorschrift KSKS = Kieler Sicherheitskonzept Sexualstraftäter)
- *Thüringen* (Verwaltungsvorschrift HEADS = Haft-Entlassenen-Auskunfts-Datei-Sexualstraftäter) (Kammermeier 2016, 74)

Mit diesen Verwaltungsvorschriften hat sich auch die Auftragslage an die Sozialarbeit zumindest tendenziell verändert, wie Kammermeier am Beispiel der »Gefährderermahnung« ausführt:

> »Gefährderermahnungen wurden im Vorfeld der Fußballweltmeisterschaft 2006 eingeführt, um ein adäquates Mittel gegen die Hooliganszene aufzubauen. Zwischenzeitlich haben sie Eingang in sämtliche polizeiliche Konzeptionen zur Bekämpfung von Straftaten gefunden und werden nicht nur zur Ermahnung von potenziellen Störern, sondern auch zur Erstellung von Gefahrenprognosen mittels Befragung und Inaugenscheinnahme des Wohnumfeldes genutzt. Die Probanden werden in der Regel nach Absprache mit der Bewährungshilfe an ihrem Wohnort bzw. in der Polizeidienststelle mündlich mittels Gefährderansprache ermahnt« (Kammermeier 2016, 76).

Hier werden von der Politik neue Aufgaben formuliert, die mit einer stärkeren Ausrichtung auf die Kontrollfunktion innerhalb des »doppelten Mandats« einhergehen. Doch auch eine stärkere Betonung des Kontrollaspektes darf nicht zu einer Vernachlässigung des Hilfeangebotes führen. In diesem Sinne warnte Neubacher schon 2004, dass die Hilfefunktion nicht zu einem »leeren Versprechen« (Neubacher 2004, 83) degenerieren dürfe.

7.2.2 Phänomenologie

Die Gruppe der Sexualstraftäter ist in sich äußerst heterogen, die Definition von sexualisierter Gewalt schwierig. Rabe schreibt:

> »Für den Begriff der sexualisierten Gewalt gibt es keine einheitliche Definition. Nach einem weiten Verständnis, das häufig der Arbeit spezialisierter Fachberatungsstellen zugrunde liegt, ist sexualisierte Gewalt dann gegeben, wenn ein Mensch an einem anderen Menschen gegen dessen Willen mit sexuellen Handlungen eigene Bedürfnisse befriedigt. Dies reicht gemeinhin von einer verbalen sexuellen Belästigung bis hin zur Vergewaltigung« (Rabe 2017, 27).

Um dennoch eine erste Ordnung in dem Begriff des Sexualstraftäters zu erhalten, soll auf die geltende Gesetzeslage verwiesen werden. Im 13. Abschnitt des Strafgesetzbuches werden in den §§ 174ff. StGB diverse »Straftaten gegen die sexuelle Selbstbestimmung« aufgegriffen.

Eine andere Möglichkeit schlägt Biedermann vor und unterscheidet folgende acht Erscheinungsformen sexueller Gewalttaten:

1. »Vergewaltigungstäter, die ihre bekannten [erwachsenen] weiblichen Opfer in der Regel innerhalb privater Räumlichkeiten und unter Einsatz stumpfer körperlicher Gewalt überwältigen« (Biedermann 2014, 173);
2. »Erwachsene Missbrauchstäter mit überwiegend jungen weiblichen Opfern aus dem sozialen Nahfeld, an denen mehrfach und größtenteils penetrierend sexuelle Handlungen vollzogen werden« (ebd., 174);
3. »Vergewaltigungs-/Nötigungstäter mit zum Teil überraschenden sexuellen Übergriffen auf fremde junge Frauen außerhalb privater Räumlichkeiten, die nur teilweise mit vollzogenen Penetrationshandlungen einhergehen« (ebd., 175f.);
4. »Täter, die ihre vornehmlich kindlichen/jugendlichen Opfer in der Regel lediglich einmalig sexuell berühren und dabei nur selten stärkere Formen der Gewalt/Kontrolle einsetzen« (ebd., 177);
5. »Missbrauchstäter mit überwiegend männlichen, nicht verwandten, mehreren und häufig bereits pubertierenden Opfern, die auf sexuelle Nicht-Kontakt- und Berührungshandlungen fokussieren und dabei nur selten rohe Formen der Gewalt einsetzen« (ebd., 179);
6. »Jugendliche/junge erwachsene (Gruppen-)Täter mit einzelnen bekannten pubertierenden bis heranwachsenden Opfern und dem Ziel sexueller Penetrationshandlungen« (ebd., 181);
7. »Junge Täter mit maligner Tatausführung, die ein hohes Ausmaß und eine hohe Intensität an Gewalt, Kontrolle sowie sexuellen Handlungen, allerdings keine klare Opferpräferenz zeigen« (ebd., 183);
8. »Täter, die außerhalb privater Räumlichkeiten größtenteils lediglich sexuelle Nicht-Kontakt-Handlungen an mehreren fremden kindlichen Opfern begehen« (ebd., 185).

Aus dieser Typologie lassen sich folgende Unterscheidungen abgeleiteten.

a. Bezüglich des Täters:
   Es können jugendliche oder erwachsene Täter sein, die ihre Opfer entweder im Nahumfeld oder zufällig auswählen. Die Tätermotive können sehr unterschiedlich sein, es kann um sexuelle Nähe gehen, aber auch um Machtdemonstration. Bedeutsam ist hier auch das Maß an angewendeter Gewalt, das sehr unterschiedlich sein kann und wichtig ist für die Bestimmung des Tatmotivs.

b. Bezüglich der Opfer:
   Die Opfer können vorpubertär, pubertär oder erwachsen sein, vom gleichen Geschlecht des Täters oder heterosexuell. Sie können aus einer klaren Präferenz ausgewählt werden (z. B. eigene Kinder) oder zufällig zum Opfer werden. Täter, die sich an Kindern vergreifen, werden im Einklang mit obiger Klassifikation Missbrauchstäter genannt (ebd., 55). Täter, deren Opfer erwachsene Männer oder Frauen sind, werden als Vergewaltigungs- bzw. Nötigungstäter bezeichnet (ebd., 50).

c. Bezüglich der Taten:
   Die Taten können, wie gesehen, sehr unterschiedlich sein. Dabei können wir unterscheiden zwischen Hands-off-Delikten (z. B. pornografische Aufnahmen machen oder gemeinsam anschauen) und Hands-on-Delikten (also körperliche Berührungen bis hin zur Vergewaltigung).

Auch wenn in diesem Buch die Opferperspektive nicht unmittelbar das zentrale Thema ist, so soll doch eindringlich auf die traumatischen Folgen einer Sexualstraftat hingewiesen werden. Dass es sich hierbei um kein Randphänomen handelt, zeigen die Zahlen allein im Bereich des Kindesmissbrauches. Mit Verweis auf eine insgesamt mangelnde Datenlage in Deutschland fassen Fegert et al. unter Berücksichtigung skandinavischer Studien folgende Erkenntnisse zusammen:

> »Die Häufigkeiten für Missbrauch mit Penetration lagen hier, je nach Studie, bei den Mädchen ungefähr zwischen 2 % und 12 % und bei den Jungen zwischen 1 % und 6 %« (Fegert et al. 2015, 176).

Insofern die Opferzahlen sehr hoch und die Folgen für die Opfer gravierend sind (vgl. Zimmermann et al. 2017), ist es ein legitimes Anliegen, die Rückfallprävention in den Mittelpunkt auch sozialarbeiterischer Interventionen zu stellen, selbstverständlich ohne dabei das Spezifikum Sozialer Arbeit zu ignorieren.

7.2.3 Erklärungswissen: Wie entstehen Sexualstraftaten?

Bei der Ätiologie von Sexualstraftaten können wir auf das zurückgreifen, was bereits allgemein über die Entstehung von Kriminalität gesagt wurde. Dabei beschränken wir uns an dieser Stelle auf personenbezogene *kriminogene Faktoren*.

Belastende Neurobiologische Faktoren

In dieses Faktorenbündel fallen neuroanatomische, neurotransmitterbezogene oder hormonelle Ursachen. Wir wissen beispielsweise um die Bedeutung des präfrontalen Cortex. Das ist diejenige Hirnregion, die in

»besonderer Weise daran beteiligt ist, aus anderen Bereichen des Gehirns eintreffende Erregungsmuster zu einem Gesamtbild zusammenzufügen und auf diese Weise von ›unten‹, aus tiefer liegenden und früher ausgereiften Hirnregionen eintreffende Erregungen und Impulse zu hemmen und zu steuern. Ohne Frontalhirn kann man keine zukunftsorientierten Handlungskonzepte und inneren Orientierungen entwickeln, kann man nichts planen, kann man die Folgen von Handlungen nicht abschätzen, kann man sich nicht in andere Menschen hineinversetzen und deren Gefühle teilen, auch kein Verantwortungsgefühl empfinden« (Hüther 2008, 17).

Erkrankungen des präfrontalen Cortex können also ursächlich für bestimmte abweichende Verhaltensmuster in Bezug auf impulsives, sozial unangepasstes, regelbrechendes Verhalten sein (Kammer & Karnath 2006). Die Rolle bestimmter Hormone (z. B. Testosteron) oder Neurotransmitter (z. B. Serotonin) ist hingegen unklar (Müller et al. 2017, 145). Ätiologisch können auch Impulskontrollstörungen eine Rolle spielen. Menschen mit diesem Krankheitsbild können ihre sexuellen und aggressiven Impulse nicht angemessen kontrollieren. Solche Täter tragen nicht unbedingt pädophile Erregungsmuster in sich, wenn sie Kinder missbrauchen (Heyden & Jarosch 2010, 73).

Empathiedefizite

Bei oberflächlicher Betrachtung haben Sexualstraftäter erhebliche Empathiedefizite. Schaut man aber genauer hin, so tauchen Zweifel auf: Gerade pädophile Täter brauchen sehr viel Empathie, um den Widerstand der Kinder (und auch der Eltern) zu überwinden (auf diese Fragestellung geht vor allem das Ätiologiemodell von Finkelhor 1984 ein, das wir an dieser Stelle nicht ausführen können). Insofern lässt sich ein generelles Urteil über die (mangelnde) Empathiefähigkeit von Sexualstraftätern nicht aufrechterhalten (Heyden & Jarosch 2010, 60). Auch die empirische Befundlage spricht dafür, auf Empathieförderung (z. B. den häufig verwendeten Opferbrief) bei dieser Zielgruppe zu verzichten:

»Empathiedefizite gelten seit langem als wichtige Ursache für Straftaten, insbesondere für sexuelle Straftaten, und sind daher ein zentrales Ziel für Behandlungsprogramme, die darauf abzielen, Wiederholungstaten zu reduzieren. Die Empirie für diese weit verbreitete Überzeugung ist jedoch schwach und inkonsistent. So gibt es Probleme bei der Definition und Messung von Empathie in Bezug auf Straffälligkeit. Wir geben daher zu bedenken, dass es möglicherweise zu stark vereinfacht ist, Empathie als rein kognitive und affektive Komponente zu betrachten, da diese Konzeptualisierung es unterlässt, den situativen Kontext von Empathie sowie die Bedingung anzuerkennen, dass man, um Empathie zu erfahren, zuerst glauben muss, dass andere Mitgefühl und Respekt verdienen. Es gibt keine Anhaltspunkte dafür, dass traditionelle Intervention zur Opfer-Empathie Auswirkungen auf Wiederholungstaten haben, sodass wir konstatieren, dass zu viel Gewicht auf diese Art von Intervention gelegt wird und besser durch Interventionen mit einem Fokus auf bekannte dynamische Risikofaktoren für Rückfall bei Sexualstraftätern ersetzt werden sollten, von denen viele gerade Empathie blockieren. [...] Solange keine Forschungsergebnisse vorliegen, die nachweisen, dass Interventionen zur Opfer-Empathie Rückfälle reduzieren, sollten solche Interventionen keine wesentlichen politisch-strategischen Investitionen erhalten« (Barnett & Mann 2013, 30; Übers. d. Verf.).

Kognitive Verzerrungen

Auf ›sicherem Boden‹ der Evidenz befinden wir uns, wenn es um die Bedeutung von kognitiven Verzerrungen als Ursache von Sexualstraftaten geht. Diese Störungen sind meist in der Sozialisation erworbene

> »Wissensstrukturen des Gedächtnisses, die bei der Wahrnehmung und Bewertung von Ereignissen, Handlungen und anderen internen und externen Reizen und Dingen eine wichtige Rolle spielen« (Suhling & Greve 2010, 103).

Hierbei geht es sowohl um Denkschemata, die mit dem Selbst-, als auch mit dem Fremdbild zu tun haben. Für uns interessant sind beispielsweise missbrauchs- und vergewaltigungsfördernde Einstellungen zu Opfern.

Bei Missbrauchstätern finden wir beispielsweise folgende Einstellungen:

- »Sexualität mit einem Kind hilft diesem, seine eigene Sexualität zu entdecken.«
- »Pädophilie als Straftatbestand ist lediglich ein vorübergehendes Konstrukt, es wird früher oder später, wie Homosexualität auch, legalisiert werden.«
- »Knabenliebe gab es schon immer, nur in verklemmten Gesellschaften wird sie bestraft.«

Vergewaltiger neutralisieren ihre Taten häufig mit folgenden Schemata:

- »Männer brauchen Sex. Frauen sind dazu da, Sex mit Männern zu haben.«
- »Sexualität ist ein Trieb, der nicht kontrollierbar ist.«
- »Ich wurde nur verführt.« (Ward & Casey 2010)

Zum Zweck der kognitiven Verzerrungen schreiben Heyden und Jarosch:

> »Die kognitiven Störungen erlauben es den Tätern, ihr Verhalten zu verleugnen, zu minimieren, zu rechtfertigen oder zu rationalisieren. Sie sind nicht unbedingt der Grund für Missbrauchsverhalten, dienen jedoch der Rechtfertigung und Fortführung und ohne sie wäre der Missbrauch weitaus schwieriger auszuführen« (Heyden & Jarosch 2010, 66).

Aktuelle Studien zeigen, dass kognitive Verzerrungen, die Sexualstraftaten unterstützen, ein bedeutsamer Risikofaktor für Sexualstraftäter sind (Helmus et al. 2013).

Soziale Defizite

Menschen, die Sexualstraftaten begehen, haben häufig große Probleme im Zusammenleben mit anderen, auch wenn diese nicht immer offen zutage treten. In einer Vergleichsstudie zwischen Männern, die Kinder missbraucht haben, und solchen, die dies nicht getan haben, fanden Marshall und Mazzucco (1995) insbesondere dann Unterschiede zwischen den beiden Gruppen, wenn es um die Zuversicht geht, soziale Situationen zu bewältigen. So empfinden viele Kindesmissbrauchstäter eher Minderwertigkeitsgefühle und soziale Ängstlichkeit. Sie sind

»charakterisiert durch Intimitätsprobleme (Einsamkeit, Fehlen intimer Beziehungen bzw. Schwierigkeit/Unwille, diese aufzubauen) [...], dem Erleben eigener Unzulänglichkeit (Depression, geringer Selbstwert [...])« (Kuhle et al. 115).

Soziale Probleme stehen in einem direkten Zusammenhang beispielsweise mit sexuellem Missbrauch:

»Als Hauptursache eines beeinträchtigten interpersonellen Funktionsniveaus werden frühe unsichere Bindungserfahrungen angesehen (z. B. emotionaler, körperlicher und/oder sexueller Missbrauch, Stress, Zurückweisung). Daraus resultieren Probleme, befriedigende Beziehungen mit Erwachsenen zu etablieren. In diesem Zusammenhang werden Kinder möglicherweise als Ersatz für erwachsene Sexual- und Beziehungspartner missbraucht [...]. So wird beispielsweise davon ausgegangen, dass soziale Isolation und psychologische Defizite (z. B. Intimitäts- und Bindungsdefizite) im Zusammenhang mit enthemmenden Faktoren (z. B. Alkohol-, Drogenmissbrauch) dazu führen können, dass emotionale Intimität dysfunktional über sexuelle Intimität hergestellt und damit im Zusammenhang mit Kindern sexueller Missbrauch begangen wird [...]. Darüber hinaus kann eine bestehende pädophile Präferenz dem Aufbau von erfolgreichen Beziehungen zu altersadäquaten Partnern im Wege stehen« (ebd.).

Psychische Störungen

Eher et al. (2010) konnten in einer Studie mit 807 inhaftierten Sexualstraftätern eine hohe Prävalenz an psychischen Störungen und hohe Komorbiditätswerte nachweisen. So wurde bei 76 % der Vergewaltiger eine Persönlichkeitsstörung und bei 24 % eine sexuelle Präferenzstörung (Paraphilie) nachgewiesen. Bei den Kindesmissbrauchstätern hatten 78 % eine Paraphilie und 60 % eine Persönlichkeitsstörung. Eine sehr hohe Komorbiditätsrate gab es zwischen den Sexualstraftätern und Alkoholmissbrauch. 43 % der Kindesmissbrauchstäter und 65 % der Vergewaltiger wiesen entsprechende Problematiken auf.

Auch Heyden und Jarosch (2010, 68) zitieren eine Studie, die eine ähnlich hohe Prävalenz für Persönlichkeitsstörungen unter Sexualstraftätern herausfand. Sie vermuten ein »weitaus größeres Ausmaß an schwerer Psychopathologie unter Missbrauchstätern, als dies ein großer Teil der empirischen Forschungsergebnisse vermuten lässt« (ebd., 69).

Wenn man sich diese Komorbiditäten und insbesondere das Persönlichkeitsprofil von Sexualstraftätern mit einer dissozialen Persönlichkeitsstörung (▶ Kap. 7.3) vor Augen hält, wird sehr schnell verständlich, warum wir davon sprechen können, dass bei diesen Tätern primär keine sexuellen Motive vorliegen. Ihre kriminelle Vorgeschichte ist meist nicht durch einschlägige, sondern durch eine Reihe von vielen unterschiedlichen Straftaten in mehreren Bereichen gekennzeichnet. Sexualstraftäter, die diesem Profil folgen, haben häufig eine Vielzahl von Straftaten begangen, darunter Eigentumsverbrechen, gewalttätige Übergriffe und Fahrdelikte. Ihr Tatmotiv ist weniger die sexuelle Erregung, sondern die Macht und Kontrolle über andere Menschen. Wenn sich diese Menschen bedroht oder in ihrem Einfluss eingeschränkt fühlen, führen sie lieber einen ›Präventivschlag‹, statt zurückzustecken. In Verbindung mit patriarchalen Ansprüchen gegenüber Kindern und Partner*innen entsteht ein starkes Gefühl für ihre eigene Überlegenheit. Wenn sie die Möglichkeit sehen, mit sexuellen Aktivitäten das Ziel der

Machtdemonstration zu erreichen, ist es sehr wahrscheinlich, dass sie dies tun. Sexuelle Straftaten gegen Kinder können als Teil dieses Krankheitsbildes von dissozialem Verhalten angesehen werden, sie spiegeln möglicherweise keine dauerhaft abweichenden sexuellen Vorlieben wider (Ward et al. 2006, 73).

Eine letzte, für die Soziale Arbeit und ihr Selbstverständnis nicht ganz unwichtige Studie sei hier noch genannt: Baldwin und Roys (1998) haben eine starke Korrelation zwischen Tatleugnung und Leugnung von Alltagsproblemen festgestellt. Gerade solche Täter, die sich nicht zu ihrer Tat bekennen, bagatellisieren auch ihre sonstigen Probleme im Alltag. Sie wollen unbedingt ›normal‹ erscheinen und lehnen von daher entgegen der eigentlichen Notwendigkeit auch Hilfe im Alltagsbereich ab. Wir können also nicht davon ausgehen, dass immer dann, wenn es Probleme gibt, diese auch Sozialarbeiter*innen genannt werden. Bei dieser Gruppe ist genau das Gegenteil häufig der Fall.

Integrative Theorien

Eine Reihe von Forscher*innengruppen hat den Versuch unternommen, die genannten Faktoren in ein Modell zu integrieren. Dies ist auch nötig, da die unterschiedliche ›Zusammensetzung‹ der Faktoren zu verschiedenen Annahmen über Motive und Entstehung der Straftaten führt. Die mehrfach betonte Tatsache, dass Sexualstraftaten völlig unterschiedliche Motive haben, ja dass bei vielen von ihnen nur scheinbar überhaupt die Sexualität im Vordergrund steht, legt nahe, verschiedene Entstehungsmodelle nebeneinander zu stellen. Ward und Siegert (vgl. Ward et al. 2006, 61ff.) haben ein »Pathway«-Modell für Kindesmissbrauch entwickelt, an das wir uns anlehnen und das wir erweitern, um die verschiedenen Kombinationen der Faktoren deutlich zu machen:

Pathway 1

Unter diese Gruppe können Sexualstraftäter zusammenfasst werden, die *eine ganz bestimmte Beziehung idealisieren und diese mit Gewalt herbeiführen wollen.* Das kann z. B. die Beziehung zwischen einem älteren Mann und einem Kind sein, die als ›Liebesbeziehung‹ konzipiert wird oder eine Beziehung zu einer ganz bestimmten Person. Das Tatmotiv ist – wenn auch verzerrt – erkennbar: Es ist ein *Beziehungsmotiv*, allerdings verbunden mit einer *maximalen Fixierung auf bestimmte Merkmale und gewünschte Praktiken*, mangelnder Impulskontrolle, Unfähigkeit zu echter Intimität und zur Erkenntnis der Bedürfnisse des*der vermeintlichen Partner*in. Eine echte Partnerschaft scheidet aus, weil der Täter dazu nicht die Voraussetzungen mitbringt. Im Mittelpunkt steht der (zum Scheitern verurteilte) Versuch, auf diese Weise eine ideale Beziehung zu erhalten.

Pathway 2

Auch wenn die Taten möglicherweise ähnlich aussehen, ist das Motiv bei dieser Tätergruppe doch anders. Die Täter suchen keine Beziehung, sondern unpersönlichen Sex. Sex wird als rein physisches Mittel zum *Spannungsabbau* angesehen und ist völlig frei von Intimität und emotionaler Tiefe. Menschen, die unter starken Spannungen leiden, suchen Spannungsabbau durch (im Prinzip beziehungslosen) Sex. Aus *Angst vor Ablehnung* wird Gewalt als Mittel zum Zweck angewendet. Die *konsequente Vermeidung von Intimität* in Verbindung mit dem Streben nach unpersönlichem Sex führt zu unbefriedigenden Beziehungen, die nicht von Dauer sind. Das Gegenüber wird in seinen personalen Bedürfnissen nicht gesehen, vielmehr ist die Wahl des Sexualpartners (auch wenn es Kinder sind) eher eine Frage der Gelegenheit und des sexuellen oder emotionalen Bedürfnisses.

Pathway 3

Die Gruppe derer, die wir hier betrachten, sind *Missbrauchstäter*. Sie haben einen *unsicheren Bindungsstil und Probleme mit dem Eingehen von intimen Beziehungen*. Diese Personen haben keine abweichenden sexuellen Vorlieben (sind also nicht pädophil im engeren Sinne). Im Prinzip hätten diese Personen gerne Sex mit erwachsenen Frauen oder Männern. Aus Angst oder vermuteter Unfähigkeit können Personen jedoch dazu neigen, eine erwachsene Person durch ein Kind zu ersetzen, wobei das Kind im Wesentlichen als ›Pseudo-Erwachsener‹ betrachtet wird. In der Auswahl können das bevorzugt Kinder sein, die in einer Schutzbeziehung zum Erwachsenen stehen, denn dort ist die Angst zu versagen noch geringer. Der Person erscheint es besser, emotional sicher zu sein, als das Risiko von Enttäuschung und sozialer Ablehnung durch eine erwachsene Person einzugehen. Die Hauptursache für den sexuellen Missbrauch eines Kindes in dieser Situation liegt in Intimitätsdefiziten und der anschließenden Erfahrung intensiver Einsamkeit. Für solche Personen werden ihre Bedürfnisse nach Sex und Nähe auf Kinder übertragen. Das Motiv ist durchaus, von dem Sexualpartner (in diesem Fall einem Kind) angenommen und geliebt zu werden. Deshalb ist die Durchsetzung mit Gewalt weniger offensichtlich, sondern eher das Bestechen oder die Verführung. Die Fixierung auf ein bestimmtes Beziehungsbild oder bestimmte Sexualpraktiken ist nicht so groß wie in Pathway 1, der Beziehungswunsch aber anders als in Pathway 2 gegeben.

Pathway 4

Ein vierter ätiologischer Pfad enthält Personen, denen *Kernkompetenzen der Beziehungsfähigkeit fehlen*. Es sind vor allem zwei Problemgruppen, die zu einer Straftat führen können: Zum einen können Menschen damit Probleme haben, ihre aktuellen Impulse zu kontrollieren (z. B. Wut). Sie missbrauchen Kinder und/ oder eine*n Partner*in, weil sie in bestimmten kommunikativen Situationen die Kontrolle über sich verloren haben (z. B. in einer Erziehungssituation oder einem Streit mit einer*einem Ehepartner*in). Es ist ein (natürlich untauglicher) Versuch, wieder Kontrolle über eine Handlungssituation zu erlangen. Zum anderen können Personen, die in akuten Spannungssituationen Schwierigkeiten haben, Sex als emotionale Modulationsstrategie verwenden, sich zu beruhigen. In dieser Situation ist Sex eine emotionale Bewältigungsstrategie und der*die Missbrauchte Mittel zum Zweck des Spannungsabbaus. Vermutlich haben sie die Erfahrung gemacht, dass für sie Sex als Mittel zur Verbesserung ihrer Stimmung taugt.

Pathway 5

Die letzte Gruppe stellt Personen mit *Persönlichkeitsstörungen* in den Mittelpunkt, für die Sexualstraftaten nur eine Variante ihres *multiplen kriminellen Verhaltens* darstellt. Diese Menschen haben keine spezifischen sexuellen Präferenzen oder gar ideale Beziehungen, die sie mit Gewalt herbeiführen wollen, vielmehr ist ihre Vorgeschichte von Straftaten in mehreren Bereichen gekennzeichnet (Eigentumsverbrechen, gewalttätige Übergriffe und Fahrdelikte). Ihnen geht es um Macht und die Durchsetzung ihrer Interessen, sexuelle Taten sind dabei nur ein Mittel der Wahl, Kindesmissbrauch beispielsweise ein besonders ›wirksames‹ Mittel zur Disziplinierung von Gefährtinnen. Insofern stellen die sexuellen Straftaten als Teil dieses allgemeinen Bildes von *antisozialem Verhalten* möglicherweise keine dauerhaften abweichenden sexuellen Vorlieben dar. Da es zum Phänomen beispielsweise einer dissozialen Persönlichkeitsstörung gehört, Normen zu ignorieren, führen diese kognitiven Verzerrungen in Verbindung mit dem Verlangen nach Interessensdurchsetzung und sexuellen Möglichkeiten zum sexuellen Missbrauch eines Kindes oder zu einer Vergewaltigung eines anderen Menschen.

Mit dieser speziellen Zielgruppe wird sich nun das nächste Kapitel befassen.

7.3 Zielgruppe: Menschen mit dissozialen Persönlichkeitsstörungen

Unter Persönlichkeitsstörungen werden im ICD-10 unter den Nummern F60–F69 eine Reihe von Störungsbildern aufgelistet, die

> »tief verwurzelte, anhaltende Verhaltensmuster [bezeichnen], die sich in starren Reaktionen auf unterschiedliche persönliche und soziale Lebenslagen zeigen. Sie verkörpern gegenüber der Mehrheit der betreffenden Bevölkerung deutliche Abweichungen im Wahrnehmen, Denken, Fühlen und in den Beziehungen zu anderen. Solche Verhaltensmuster sind meistens stabil und beziehen sich auf vielfältige Bereiche des Verhaltens und der psychologischen Funktionen. Häufig gehen sie mit einem unterschiedlichen Ausmaß persönlichen Leidens und gestörter sozialer Funktionsfähigkeit einher« (DIMDI o. J.).

Im Einzelnen sind das:

F60.0 Paranoide Persönlichkeitsstörung
F60.1 Schizoide Persönlichkeitsstörung
F60.2 Dissoziale Persönlichkeitsstörung

F60.3 Emotional instabile Persönlichkeitsstörung
F60.4 Histrionische Persönlichkeitsstörung
F60.5 Anankastische [zwanghafte] Persönlichkeitsstörung
F60.6 Ängstliche (vermeidende) Persönlichkeitsstörung
F60.7 Abhängige (asthenische) Persönlichkeitsstörung
F60.8 Sonstige spezifische Persönlichkeitsstörungen: narzisstische Persönlichkeitsstörung

Zu diesen Persönlichkeitsstörungen findet sich umfangreiche Überblicksliteratur (Wagner, Henz & Kilian 2016). Im Rahmen der Straffälligenhilfe sind hauptsächlich die dissoziale und die narzisstische Persönlichkeitsstörung relevant. Beispielhaft werden wir uns mit der *dissozialen Persönlichkeitsstörung* befassen.

7.3.1 Die Bedeutung der Zielgruppe

Es gibt in der Sozialen Arbeit, insbesondere unter den Vertreter*innen der sozialpädagogischen Fachrichtung, eine erkennbare Ablehnung jeglicher *Diagnosen* und ihrer Verwendung in der Praxis. So schreibt Galuske als einer der maßgebenden Autoren im Bereich der Methoden der Sozialen Arbeit:

> »Demnach sind Diagnosen einige strukturelle Merkmale zu eigen, die aus Sicht der Sozialen Arbeit durchaus problematisch sind. In diagnostischen Prozessen geht es demnach immer um ›die Rekonstruktion der Entstehung eines Defizits/einer Störung in einem Individuum, die implizite Prüfung auf Zuständigkeit, die Beteiligung der so als hilfsbedürftig Diagnostizierten ist nur insoweit wichtig, als deren Deutungsmuster Anregungen oder Material zur Interpretation bieten‹ (Kunstreich et al. 2004, 29). Diagnosen sind mithin nicht nur in der Regel defizitorientiert, auch ist der Prozess der Diagnose ein asymmetrischer: Ein Fachmann fällt auf der Basis seines Fachwissens ein Urteil, das für den Betroffenen folgenreich ist. Dieses Modell mag in der Medizin funktionieren, für die Soziale Arbeit taugt es nicht. Hier geht es in der Regel nicht um ein isolierbares Problem, dem in erster Linie technisch angemessen zu begegnen ist. Gegenstand der Sozialen Arbeit sind zumeist das gesamte Leben, die Lebensplanung, Lebenslagen, Alltagsroutinen, Ängste, Konflikte, fehlende Ressourcen, Emotionen« (Galuske 2018, 1001).

Auch die Autorinnen des »Lehrbuches für Straffälligenhilfe« Kawamura-Reindl und Schneider wenden sich von einem diagnostischen Verstehen ab:

> »In Abkehr von einem Diagnose- bzw. Diagnostik-Verständnis, in welchem Schwierigkeiten von Menschen unter bereits festgelegte, meist pathologisierende Zuschreibungen und Kategorien subsumiert werden, wird in der Sozialen Arbeit vielerorts ein spezifischer sozialpädagogischer Blick bzw. ein spezifisches Fallverstehen gefordert« (Kawamura-Reindl & Schneider 2015, 77).

Wenn also an dieser Stelle von uns eine andere, entgegengesetzte Position vertreten wird, muss diese in aller Kürze begründet werden.

Aus einer sozialpädagogischen Perspektive wird häufig zunächst mit Phänomenen der Zuschreibung bzw. Kategorisierung argumentiert. Eine in der Straffälligenhilfe gern bemühte Variante dieses Phänomens ist der »Labeling Approach«, der u. a. in Kapitel 4.3 schon kurz behandelt wurde (▶ Kap. 4.3). Die Vorstellung, dass Menschen straffällig werden, weil man sie in Kategorien oder (in der Praxis häufig verwendet) ›Schubladen‹ steckt, ist zwar eine bild- und damit wirkmächtige Metapher, sie ist aber (wenn man sich den menschlichen Erkenntnisapparat vergegenwärtigt) nicht haltbar. Denn menschliches Gedächtnis, Verstehen, Problemlösen kommen ohne Einordnung in ein begriffliches System nicht aus (vgl. Birnbaumer & Schmidt 2010, 753). Die Idee, man könne quasi kategorien- und vorurteilsfrei, ja ganzheitlich und umfassend an einen Menschen herangehen, ist durch viele sozialpsychologische Versuche eindrucksvoll widerlegt (vgl. Kahneman 2012). Vielmehr können und müssen wir den *Verstehensprozess* (auch) als einen *Informationsverarbeitungsprozess* begreifen (Sachse 2017) und der funktioniert (auch) mit Kategorien. Die Sozialarbeitswissenschaftlerin Staub-Bernasconi bringt die Erkenntnis der Unausweichlichkeit von »diagnostischen« Kriterien auf eine schöne Formel, die da lautet: »Diagnostizieren tun wir doch alle – nur nennen wir es anders« (Staub-Bernasconi 2003). Das bedeutet im Klartext: Kategorien darüber, ob wir jemanden für ›gefährlich‹ halten, haben wir alle, der einzige Unterschied zwischen Diagnose und Nicht-Diagnose besteht darin, ob diese Kategorien wissenschaftlichen oder subjektiven Ursprungs sind. Erstere sind transparent, angreifbar, diskutabel, letztere versteckt, intuitiv und keiner Kritik zugänglich.

Dass der straffällige Mensch Experte seines Lebens in dem Sinne ist, dass er sich zwischen Handlungsoptionen entscheiden muss, steht außer Frage. Dass er aber »Expert*innenwissen« (»Wie vermeide ich den Rückfall?«) als Orientierungswissen hat, ist angesichts der Tatsache, dass er vor Gericht steht, zumindest fraglich. Für bestimmte Personengruppen – und straffällige Menschen mit Persönlichkeitsstörung gehören hier durchaus dazu – ist es sogar fraglich, ob sie wirklich Expert*innen für ein ›besseres‹ (im Sinne von gemeinschaftstauglichem) Leben sind. Die Vorerfahrungen dieser Menschen haben sie dazu gebracht, dort, wo jemand ihnen Hilfe anbietet, in den Alarmmodus zu gehen und – bildlich gesprochen – in die Hand zu beißen, die sich helfend entgegenstreckt. Die Erfahrung, dass Menschen in einem permanenten Verteidigungszustand (van den Brink & Koster 2016, 97) sind, ist für Helfer*innen ein Problem, gleichzeitig aber entsteht im Zwangskontext eine Chance, weil sich hier eine oft langfristige Möglichkeit zur Motivationsarbeit eröffnet, die in der Bereitschaft der Klient*innen zur Selbstveränderung münden kann. Die Klient*innen, die – genauso wie die Helfer*innen – aus diesem Zwangskontext nicht ausbrechen können, werden beispielsweise mit motivierender Beziehungsgestaltung behutsam an ihre die Kriminalität hervorbringenden Problemkonstellationen geführt, zu einer Konfrontation also, die sie sonst aus Gründen des Selbstschutzes kognitiv und sozial vermeiden.

Das alles klärt noch nicht die Frage nach dem Nutzen und den Grenzen von Diagnosen, speziell im Hinblick auf Persönlichkeitsstörungen.

Eine erste Antwort, weshalb sich auch Sozialarbeiter*innen (im Kontext der Sozialen Dienste der Justiz) mit Persönlichkeitsstörungen befassen müssen, liegt auf der Hand: Sie kommen überdurchschnittlich häufig vor. Fazel und Danesh (2002), die in einer Studie Gefängnispopulationen in großer Zahl bezogen auf »serious mental disorders (psychosis, major depression, and antisocial personality disorder)« untersuchten, ermittelten eine Prävalenzzahl von 47 % allein an Insassen mit einer dissozialen Persönlichkeitsstörung. Dudek et al. (2009) ermitteln gar eine Rate von 80 % an Persönlichkeitsstörungen bei Gefängnisinsassen.

Erschwerend kommt die hohe Rückfallgefahr hinzu, die von Menschen mit Persönlichkeitsstörungen ausgeht. Insbesondere die Kombination von schwerer dissozialer Persönlichkeitsstörung und Abweichungen im Sexualverhalten birgt ein hohes Maß an Risiko. Hare nennt diese Kombination »one of the deadliest combinations »(Hare 1999, 189). Er zeigt, dass es nicht zuletzt die Probleme im Umgang mit diesen Menschen sind, die sie rascher und häufiger strafrückfällig werden lassen, ja mehr noch, die größten Schaden anrichten, wenn sie rückfällig werden (ebd., 186). Briken und Tozdan referieren eine ganze Reihe von Studien, nach denen »gewalttätige und sexuelle Rückfälle am schnellsten zu erwarten waren, wenn es sich um psychopathische und sexuell deviante Täter handelte« (Briken & Tozdan 2018, 202).

In jedem Fall ist es sehr wahrscheinlich, dass der Alltag von Sozialarbeiter*innen in den Sozialen Diensten der Justiz geprägt ist von Menschen mit genau diesen Störungen und der damit verbundenen hohen Rückfallgefahr. Es sei an dieser Stelle betont, dass diese Klientel eine ganz besondere Herausforderung für die Soziale Arbeit darstellt. Insbesondere das Fehlen von Veränderungsmotivation, das Instrumentalisieren und Manipulieren von Helfer*innen gerade zum Zweck, nichts verändern zu müssen, die bisweilen aggressive, feindselige Art, auf Helfer*innen und deren Hilfsangebot zu reagieren statt dankbar das Angebot anzunehmen – all das sind Spielarten von Menschen, die in ihrer Sozialisation gelernt haben, besonders dann in den Flucht- oder Angriffsmodus zu schalten, wenn sich jemand in freundlicher Absicht nähert. Sachse schreibt hierzu:

> »Klienten verfügen über eine Reihe von Strategien, um Bearbeitung systematisch zu vermeiden und Therapeuten systematisch zu blockieren. Kennt und versteht ein Therapeut diese Strategien nicht, fühlt er sich matt gesetzt, hilflos und reagiert oft ärgerlich auf den Klienten; seine Interventionen verschlimmern dann in aller Regel das Problem. [...] Da ein Therapeut oft nicht erkennt, worum es sich bei dem Problem handelt und/oder keine geeigneten Interventionen hat, um das Problem deutlich zu machen, ist er hilflos, blockiert und langfristig frustriert« (Sachse 2013, 20; Anm.: Sachse verwendet den Begriff »Therapeut« als allgemeine funktionale Bezeichnung für alle Berufsgruppen, die einen konstruktiven Einfluss auf Klient*innen ausüben wollen, vgl. Sachse 2010, 8).

Dieses Vorverständnis ist keine stigmatisierende Etikettierung, sondern hilfreiches Wissen, das Sozialarbeiter*innen unterstützen soll, Klient*innen zu verstehen und sich nicht an deren verwirrenden, manipulativen oder gar zerstörerischen Strategien abzuarbeiten. Sozialarbeiter*innen und Psychotherapeut*innen eint dieselbe Absicht, die Sachse für sein Buch folgendermaßen beschreibt:

> »Will man jedoch mit derart schwierigen Klienten konstruktiv umgehen, dann benötigt man neben einem guten Informationsfluss auch eine theoretische Basis, aufgrund derer man das Verhalten der Klienten analysieren und Strategien zum Umgang mit ihnen planen kann. Dieses Buch soll eine solche Basis liefern. Es stellt ein Verständnis von Persönlichkeitsstörungen als Beziehungsstörungen dar und ermöglicht ein vertieftes Verständnis der einzelnen Störungen« (ebd., 9).

Wenn es also darum geht, Menschen mit Persönlichkeitsstörungen zu verstehen, so sind aus sozialarbeiterischer Sicht zwei Dinge ausdrücklich nicht gemeint:

- zum einen das Diagnostizieren der Störungen selbst, was zur Domäne der Psychotherapeut*innen und Psychiater*innen gehört,
- zum anderen die Reduktion von Menschen auf das Phänomen und schon gar nicht das ›Etikettieren‹ von Klient*innen, wie man es bisweilen selbst unter Kolleg*innen hört (»Unser Chef ist ein Narzisst …«).

Vielmehr, es sei noch einmal ausdrücklich betont, soll das Wissen um Persönlichkeitsstörungen dazu dienen, die betroffenen Menschen besser zu verstehen, die Interaktion mit ihnen sinnvoller zu gestalten und nicht zuletzt dadurch den Auftrag (»Hilfe und Kontrolle«) zielgerichteter zu erfüllen.

7.3.2 Phänomenologie

Um zu verdeutlichen, wie vielfältig sich dissoziale Persönlichkeitsstörungen äußern können, sei hier ein reales (allerdings vollständig anonymisiertes) Fallbeispiel dargestellt:

Fallbeispiel

A. ist zum Zeitpunkt der Verurteilung 45 Jahre alt. Nach seinen eigenen Angaben hatte er zu dieser Zeit bereits ein wechselhaftes Leben hinter sich, das von vielen Vorstrafen und einigen Gefängnisaufenthalten geprägt war.

Er wuchs gemeinsam mit einem älteren Bruder bei seiner Mutter auf, der Vater war nicht präsent, galt aber als gewalttätig. Schon im Kindesalter beging er gemeinsam mit seinem Bruder strafrechtlich relevante Delikte, wie beispielsweise kleinere Diebstähle. Er wurde deshalb zeitweise in einem Kinderheim untergebracht. A. besuchte die Grundschule, wurde den Ansprüchen allerdings nicht gerecht und wechselte deshalb nach zwei Jahren auf die Förderschule, die er mit der achten Klasse abschloss. Nach der Schulzeit begann er eine Lehre, die er aber nach kurzer Zeit wieder abbrach. Nach der Entlassung erhielt er Arbeit, kündigte diese aber nach ca. einem Jahr wieder, weil er sich von seinen Arbeitskollegen ausgegrenzt fühlte.

In den verschiedenen Gutachten wurde über die Jahre hinweg immer wieder die Tatsache erwähnt, dass A. in seiner Kindheit selbst Opfer von sexueller Gewalt geworden sein soll. Außerdem soll er auch innerhalb der Familie Gewalt erfahren haben, von wem diese ausging, ist aber nicht bekannt.

In den Akten findet sich eine endlose Kette von Straftaten und Verurteilungen (Auswahl):

- mehrfacher gemeinschaftlicher, teils versuchter Diebstahl,
- mehrfache gemeinsame Sachbeschädigung,
- Fahren ohne Führerschein unter Alkoholeinfluss,
- versuchter sexueller Missbrauch von Kindern,
- Nötigung zu sexuellen Handlungen,

- sexueller Missbrauch Widerstandsunfähiger,
- Körperverletzung.

Zuletzt wurde er zu acht Jahren wegen des sexuellen Missbrauchs von Jugendlichen in sechs Fällen sowie der sexuellen Nötigung in Tateinheit mit sexuellem Missbrauch eines Kindes verurteilt. Die Opfer der Taten waren verschiedene Jugendliche, zuletzt hatte er sich mit einem geistig behinderten Jungen (10) angefreundet, ihm Geschenke gemacht, ihn in seine Wohnung gebracht, dort eingesperrt und sexuell missbraucht. Anschließend zwang er den Jungen unter Androhung von Gewalt, ihm ein Schriftstück zu unterzeichnen, in dem die Sexualtaten als freiwillig bezeichnet werden.

Meist sind seine Opfer Jungen im Alter zwischen 12 und 17 Jahren, die entweder kognitiv eingeschränkt sind oder sogar eine geistige Behinderung aufweisen. Dies ist vor allem deshalb wichtig zu erwähnen, weil er mit einer längerfristig geplanten Anbahnung seiner Kontakte bewusste Entscheidungen fällt, das Opfer zu kontrollieren und zu dominieren und für diesen Zeitraum offenbar durchaus fähig ist, auf sofortige sexuelle Befriedigung zu verzichten. Auch wurden mache Opfer ›bestraft‹, wenn sie sich mit anderen Jugendlichen zu vermeintlich intimen Treffen verabredeten. Im Gutachten wird eine dissoziale Persönlichkeitsstörung diagnostiziert.

Was bei A. sofort auffällt, ist zum einen die polytrope (vielgestaltige) Kriminalitätsgeschichte, die in gewalttätigen Sexualstraftaten endet, zum anderen seine offenkundige Unfähigkeit, aus den einmal gemachten Fehlern zu lernen. Vergleicht man diese Merkmale mit den Kriterien des ICD-10, so fallen die Gemeinsamkeiten auf. Der ICD-10 charakterisiert Dissozialität (oder Antisozialität) wie folgt:

>»Eine Persönlichkeitsstörung, die durch eine Missachtung sozialer Verpflichtungen und herzloses Unbeteiligtsein an Gefühlen für andere gekennzeichnet ist. Zwischen dem Verhalten und den herrschenden sozialen Normen besteht eine erhebliche Diskrepanz. Das Verhalten erscheint durch nachteilige Erlebnisse, einschließlich Bestrafung, nicht änderungsfähig.
>Es besteht eine geringe Frustrationstoleranz und eine niedrige Schwelle für aggressives, auch gewalttätiges Verhalten, eine Neigung, andere zu beschuldigen oder vordergründige Rationalisierungen für das Verhalten anzubieten, durch das der betreffende Patient in einen Konflikt mit der Gesellschaft geraten ist« (in: https://www.icd-code.de/icd/code/F60.2.html).

Stone weist darauf hin, dass gerade bei dissozialen Persönlichkeiten auch narzisstische Attribute vorhanden sind, »zumal das Konzept des Antisozialen impliziert, dass es der betreffenden Person in erster Linie um sich selbst geht und nur sehr am Rande um andere Menschen (wenn, dann hauptsächlich in ausbeuterischer Absicht)« (Stone 2017, 14).

Wir sprechen von »Persönlichkeitsstörungen«, weil es sich um stabile und schwer veränderbare »Traits« (Eigenschaften/Merkmale) der Person handelt, die sich bis hinein ins Physiologische manifestieren (unterschiedliches Erleben beispielsweise von Elektroschocks). Davon zu unterscheiden sind Verhaltensweisen, die mehr oder weniger kriminell sein können (Hare 1998). Typische auf eine dissoziale Persönlichkeitsstörung oder zumindest solche Persönlichkeitszüge (ohne entsprechende Diagnose) hinweisende Verhaltensweisen sind nach Schmidt (2008, 17) folgende Straftatbestände:

- Waffengebrauch,
- Tierquälerei,
- Feuerlegen,
- Raub, Erpressung,
- Tyrannisieren,
- körperliche Grausamkeit.

Es versteht sich von selbst, dass eine einzelne dieser Handlungsweisen für sich genommen noch keine Annahme für eine dissoziale Persönlichkeitsstörung rechtfertigt, besonders bei Heranwachsenden ist eine Diagnose strittig, bei Jugendlichen unter 18 Jahren ist sie ohnedies nicht zulässig. Allerdings nimmt Moffitt (1993) an, dass sich bei der Gruppe der »persistent offenders« (also jene 5 % der Jugendlichen, die über das Jugendalter hinaus kriminell bleiben) schon im Jugendalter gewisse dissoziale Verhaltensweisen zeigen (z.B. Vandalismus, Diebstähle, Schule schwänzen).

Hinzu kommt in vielen Fällen eine *komorbide Störung*, also das Auftreten verschiedener Krankheitsbilder bei einer Person. Sachse (2017,16) zitiert Untersuchungen, nach denen die Komorbititätsrate zwischen Persönlichkeitsstörung und Depression bei 44 % liegt, die von Persönlichkeitsstörung und Alkoholabhängigkeit bei 25 %.

In Anlehnung an Holzinger und Kirste (2017) können die Zusammenhänge wie folgt deutlich gemacht werden (▶ Abb. 7).

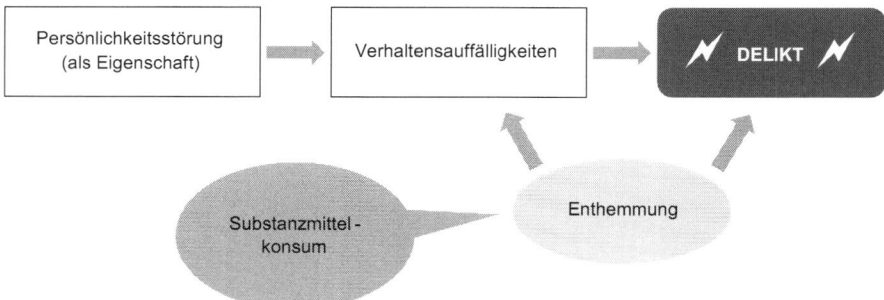

Abb. 7: Dissoziale Persönlichkeitsstörung und kriminelles Verhalten

7.3.3 Menschen mit dissozialer Persönlichkeitsstörung verstehen

Die Zusammenarbeit mit Menschen mit dissozialen Persönlichkeitsstörungen ist schwierig und führt Fachkräfte bisweilen an die Grenzen ihrer Möglichkeiten.

Angesichts dieser Herausforderung gibt es natürlich die Möglichkeit, sie nicht zur Kenntnis zu nehmen und so zu tun, als seien diese Klient*innen methodisch nicht anders als alle anderen zu behandeln. Diese Strategie verfolgen viele Praktiker*innen und scheitern (Klug 2018a), aber auch in vielen Lehrbüchern oder einschlägigen Fachartikeln wird das Thema vermieden (so z.B. Grosser 2018a). Diese Strategie hieße vor den faktischen Problemen zu kapitulieren.

Der Weg der Auseinandersetzung muss über die sozialarbeiterische Tradition des »Verstehens« (Klug et al. 2020) führen, was bedeutet, das verfügbare Wissen zu nutzen, um Strategien des Umgangs mit dieser Zielgruppe abzuleiten. Dieses Verstehen geht über das emotionale Einfühlen hinaus und versucht, der gestörten Interaktion auf den Grund zu kommen.

An dieser Stelle sollen zunächst die problematischen Verhaltensweisen von Menschen mit dissozialen Persönlichkeitsstörungen in den Mittelpunkt gestellt werden, von denen Sachse (2010, 11) sagt, sie seien *Anzeichen einer Interaktionsstörung*. Folgende typische Charakteristika stechen hervor, wobei betont werden muss, dass es sich um Verhaltensweisen handelt, die nicht bei allen betroffenen Klient*innen in derselben Ausprägung vorhanden sein müssen.

- *Attributionsstil*:
  Klient*innen sehen sich als problemfrei an. Diejenigen, die Probleme verursachen, sind ihre Gesprächspartner*innen, also die Sozialarbeiter*innen.
- *Erwartungen*:
  Die konkrete Erwartung der Klient*innen an die Sozialarbeiter*innen liegt darin, dass sie in Ruhe gelassen werden wollen, sie wollen weder Hilfe noch gar eine Form der Kontrolle.
- *Änderungsbereitschaft*:
  Änderungsbereitschaft ist in der Regel sehr schwach ausgeprägt, weil kein Problembewusstsein vorhanden ist.
- *Empathiefähigkeit*:
  Die Fähigkeit, sich in das Gegenüber (also den*die Sozialarbeiter*in) hineinzuversetzen, ist gering. Insofern ist das, was sich zwischenmenschlich abspielt, nicht vergleichbar mit einer Beziehung zu anderen Klient*innen.
- *Vertrauen*:
  Zumindest zu Beginn des Kontaktes kann man nicht mit einem Vertrauensvorschuss durch den*die Klient*in rechnen, im Gegenteil: Misstrauen ist zu erwarten.

Wenn wir diese Interaktionsprobleme genauer betrachten, entdecken wir eine sonst nicht gewohnte Ungleichzeitigkeit: Normalerweise gehen wir davon aus, dass – gemäß dem Sprichwort: »Wie man in den Wald hineinruft, so schallt es heraus« – Menschen, denen wir freundlich und zuvorkommend begegnen, uns ebenso freundlich und zuvorkommend antworten. Wenn dies nicht so ist, wenden wir uns spontan ab und halten Abstand. Genau diese von Menschen mit einer dissozialen Persönlichkeitsstörung intendierte Wirkung bringt uns auf die Spur des Verstehens.

Was passiert, wenn unsere Signale (aus unserer Sicht) offenkundig völlig missverstanden werden? Wir können dies nur so deuten, dass Wahrnehmung und Interpretation von Signalen

> »ein konstruktiver Prozess ist, an dem außer der direkt gegebenen Information eine weitere Information – unser Wissen – beteiligt ist, die wir aus unserem Gedächtnis abrufen. [...] [W]ir ›konstruieren‹ unter Anwendung unseres Vorwissens unsere soziale Wirklichkeit« (Bless & Schwarz 2002, 258).

Die Wahrnehmung und Interpretation von Umweltinformationen (in unserem Fall der Aktion von Helfer*innen) als *konstruierendem Verstehensprozess* hängt also sehr stark von dem Vorwissen, den Vorerfahrungen der Menschen ab. Diese Vorerfahrungen sind in *kognitiven und emotionalen Schemata* gespeichert, die uns helfen, die Welt mit ihren vielen Eindrücken in einer ganz bestimmten Weise zu ordnen. Wenn also Menschen von frühester Kindheit an Autonomieverluste erlebt haben, beispielsweise wenn sie missbraucht oder gedemütigt wurden, wenn sie beschuldigt und manipuliert wurden, sind Schemata gespeichert, die helfen, solchen Erfahrungen entsprechend sich zu schützen. Erlernt werden also Strategien, sich von anderen zu distanzieren, auf jeden Fall aber die Kontrolle über die Situation zu haben. Diese Schemata werden generalisiert, sodass selbst hilfreich gemeinte Sätze vor diesem Hintergrund als freiheitsbedrohende Einschränkungen, Kontrolle und Vorschriften verstanden werden. Die absonderlich erscheinenden Verhaltensweisen der Klient*innen, von der Ruppigkeit über die Lügengespinste, bis hin zu Manipulation und Aggression, sind aus diesem Blickwinkel Versuche, angesichts der Bedrohung wieder selbst über eigene Belange und das eigene Leben zu entscheiden und einen eigenen Handlungsspielraum zu sichern.

> »Es geht den Klienten darum, Dinge tun zu können, ohne kontrolliert, bevormundet, eingeschränkt und reglementiert zu werden. Grenzüberschreitungen und Autonomie-Einschränkungen waren sehr wahrscheinlich mit Abwertungen, Kritik und Ablehnung verbunden. Deshalb liegt es nahe, dass auch das Bedürfnis nach Anerkennung ein zentrales Motiv der Klienten [...] ist. Das Bedürfnis nach Anerkennung beinhaltet den Wunsch, respektiert zu werden, positiv gesehen zu werden und für kompetent, für fähig gehalten zu werden – insbesondere für kompetent, das eigene Leben selbst gestalten und selbst Entscheidungen treffen zu können« (Sachse 2010, 99).

Diese Interpretation dissozialen Verhaltens wird von zwei empirischen Tatsachen gestärkt: Zum einen konnte durch vielfältige Tests nachgewiesen werden, dass Menschen mit einer dissozialen Persönlichkeitsstörung signifikant schlechter Gesichtsausdrücke lesen konnten als Vergleichspersonen. Auch wurde festgestellt, dass bei Menschen mit dissozialen Persönlichkeitsstörungen die Hirnregionen, die aktiviert werden, wenn wir leidenden oder gequälten Mitmenschen zusehen, deutlich weniger Aktivitätsniveau zeigten als bei nicht von dissozialen Persönlichkeitsstörungen betroffenen Kontrollgruppen (Herpertz 2018, 196). Die zweite Tatsache stellt Müller fest: Gerade Menschen mit Persönlichkeitsstörungen haben überdurchschnittlich häufig selbst Gewalt, körperliche Misshandlungen, Vernachlässigung und sexuellen Missbrauch erfahren. Müller vermutet, dass die verminderte Angstreaktion und die veränderte Informationsverarbeitung eine physiologische Anpassungsreaktion (reduzierter präfrontaler Cortex, erhöhter Testosteronspiegel) an das sozialisationsbedingt erlebte erhöhte Stressniveau darstellt (Müller 2017, 87). Nicht vergessen werden sollen allerdings mögliche Resilienzfaktoren wie z. B. stabile prosoziale Bindungen beispielsweise an einen Elternteil. Auch Lehrer*innen oder Geschwisterbindungen und soziale Kompetenz helfen, psychopathologische Störungen zu vermeiden (Werner 2011).

In dem Moment, in dem Sozialarbeiter*innen die berufsförmige Rolle (»Hilfe und Kontrolle«) einnehmen, werden vermutlich die negativen Schemata beim*-bei der Klient*in aktiviert, und entsprechende Reaktionen des*der Klient*in sind die Folge. Wer also die Interaktionsprobleme verstehen will, muss sich klar darüber werden, dass er*sie als Interaktionspartner*in auf diese kognitiven und emotionalen Schemata treffen wird. Vermeiden könnte man diese Schemata (z. B. die negative Bewertung und die Feindseligkeit) nur durch Vermeiden des Kontaktes oder durch Einwilligen in die Rolle als Spielpartner*in, in der man manipuliert wird, aber nicht zur Veränderung beiträgt. Im Kontakt, so betont Sachse, können Sozialarbeiter*innen

> »durch völlig ›harmloses‹ Verhalten Schemata bei Klienten aktivieren und damit heftige Reaktionen auslösen! Sie sollten dann wissen, dass diese Reaktion im Grunde nur zu einem kleinen Teil auf ihr Verhalten zurückgeht, sondern hauptsächlich auf die Schemata« (Sachse 2010, 19).

Es versteht sich von selbst (und ist doch sehr schwierig), dass dieses Klient*innenverhalten nicht persönlich genommen werden darf, vielmehr sollte das Wissen um die begrenzten sozialen Fähigkeiten der Klient*innen helfen, ihnen dennoch mit Respekt zu begegnen. Sozialarbeiter*innen sollten erkennen, dass es sich hier um alte Muster handelt, die Klient*innen zum eigenen Schutz als wirksam erlebt haben und zu denen sie noch keine Alternative finden konnten.

7.4 Methodisches Handeln

Ausgehend von dem Handlungsauftrag (»doppeltes Mandat«) und den bereits ausgeführten methodischen Grundlagen (Motivationsarbeit, Beziehungsgestaltung, Case Management; ▶ Kap. 6) sollen unter Verwendung der Qualitätsstandards von Lösel (2001, 48–52) einige Überlegungen zur *Methodik* hinsichtlich der beiden beschriebenen und besonders herausfordernden *Teilzielgruppen* dargelegt werden. An dieser Stelle beschränken wir uns auf den Auftrag zur *Rückfallprävention*. Die methodische Ausformulierung des »Hilfe«-Auftrags unterscheidet sich nicht wesentlich von anderen methodischen Konzepten (z. B. Hochuli Freund & Stotz 2017; siehe auch Klug & Schaitl 2012, 70–80).

1. Theoretisch gut fundiertes Konzept

Nicht Annahmen und Beteuerungen, sondern nur empirisch abgestützte theoretische Konzepte können in Zeiten der Wissensgesellschaft (Okpych & Yu 2014)

Fachlichkeit belegen, die Öffentlichkeit zu größerer Investition in Ressourcen bewegen und schließlich auch dem fachlichen sowie ethischen Anspruch der Profession selbst gerecht werden. Dazu sind die genannten RNR-Prinzipien unabdingbar. Ebenso berücksichtigt werden muss die Frage der Motivation, die uns zu dem »Good Lives Model« (Senkans 2019) führt, das sich mit dem »guten Grund« für eine Veränderung befasst (▶ Kap. 5).

Da aus der Psychotherapieforschung bekanntermaßen vor allem kognitiv-behaviorale Programme als zielführend eruiert wurden, läge ein dringender Forschungsbedarf in der sozialarbeiterischen Adaption von Gruppenprogrammen, z. B. basierend auf der sozialen Lerntheorie (Bandura, 1979). Ein adäquates Behandlungskonzept sollte auch Komorbiditäten (z. B. Alkoholismus, andere Persönlichkeitsstörungen) und verschiedene Deliktarten (z. B. vorherrschende Gewalt-, Sexual-, Eigentumsdelikte) berücksichtigen. Zentral dabei ist, dass an den kriminogenen Denkmustern und/oder der Impulskontrolle angesetzt wird.

2. Sorgfältige Diagnostik der kriminogenen Faktoren und der Veränderungsmotivation

Jede Intervention muss auf einer gründlichen Eingangs- und Verlaufsdiagnostik bezogen auf die kriminogenen Faktoren basieren. Dabei sollten unbedingt auch standardisierte Instrumente – wie z. B. LSI-R (Andrews & Bonta 1995; Bonta & Andrews 2017) oder Static-99 (vgl. Hanson & Thornton 1997) – verwendet werden. Abzuraten ist von rein intuitiven Risikoeinschätzungen. Insbesondere wenn es um die Gefährlichkeit bei Gewalt- oder Sexualdelinquenz geht, sind wissenschaftlich abgesicherte Instrumente dringend zu empfehlen, weil sie eindeutig der intuitiven Einschätzung überlegen sind (Vaswani & Merone 2014). Dieselbe Empfehlung gilt für die nötige Einschätzung der Veränderungsmotivation, die ebenfalls genauer abzuklären ist (Dahle 1994).

3. Intensität der Programme

Besonders bei den beiden oben genannten Teilzielgruppen sind intensive therapeutische Interventionen in der Regel unumgänglich. Sie verheißen Veränderungspotenzial (vgl. Suhling & Marquardt 2018). Das Problem dabei ist nur: Gerade dieser Personenkreis ist häufig keineswegs gewillt, eine Therapie in Betracht zu ziehen, denn, wie gesagt, viele dieser Personen zeigen keine oder kaum Veränderungsmotivation. Dies ist kein Zufall, weil gerade im Bereich von Persönlichkeitsstörungen kriminelle Handlungen von den Personen nicht als normabweichend erlebt werden, sondern als »zur eigenen Person gehörend«, also als »ich-synton« (Schulte 2015, 47). Insofern ist es eine für den Veränderungsprozess zentrale Rolle der Sozialen Arbeit, den Zwangskontext zur Motivationsarbeit zu nutzen (▶ Kap. 6.3). Dies ist auch deshalb nötig, um einen vorzeitigen Abbruch der Therapie aufgrund von nur oberflächlicher Anpassung infolge extrinsischer Motivation zu vermeiden. Besonders Menschen mit Persönlichkeitsstörungen brechen überdurchschnittlich häufig wegen motivationaler Probleme therapeutische Programme ab (Lösel 2001, 48).

4.   Klar strukturiertes Setting

Im Umgang mit den beiden beschriebenen Teilzielgruppen ist verstärkt mit Manipulationen, Beschuldigungen, »Schonverträgen« etc. zu rechnen.

»Schonverträge«

»Schonverträge« zwischen Sozialarbeiter*innen und Klient*innen sind nicht ausgesprochene ›Vereinbarungen‹ nach dem Motto: »Wenn du nicht aggressiv zu mir bist, verschone ich dich mit unangenehmen Themen.« Wir haben in unserer Untersuchung im Umgang mit Sexualstraftätern (Klug 2018a) viele solcher Schonverträge gefunden. So wurden bisweilen über Jahre hinweg die »kriminogenen Faktoren« nicht angesprochen. Die Begründung der Fachkräfte lautete dann: »Der passende Zeitpunkt war nicht gegeben.« Wenn man diese Aussage unter dem Aspekt der »Schonverträge« betrachtet, wird der passende Zeitpunkt nie kommen.

Daher ist ein gut strukturiertes und transparentes Gesprächssetting notwendig. Dazu gehört es klare Regeln, Rechte, Pflichten und Verantwortlichkeiten systematisch einzuführen und ständig zu kontrollieren. Besonders wichtig ist hierbei, die Bedingungen zu verdeutlichen, unter denen spezifische Vergünstigungen (vorzeitige Entlassung, Beendigung der Bewährung etc.) möglich sind. Aus der Forschung wissen wir, dass gerade die Menschen, die unter einer besonders schweren Form einer Persönlichkeitsstörung leiden, erhebliche Probleme mit der Steuerung ihrer Impulse und der Informationsverarbeitung haben. Das geht so weit, dass sie sich selbst schaden (Newman 1998). Hier ist also ein besonders hohes Maß an strukturierender Außensteuerung nötig, um alternative Denk- und Verhaltensweisen, Problemlösetechniken und Rollenvorstellungen aufzubauen (Bonta & Andrews 2017, 238f.), die dann zu prosozialen Informationsverarbeitungsprozessen führen können. In der wissenschaftlichen Evaluation hat sich gezeigt, dass

> »strukturgebende Methoden [...] in der [...] Straftäterbehandlung wichtige Wirkfaktoren sind. Hierbei dürfen Struktur und Halt nicht mit Rigidität und unberechenbarer Kontrolle, die auf psychiatrischen Stationen Aggressivität (z. B. Gewalt, Entlassung gegen ärztlichen Rat, Entweichungen) eher begünstigen [...], verwechselt werden. Hier ist besonders das unbegründete Ablehnen von Anliegen der Patienten mit Verweis auf Regeln und die Nichteinhaltung von Absprachen durch Mitarbeiter zu nennen« (Eucker & Müller-Isberner 2017, 200; Anm. d. Verf.: Zur besseren Lesbarkeit wurden die mannigfaltigen Quellenangaben in diesem Zitat ausgelassen).

Eucker & Müller-Isberner weisen ausdrücklich darauf hin, dass diese Erkenntnis nicht nur für psychotherapeutische Verfahrensweisen gilt (Eucker & Müller-Isberner 2017, 197).

Lösel betont, dass »klare Strukturen und Regeln helfen dem Personal und den Mitgefangenen, die Manipulationen« durch die entsprechenden Klient*innen zu reduzieren (Lösel 2001, 49). Im Sinne einer ständigen Konfrontation mit der Realität können sie aber auch den Straftäter*innen helfen, ihre Reaktionsweisen neu zu evaluieren (Newman 1998).

5. Positives institutionelles Klima

Struktur und eine unterstützende Haltung sind keineswegs Gegensätze. Eucker und Müller-Isberner beschreiben in diesem Zusammenhang zwei Grundprinzipien des institutionellen Klimas: Zum einen das Beziehungsprinzip, das besagt, dass Methoden am wirksamsten sind, wenn eine »offene, warmherzige und engagierte Kommunikation« (Eucker & Müller-Isberner 2017, 201) vorhanden ist; zum anderen das Kontingenzprinzip, das auf ein prosoziales Rollenvorbild der Therapeut*innen setzt. Das »prosoziale Rollenvorbild« (Trotter 2001) zählt schon seit sehr langer Zeit zu den bedeutendsten Wirkfaktoren und muss natürlich nicht auf professionelle Helfer*inner beschränkt sein. Guderion und Suhling (2018) fassen zahlreiche Untersuchungen zusammen, die übereinstimmend besagen, welch großes Gewicht ein emotional positives Klima für die Wirksamkeit von Maßnahmen hat (Gueridon & Suhling 2018, 247). Bei unreflektiertem Berater*innenverhalten kann das Verhalten von Menschen mit Persönlichkeitsstörungen schnell zu Konflikten führen, sodass die Gefahr besteht, dass das vielleicht positive Klima in Kälte und Feindseligkeit umschlägt. Dem muss mit strukturiertem und reflektiertem Verhalten entgegengesteuert werden.

6. Ansatz an den spezifischen kriminogenen Faktoren

Wie bereits bei der Darstellung der RNR-Prinzipien betont (▶ Kap. 5.3), bleibt es bei einem Blick auf die Empirie angezeigt, die Veränderung der jeweiligen kriminogenen Faktoren in den Mittelpunkt des sozialarbeiterischen Interesses zu stellen. Die schon erläuterten methodischen Bausteine (Risikoeinschätzung, Case-Management-Logik, Motivationsarbeit, Beziehungsarbeit, Übergangsmanagement) sind noch strukturierter einzusetzen wie in der ›normalen‹ Rückfallpräventionsarbeit. Da es bei den genannten Zielgruppen insbesondere um Veränderung von kriminogenen Einstellungen und Haltungen geht, bietet sich eine enge Zusammenarbeit von Sozialer Arbeit mit der forensischen Psychotherapie an. Die spezifische Rolle Sozialer Arbeit ist es, mit betroffenen Straftäter*innen zu erarbeiten, dass eine Einstellungs- und Verhaltensänderung letztlich in deren eigenem Interesse ist (siehe ausführlich Klug & Zobrist 2016). Im Gegensatz zu vielen anderen Arbeitsfeldern muss Soziale Arbeit in der Arbeit mit den genannten Zielgruppen zur Kenntnis nehmen, dass

> »angesichts ihrer Kernpersönlichkeit Versuche, ihre Empathie zu fördern weniger realistisch [sind] als bei anderen Straftätern. Es ist jedoch eher möglich, Kosten- und Nutzeneinschätzungen mehr auf ihr nicht-kriminelles Verhaltensspektrum zu verlagern, kriminogene Attributionsmuster zu relativieren, alternative Problemlösungen zu trainie-

ren oder gegebenenfalls Alkoholismus und andere Abhängigkeiten zu behandeln. Dabei können auch attraktive nicht-kriminelle Rollenmodelle und Kontrollen durch die Umgebung [...] einbezogen werden« (Lösel 2001, 49f.).

Natürlich geht es der Sozialen Arbeit auch um die Veränderung anderer tatbegünstigender Faktoren, wie z. B. das dysfunktionale Freizeitverhalten, der delinquente Freundeskreis, die fehlende finanzielle Disziplin. Hier stellt sich die Frage, ob diese Probleme in Eigenregie angegangen werden oder ob im Sinne von Case Management Spezialdienste hinzugezogen werden. Eines jedoch ist – wie bereits mehrfach gesagt – immer der zentrale methodische Baustein: In allen Feldern, in denen Motivationsprobleme vorherrschen, muss zuerst oder begleitend zu Veränderungsmaßnahmen der Spezialdienste Motivationsarbeit geleistet werden.

7.   Orientierung am Ansprechbarkeitsprinzip

Das Ansprechbarkeitsprinzip (▶ Kap. 5.3) besagt einerseits, dass für jede*n Straftäter*in die Lernfähigkeit individuell betrachtet werden muss, um ihm*ihr spezifisch gerecht zu werden (spezifisches Ansprechbarkeitsprinzip). Das betrifft beispielsweise die Sprachfähigkeit, was besonders bei Menschen mit kognitiven Einschränkungen ein Thema sein kann.

Beispiel

So hat Weinert in einer Studie die Kommunikationsprobleme von Menschen mit kognitiven Einschränkungen in der Bewährungshilfe untersucht. Sie stellt fest, dass beispielsweise eine Bewährungshelferin den Eindruck hatte, als führe sie einen Monolog, mit einem geistig abwesenden Klienten. Der Klient selbst konnte nicht angeben, worüber die Bewährungshelferin mit ihm gesprochen hat. Es war ihm schlicht zu kompliziert (Weinert 2015, 350).

Das generelle Ansprechbarkeitsprinzip sieht vor, nur erwiesenermaßen wirksame Methoden zu verwenden. Nach dem derzeitigen Wissen sind primär multimodale und kognitiv-behaviorale Methoden zu präferieren (Lösel, Koehler & Hamilton 2012). Des Weiteren schreiben Suhling und Marquardt zum aktuellen Forschungsstand, es bedürfe auf Seiten der Fachkräfte gewisser Basiskompetenzen der Verhaltensveränderung, wozu spezielle Fertigkeiten in den Bereichen

- Rollenbild und Autorität,
- effektiver Umgang mit Problemlösestrategien und gesellschaftlichen Ressourcen,
- Anwendung kognitiv-behavioraler Methoden sowie
- Aufbau professioneller Beziehungen (»relationship skills«) gehörten (Suhling & Marquardt 2018, 115).

Die Autoren führen kritisch aus:

> »Frühere angelsächsische Studien hatten gezeigt, dass Bewährungshelfer ihre Rolle häufig nicht deutlich machten, kaum explizite Ablehnung antisozialen Verhaltens des Probanden zeigten, Schwierigkeiten hatten, die Sitzungen gut zu strukturieren und Prioritäten zu setzen, und keine kognitiv-behavioralen Methoden bei ihren Klienten benutzten, wobei ja wie erwähnt gerade diese Methoden einen großen Erfolg bei der Verhaltensänderung von Straftätern aufzuweisen scheinen« (Suhling & Marquardt 2018, 115).

Der Grund für diese Kritik, die wir in Teilen durchaus bestätigen konnten (Klug 2018a), liegt möglicherweise in der mangelnden Ausbildung für genau diese erfolgreichen Methoden, auf die wir weiter unten noch eigens eingehen.

8. Protektive Faktoren

Ein insbesondere in der Frühphase der Adaption des RNR-Modells unterschätztes Thema sind die sogenannten *protektiven Faktoren* (▶ Kap. 5.3). Ganz allgemein kann man protektive Faktoren als Faktoren in persönlichen, sozialen und externen Unterstützungssystemen definieren, die Risikofaktoren einer Person in Bezug auf mögliche kriminelle Rückfälle modifizieren, verbessern, kompensieren oder ändern und somit deren Wahrscheinlichkeit verringern (vgl. Klein et al. 2015).

Neuerdings wird auf den Beitrag von protektiven Faktoren auf die Risikoeinschätzung verwiesen. Durch ihre Einbeziehung würden die Vorhersagen deutlich besser, wie die Untersuchung von de Vries Robbé et al. (2015) für den Bereich der Sexualstraftäter nachgewiesen hat. Zum Nutzen des Einbeziehens schreiben sie:

> »Protective factors could bring more balance to risk assessment and offer positive treatment goals, possibly leading to higher-quality offender treatment and more accurate decision making. As such, protective factors could provide an important contribution to violence prevention« (de Vries Robbé et al. 2015, 52).

Lösel und Bender weisen auf den Sprachgebrauch und die »Funktion« hin:

> »›Reine‹ Schutzfaktoren gegen Delinquenz scheinen nach diesen Ergebnissen selten zu sein. Daher sollte nicht generell von protektiven Faktoren, sondern von protektiven Funktionen bestimmter Variablen-Ausprägungen gesprochen werden« (Lösel & Bender 2000, 120).

Protektiv können ihrer Meinung nach u. a. sein:

1. Kognitive Kompetenzen (verbale Fertigkeiten, Planungsverhalten, Empathie und effektive Problemlösefähigkeiten),
2. Bindung an Bezugspersonen (Bindung an eine*n Lebenspartner*in; positive soziale Beziehungen im Umfeld),
3. Motivation (Schul- und Arbeitsmotivation, spezielle Interessen, Leistungsmotivation, Bindung an die Schule),
4. soziale Kognitionen (Gewaltlose Einstellungen und Schemata, Perspektivenübernahme),
5. Peer-Gruppe (Nicht delinquente Gleichaltrige, Unterstützung von engen, prosozialen Freunden),

6. Spiritualität (Religiöse Orientierung, moralische Werte),
7. ökonomisch (Mittlere soziale Schicht, Einkommensstabilität, geringe Kluft zwischen Arm und Reich),
8. Gemeinde (integrierte, gewaltlose Nachbarschaft, Nachbarschaftskontrolle),
9. legal (Effektive Waffen- und Drogenkontrolle, Interventionen der Strafjustiz),
10. kulturelle Werte (Tradition moralischer Wert-, Beziehungs- und Schuldorientierung) (Lösel & Bender 2000, 135–142).

Wichtig für die Arbeit mit der Zielgruppe von Sexualstraftätern und Menschen mit Persönlichkeitsstörungen ist zu wissen, dass zu Beginn der Zusammenarbeit häufig kaum mit protektiven Faktoren gerechnet werden kann. Gleichwohl ist es eine sozialarbeiterische Aufgabe, diese Faktoren gezielt und strukturiert aufzubauen. Dabei ist immer der Zusammenhang zwischen einem protektiven Faktor und dem zugehörigen Risikofaktor herzustellen.

Beispiel

Wenn »Berufstätigkeit« beim Täter also kein Risikofaktor ist (weil er z. B. eine pädophile Veranlagung hat und es für diese völlig unerheblich ist, ob er arbeitet oder nicht), ist Arbeitsaufnahme auch kein protektiver Faktor. Wenn hingegen der Täter Teil einer devianten Subkultur ist, können eine Arbeitsaufnahme (sofern sie nicht wieder in einem kriminellen Milieu stattfindet) und die damit verbundenen neuen Beziehungen durchaus protektiv wirken.

9. Sorgfältige Auswahl, Schulung und Supervision des Personals

Auf die Notwendigkeit einer Qualifizierung von Fachkräften haben wird oben bereits hingewiesen. Es ist sicher fahrlässig zu glauben, gerade mit dem genannten Personenkreis könne man automatisch arbeiten, wenn man einen Abschluss in Sozialer Arbeit (oder Psychologie) hat. Lösel weist darauf hin, dass

»unerfahrene und nicht spezifisch trainierte Mitarbeiter [...] bei der Arbeit mit Psychopathen leicht in typische destruktive Prozesse [geraten]. Zum Beispiel kämpft man um persönliche Siege, macht sich zum Anwalt des Gefangenen, hat ständig Angst vor Manipulationen, ist leichtgläubig, reagiert pauschal defensiv oder erliegt der Faszination mancher Psychopathen [...]. Anzustreben ist ein Mittelweg zwischen naivem Glauben und enttäuschtem Zynismus. Dabei ist die soziale Unterstützung der Kollegen und Vorgesetzten sehr wichtig« (Lösel 2001, 50f).

Bonta et al. (2018) gehen davon aus, dass Mitarbeiter*innen in der Straffälligenhilfe nicht spezifisch genug ausgebildet sind. So beschreiben sie die ernüchternden Ergebnisse ihrer Untersuchung:

»A meta-analysis of 15 studies published between 1980 and 2006 on the effectiveness of probation and parole was reported by Bonta and colleagues (2008). They found a negligible effect on general recidivism and no effect on violent recidivism. This raised the question of why community supervision was not effective in reducing recidivism, particularly since knowledge of the RNR model goes back to 1990 and effective staff practices as far back as 1980 ...« (Bonta et al. 2018, 170; mit Auslassung der im Original abgedruckten Zahlenreihen).

Für die Autoren lag die Hypothese für den Grund dieses Befundes relativ klar auf der Hand: Wenn RNR evidentermaßen die wichtigsten Prinzipien der Rückfallverhinderung darstellen, dann muss es an der mangelnden Umsetzung der RNR-Prinzipien liegen, dass die Praxis in Bezug auf Rückfallverhinderung zu schlechten Werten kommt. Bei der Überprüfung dieser Hypothese waren die Resultate eindeutig:

»Although the probation agency had policies to support the RNR-model, there was minimal to moderate evidence that the probation officers followed the principles of risk, need and responsivity. The findings, first, that there is little evidence on the effectiveness of community supervision, and second, that observation of probation officers with their clients, show, at best, moderate adherence to effective staff practice suggested a need for training specifically on RNR-based skills« (ebd., 171).

Offenbar genügen weder organisationale Standards noch die bloße Kenntnis der Prinzipien, dass tatsächlich auch nach RNR gehandelt wird. Bonta et al. (2018) schlagen auch als Konsequenz aus diesem Befund ein umfangreiches und insbesondere kontinuierliches Qualifizierungsprogramm vor, das sie STICS (»Strategic Training Initiative in Community Supervision«) nennen. Mit der Implementierung dieses Programms wurden bemerkenswert positive Ergebnisse erzielt. Im Klartext bedeutet dies, dass erhebliche Anstrengungen seitens der Justiz unternommen werden müssen, ihre Mitarbeitenden zu qualifizieren. Ob diese Botschaft in Deutschland schon angekommen ist, darf bis auf Weiteres bezweifelt werden.

10. Übergangsmanagement

Aus der *Desistance-Forschung* (▶ Kap. 5.3) wissen wir um die Notwendigkeit eines »Sozialen Empfangsraumes« als äußeren Rahmen für einen Ausstieg aus der Kriminalität. Die Ausstiegsforschung spricht hier von der Notwendigkeit »der Generierung kriminalitätsunterdrückenden Kapitals« (Wienhausen-Knezevic 2016, 175), das entweder durch externe Ressourcen (Partnerschaft, Arbeitsplatz) oder durch innere Ressourcen (Selbstwert, Beziehungsfähigkeit) – und bestenfalls durch beides zusammen – akkumuliert werden kann. Dieses kriminalitätsunterdrückende Kapital ist besonders in den Übergängen von der Haft in die Freiheit gefragt.

Ohne das bereits an anderer Stelle Ausformulierte (▶ Kap. 6.5) zu wiederholen, seien hier die methodischen Aspekte hervorgehoben, die ein gelingendes Übergangsmanagement von der Haftsituation in die Freiheit ausmachen. Es sind neben der Vermittlung in Therapien (und hier die zentrale Aufgabe der Motivationsarbeit) vor allem Aspekte der Lebenslagenverbesserung, die einen gelingenden Ausstieg aus der Kriminalität ermöglichen, ohne diesen gerade bei den genannten Teilzielgruppe davon abhängig machen zu können.

Wir orientieren uns an dieser Stelle an Matt, der alle Fragen um das Übergangsmanagement erschöpfend behandelt hat. Demnach lassen sich folgende Aufgaben beschreiben:

- Qualifizierung und Bildung im Vollzug, um die Beschäftigungsfähigkeit mit möglicher Vermittlung nach der Haftentlassung zu ermöglichen,
- Sicherstellung einer weiterführenden Betreuung nach der Haftentlassung,
- Gestaltung der verschiedenen Lebensvollzüge mit dem Ziel der »Vermeidung des ›Entlassungsloches‹ (z. B. Wohnungssuche), aber auch Aktivierung von personalen Ressourcen,
- möglichst frühe Kontaktaufnahme zwecks Integrationsplanung mit relevanten Akteuren (z. B. Jobcenter, Sozialamt),
- möglichst ein*e zentrale*r Ansprechpartner*in (Case Manager*in) für die Betreuung nach der Entlassung und zur Stabilisierung der Lebenslagen (Schuldenregulierung, Suchttherapie, Familienberatung) (vgl. Matt 2014, 36f.).

Es sei darauf hingewiesen, dass das Übergangsmanagement – im Hinblick auf die Lebenslagenverbesserung – elementar von der Bereitschaft des*der Klient*in abhängt, sich helfen zu lassen. Sollte dies nicht der Fall sein, was bei den hier behandelten Teilzielgruppen leider nicht auszuschließen ist, reduziert sich die Aufgabe auf das Risikomanagement. Hier sollen auch die verschiedenen Länderprogramme greifen (z. B. HEADS in Bayern oder ZÜRS in Hessen), die den Informationsfluss und die Kooperation der verschiedenen Akteure insbesondere bei rückfallgefährdeten Klient*innen verbessern sollen. Wie die Auswertungen zeigen, wird insgesamt die Zusammenarbeit von den Beteiligten (JVA, Bewährungshilfe, Führungsaufsichtsstelle, Polizei) als gut bezeichnet, allerdings scheint in manchen Bundesländern gerade die Kooperation mit der JVA optimierungsbedürftig (Schiemann, Remke & Büchler 2019, 193f.).

Literatur zum Weiterlesen

Dulz, B., Briken, P., Kernberg, O. F. & Rauchfleisch, U. (Hg.) (2017): Handbuch der Antisozialen Persönlichkeitsstörung. Stuttgart: Schattauer.
DBH e. V. (Hg.) (2016): Psychisch Auffällige. Zeitschrift Bewährungshilfe, 63 (2).
DBH e. V. (Hg.) (2017): Forensische Ambulanzen. Zeitschrift Bewährungshilfe, 64 (2).
DBH e. V. (Hg.) (2018): Hochrisikotäter. Zeitschrift Bewährungshilfe, 65 (2).
Gesellschaft für Fortbildung der Strafvollzugsbediensteten (Hg.) (2016): Psychisch krank. Zeitschrift Forum Strafvollzug, 65 (4).
Hahn, G. & Stiels-Glenn, M. (Hg.) (2010): Ambulante Täterarbeit. Intervention, Risikokontrolle und Prävention. Bonn: Psychiatrie-Verlag.
Sachse, R. (2014): Persönlichkeitsstörungen verstehen. Zum Umgang mit schwierigen Klienten (10. Aufl.). Bonn: Psychiatrie-Verlag.
Schwarze, C. & Hahn, G. (2019): Herausforderung Pädophilie. Beratung, Selbsthilfe, Prävention (2. Aufl.). Köln: Psychiatrie-Verlag.
Steffes-enn, R. & Ihm, H. (Hg.) (2019): Täter und Taten als Informationsquellen. Anamnese und Fallarbeit (3., erw. und überarb. Aufl.). Frankfurt a. M.: Verlag für Polizeiwissenschaft.

8 Forschung und Entwicklung in den Sozialen Diensten der Justiz als Kooperation von Wissenschaft und Praxis

☞ **Das erwartet Sie ...**

In diesem Kapitel wird Forschung und Entwicklung in den Sozialen Diensten der Justiz als eine kontinuierliche Aufgabe beschrieben, die nur in Kooperation von Wissenschaft und Praxis gemeinsam getragen werden kann. Neben dieser Grundbedingung für eine erfolgreiche Konzept- und Methodenentwicklung wird insbesondere die Implementierung von Innovationen in den Sozialen Diensten der Justiz thematisiert. Dabei werden Erfahrungen bisheriger Forschungsprojekte aufgegriffen (Reform der Bewährungshilfe in Bayern) und (selbst-)kritisch beleuchtet. Zudem werden Bedingungen für gelingende Entwicklungsmodelle sozialer Innovationen herausgestellt. Abschließend lässt sich ein zukünftiger Forschungs- und Entwicklungsbedarf im Bereich der Sozialen Arbeit in der Justiz skizzieren.

8.1 Vorbemerkung

Anekdote zum Einstieg

Nach dem ersten gemeinsamen Entwicklungsprojekt der Bewährungshilfe mit der wissenschaftlichen Begleitung der Katholischen Universität Eichstätt schrieb der Mitautor dieses Buches euphorisch: »Mit diesem Projekt hat sich eine Organisation der Bewährungshilfe auf den Weg zur Professionalisierung gemacht. Selbstorganisierte Prozesse können zu jenem durch nachweisbare professionsspezifische Qualität gestützten Selbstbewusstsein führen, das letztlich in gesellschaftliches Ansehen mündet. Für die Bewährungshilfe selber wird die zentrale Aufgabe der Zukunft sein, Verbindlichkeit in den gewonnenen Standards herzustellen. Hier liegt wohl noch ein Stück Wegs vor allen Beteiligten« (Klug 2003b, 204).

Fast 20 Jahre sind seitdem vergangen, einiges von den Hoffnungen dieser Zeilen hat sich erfüllt, vieles nur ansatzweise. Geblieben, ja verstärkt hat sich die Gewissheit, dass nur ein Weg zum professionellen (und disziplinären)

Selbstbewusstsein führt, nämlich der Weg kooperativer Forschung und Entwicklung von methodischen Verfahren. Weder wird die Sozialarbeitswissenschaft eine nennenswerte Zukunft ohne empirische Wirkungsforschung haben noch wird die Praxis ohne empirische Wissenschaft nennenswert an gesellschaftlichem Ansehen (samt zugehöriger Ressourcen) gewinnen.

Im Jahr 2006 veröffentlichte die Zeitschrift »Bewährungshilfe« ein Themenschwerpunktheft »SOZIALE DIENSTE IM FOKUS DER REFORM«. Die Beiträge spiegeln sehr gut den ›Geist‹ der frühen 2000er Jahre wider, deshalb seien einige genannt:

- Michael Steindorfner, verantwortlicher Ministerialdirektor in Baden-Württemberg für die staatliche Straffälligenhilfe, vertritt mit dem Artikel »Strukturen und Finanzierung der Bewährungs- und Straffälligenhilfe« die These, dass angesichts des Reformstaus in der Bewährungshilfe und den fehlenden finanziellen Mitteln eine »Abhilfe innerhalb der staatlichen Strukturen kaum noch möglich erscheint« (S. 3). Sein Lösungsweg heißt Privatisierung, was dann mit der Vergabe der Bewährungshilfe an »Neustart« Österreich und deren Gründung von »Neustart Baden-Württemberg« auch geschieht.
- Konrad Beß und Gertraud Koob-Sodtke, verantwortlich für die Sozialen Dienste der Justiz in Bayern, stellen die »Strukturreform in der Bewährungshilfe in Bayern« vor. Sie ist das Gegenmodell zu Baden-Württemberg und betont die Reformmöglichkeiten im staatlichen System. Sie weisen auf die kooperative Entwicklung der neuen Modelle (»Standards«) zusammen mit der Wissenschaft hin.
- Bernd Maelicke lenkt mit dem Artikel »Chaos als System? – Plädoyer für einen neuen Aufbruch in der ambulanten und stationären Resozialisierung in Deutschland« den Blick auf ein unterschätztes Problem. Seine Kernthese: »Entgegen der Entwicklung in anderen Leistungssystemen wie z. B. der medizinischen Versorgung, der Psychiatrie, der Hilfe zur Erziehung oder der Altenhilfe gibt es in Deutschland weder auf Bundes- noch auf Länderebene (mit vereinzelten Ausnahmen) eine Fachdiskussion und schon gar nicht eine Gesamtstrategie über die Einführung eines Integrierten Gesamtsystems der ambulanten und stationären Resozialisierung« (Maelicke 2006, 40).
- Jürgen Mutz berichtet im Beitrag »Bewährungshilfe in Europa« u. a. über die Einführung der Risikoorientierung in Schottland.

Was sich an diesen Artikeln ersehen lässt, sind folgende Tendenzen:

- Seitens der Politik und der Ministerien wurde ein Reformbedarf wahrgenommen. Dieser wird zumindest von einem Teil der Fachkräfte durchaus ebenfalls gesehen.
- Die politisch präferierten Wege sind: Privatisierung (ohne wissenschaftliche Begleitung) in Baden-Württemberg und Reform (mit wissenschaftlicher Begleitung) in Bayern.

- Was generell fehlt ist eine strategisch langfristig angelegte, über die Bundesländer und über die einzelne Reformperiode hinausgehende Reformidee eines integrierten Resozialisierungssystems.
- Deutlich werden auch die zunehmenden europäischen Einflüsse, besonders die der stärkeren Betonung der Rückfallverhinderung.

Insbesondere zwischen 2005 und 2015 hat sich die Landschaft der Bewährungshilfe in vielfacher Hinsicht verändert. In den meisten Bundesländern gibt es mittlerweile verbindliche methodische Standards (Übersicht siehe Klug & Schaitl 2012), die mehr oder weniger stark betont Elemente des Risikoparadigmas enthalten (z. B. Risikokategorien, Risikoeinschätzungen, Planung der Kontrollprozesse). Was nach wie vor methodisch auf halbem Wege stecken geblieben ist, ist ein flächendeckendes Übergangsmanagement (Maelicke 2015; Pruin 2018, 584). Es gehört zu den großen seitherigen Versäumnissen, dass der Aufbruch der Methodenentwicklung seit dieser Zeit nicht strategisch weitergeführt wurde und in einer Erstarrung mündete.

Noch dramatischer lässt sich in dieser Hinsicht die Lage der Gerichtshilfe und der Sozialen Dienste in der JVA beschreiben, deren strategisch ausgerichtete (und damit zusammen mit der Wissenschaft organisierte) Weiterentwicklung nicht stattgefunden hat. Dies lässt sich unschwer daran erkennen, dass es nach wie vor kaum wissenschaftliche Veröffentlichungen über die Soziale Arbeit im Justizvollzug und der Gerichtshilfe gibt. Zwar gibt es auch da und dort Standards (z. B. in Bayern oder Niedersachsen), diese sind aber teilweise nicht in Kooperation mit der Wissenschaft entstanden, was unter handlungswissenschaftlicher Perspektive problematisch erscheint, weil die Außenperspektive fehlt und die Gefahr entsteht, ›im eigenen Saft zu schmoren‹.

Es wird also die Aufgabe der Zukunft sein, eine dauerhafte Kooperationsbeziehung zwischen Wissenschaft und Praxis mit dem Ziel zu etablieren, innovative Modelle gemeinsam zu entwickeln, zu implementieren und ihre Effekte zu evaluieren.

8.2 Konzept- und Methodenentwicklung als Kooperation von Wissenschaft und Praxis

In einem handlungswissenschaftlichen Grundverständnis, wie es in Kapitel 2.3 bereits skizziert wurde (▶ Kap. 2.3), werden professionelles Handeln und darin auftretende Handlungsprobleme zum (zentralen) Gegenstand der Wissenschaft. Aus diesem Grund bearbeiten Handlungswissenschaften – wie die Soziale Arbeit – auch immer handlungsbezogenes Wissen (Technologien) (Sommerfeld 2016, 24). Auf dieser *technologischen Dimension* beabsichtigen sie somit, professionelle Handlungspläne (Konzepte, Methoden, Verfahren) in der Auseinandersetzung und in Kooperation mit der konkreten Praxis zu entwickeln.

An dieser Stelle führt Sommerfeld das Modell der *Kooperation* als wesentlichen Vermittlungsmodus von Wissenschaft und Praxis an (vgl. Sommerfeld 1998; 2003; 2014). Hierbei sollen zum einen die Systemgrenzen von Wissenschaft und Praxis nicht nur aufrechterhalten, sondern auch verstärkt sichtbar gemacht werden. Zum anderen geht es darum, die Systemreferenzen durch Austausch- und Kooperationsprozesse höherer Ordnung neu zu gestalten (Sommerfeld 1998). Im Mittelpunkt dieser Austausch- und Kooperationsprozesse steht die Kategorie *Wissen*, die im Rahmen fortlaufender Modernisierungsprozesse wichtiger denn je erscheint. Soziale Arbeit sieht sich mit zunehmend komplexeren Aufgabenstellungen konfrontiert, für die es entsprechend komplexer Problemlösekompetenzen bedarf (in Anlehnung an die »reflexive Modernisierung« nach Beck 1986 zit. nach Sommerfeld 1998, 22). Auch mit Blick auf die Professionsentwicklung zeigt sich, dass die Bedeutung klassischer Merkmale von Professionen zunehmend schwächer wird und die Handlungskompetenz in den Fokus rückt (vgl. u. a. Heiner 2004). Zudem zeichnen sich neue Formen der Wissensproduktion ab: Eine klassische, akademisch, disziplinär-hierarchisch (also mit einer Dominanz versehene Wissenschaft gegenüber der Praxis) organisierte, langfristig angelegte Wissensproduktion (»Modus 1), wird durch einen neuen Typus (»Modus 2«) ergänzt, der durch eine in Anwendungskontexten situierte, transdisziplinäre, heterarchische, flüchtige Organisation der Wissensproduktion gekennzeichnet ist (Sommerfeld 1998, 24). Modus 2 ist demnach weniger auf ein möglichst allgemeines Erkenntnisinteresse zur Theoriebildung ausgelegt, sondern auf die Lösung von Handlungsproblemen in spezifischen Kontexten. Dies kommt der Logik von *Forschung und Entwicklung* sehr nahe, die sich in den angewandten Wissenschaften etabliert hat und im *Modell der kooperativen Wissensbildung* (▶ Abb. 8) zum Ausdruck kommt (Hüttemann & Sommerfeld 2007; Sommerfeld 2014).

Wissenschaft und Praxis stellen im Modell der kooperativen Wissensbildung auch weiterhin zwei getrennte und ausdifferenzierte Systeme dar. In beiden Systemen wird Wissen in zyklischen Vorgängen produziert. Innerhalb des Wissenschaftssystems liefern die Grundlagenwissenschaften Faktenwissen und nomologisches Wissen, das von den Handlungswissenschaften aufgegriffen und für die Bearbeitung ihrer Fragestellungen zu technologischem Wissen verarbeitet wird. Dadurch entstehen neue Erkenntnisse, die wiederum an die Grundlagenwissenschaften weitergegeben werden.

Die sozialarbeiterische Handlungspraxis, die sich durch einen Zyklus von Routinen und Innovationsbestrebungen auszeichnet, stellt sich ebenfalls als ein dynamischer Ort der Erkenntnisproduktion dar. Die beiden Systeme sind über die Konstruktion von Professionalität strukturell miteinander gekoppelt, wobei sich die Frage stellt, wie diese Kopplung gestaltet wird (Sommerfeld 2014, 145). Immer dann, wenn in der Praxis Innovationen erforderlich sind, versprechen Kooperationen zwischen Wissenschaft und Praxis große Potenziale, denn

»sie bieten den Vorteil, unterschiedliche Wissenshorizonte der Praxis und der Wissenschaft miteinander zu verschränken. Wenn diese Form von Integration gelingt, entsteht aus dem Austausch- und Kooperationsprozess tendenziell eine Form von Wissen, die erstens mehr Komplexität in den Blick bekommt, und die zweitens unmittelbar praxisrelevant wird« (Sommerfeld 2003, 19).

Kooperation

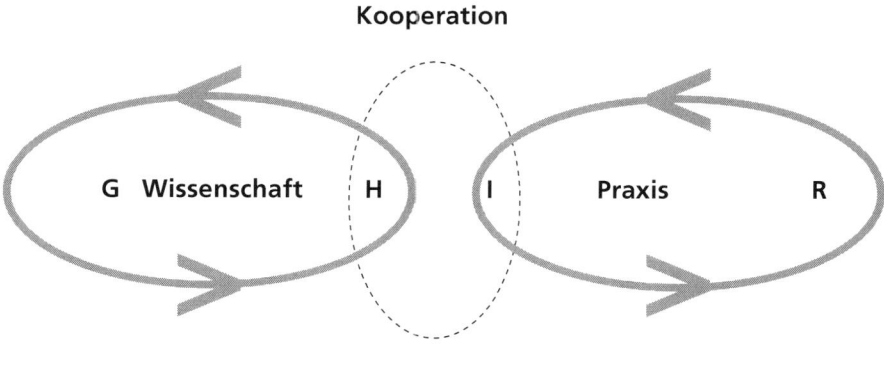

G = Grundlagenwissenschaft   I = Innovation
H = Handlungswissenschaft   R = Routine

Abb. 8: Modell der kooperativen Wissensbildung (aus: Sommerfeld, P. & Hüttemann, M. (2007): Forschungsbasierte Praxis. In: Sommerfeld, P. & Hüttemann, M. (Hg.): Evidenzbasierte Soziale Arbeit. Nutzung von Forschung und Praxis. Baltmannsweiler: Schneider Verlag Hohengehren, S. 48)

Im Anschluss an Kooperationsprojekte kann das erzeugte Wissen zum Praxiswissen transformieren und in die Handlungsroutinen der Praxis einfließen. Gleichzeitig können die gewonnenen Erkenntnisse in die Wissenschaft zu Theorien und Technologien weiterverarbeitet werden, wodurch schließlich ein *konsolidierter Wissenskorpus* der Sozialen Arbeit entstehen kann (Sommerfeld 1998; 2014).

Ein konkretes Modell zur Entwicklung forschungs- und theoriebasierter Interventionen stellt der *Praxis-Optimierungs-Zyklus* (Gredig 2005; 2011) dar. Dieser basiert auf den Grundannahmen der kooperativen Wissensbildung und versteht innovative Praxisentwicklung als einen kontinuierlichen Prozess mit vier zentralen Schritten (vgl. Gredig 2005; 2011).

Praxis-Optimierungs-Zyklus (Gredig 2005; 2011)

1. Forschung: Aufbereitung aktueller Forschungserkenntnisse als Wissensbasis für die folgenden Schritte
2. Konzeptentwicklung: Entwicklung innovativer Interventionen im Sinne der kooperativen Wissensbildung
3. Implementierung: Umsetzung der Intervention in der Handlungspraxis
4. Evaluation: Überprüfung der Umsetzung, Wirkung etc. der kooperativ erarbeiteten Intervention

---

Abschließend möchten wir noch auf eine zukünftige Anforderung für Prozesse der kooperativen Wissensbildung hinweisen: Auf der Basis des dargelegten Modells der Kooperation nach Sommerfeld erscheint es uns notwendig, neben dem »System Praxis« und dem »System Wissenschaft« auch die »Adressat*innen« Sozialer Arbeit explizit als eigenständiges System zu denken, und damit die Notwendigkeit von deren Einbezug bei Prozessen der kooperative Wissensbildung besonders zu betonen. Die Adressat*innen-Forschung (vgl. u. a. Graßhoff 2013: mit Bezug zur Bewährungshilfe Bieker 1989) und Nutzer*innen-Forschung (vgl. u. a. van Rießen et al. 2020) liefern hierfür wichtige Impulse, die es zukünftig verstärkt zu berücksichtigen gilt.

8.3 Implementierung von Innovationen in den Sozialen Diensten der Justiz – Erfahrungen und Erkenntnisse

Am Beispiel des Reformprozesses der Bewährungshilfe in Bayern und entsprechend der Kritik und den Ergebnissen sollen Bedingungen der Implementierung von Innovationen dargestellt werden, die sowohl Aspekte der Forschung als auch der Entwicklung im Sinne des Kooperationsmodells von Sommerfeld beinhalten. An diesem Entwicklungsprojekt nahm die Katholische Universität Eichstätt als wissenschaftliche Begleitung teil (vgl. Klug 2003b).

8.3.1 Die fachliche Reform der Bewährungshilfe in Bayern

Dem fachlichen Handeln der Bewährungshilfe lag bis 2003 ein sogenanntes »Handlungskonzept« zugrunde. Das Handlungskonzept betonte die »individuelle Fixierung der Gedanken des einzelnen Bewährungshelfers«, es sei »formlos, auch handschriftlich und stichwortartig« anzufertigen (Bayerisches Staatsministerium der Justiz 1991). Aus den Projektmaterialien aus der Anfangszeit des Reformprojektes (2001) lassen sich einige Informationen zur Ausgangssituation entnehmen: Die Verantwortlichen der Bewährungshilfe waren der Meinung, die Entwicklung der Sozialen Arbeit habe das Handlungskonzept überholt, insbesondere werde es von vielen Fachkräften als nicht verbindlich betrachtet. Aus wissenschaftlicher Sicht war das Handlungskonzept eine Leitlinie ohne theoretischen Hintergrund und ohne stringente Fallführung. Da es sehr allgemein gehalten war und zudem eine Reihe von einschränkenden Anweisungen den Gebrauch unverbindlich erscheinen ließen, war eine fachliche Kontrolle der Mitarbeitenden sehr schwierig. Die handlungssteuernde Bedeutung für die Praxis war weder aus den Akten noch aus den Beobachtungen zu entnehmen. Zudem fehlten einheitliche inhaltliche Dokumentationsstandards. Dies hatten umfangreiche Evaluationen durch die wissenschaftliche Begleitung ergeben (zitiert wurde hier aus unveröffentlichten Projektunterlagen).

Die Standardentwicklung erfolgt anhand der folgenden Schritte.

a.   Einrichtung eines Pilotprojektes (2001–2003)

Um die Hypothesen der Führungskräfte zu untersuchen, ob tatsächlich Entwicklungsbedarf vorliege, wurde die wissenschaftliche Begleitung mit einer umfassenden Bestandsaufnahme in einem Pilotprojekt beauftragt. Insbesondere die uneinheitliche Aktenführung führte zu Problemen bei der Fallübergabe und -vertretung, es gab aber auch Unzufriedenheit mit der fachlichen Beliebigkeit innerhalb der Berufsgruppe. Die Ergebnisse einer diesbezüglichen Bestandsaufnahme wurden unter den Mitarbeitenden dieses Pilotprojektes diskursiv erhoben und waren weitgehend unbestritten. Anschließend wurden erste Versuche unternommen, zusammen mit der wissenschaftlichen Begleitung gemeinsame fachliche Standards zu formulieren. Diese wurden unter den Mitarbeitenden der im Pilotprojekt beschäftigten Fachkräfte ausführlich diskutiert und verabschiedet.

b.   Übertragung der Ergebnisse in einen bayernweiten Prozess (2003–2007)

Nach dem Pilotprojekt wurden die Entwicklung und Implementierung der Standards für ganz Bayern beschlossen. Hierfür wurde ein bayernweites Entwicklungsprojekt initiiert, in dem alle Dienststellen von Aschaffenburg bis Traunstein, von Memmingen bis Hof repräsentiert sein sollten. Die Projektleitung der bayernweit flächendeckenden Entwicklung neuer Standards in der Bewährungshilfe oblag der ZKB (Zentrale Koordinierungsstelle Bewährungshilfe), deren Aufgabe es ist, die Arbeit der Bewährungshilfe im gesamten Flächenstaat Bayern zwischen den Oberlandesbezirken zu koordinieren und fachliche Standards zu entwickeln. Sie fungiert dabei nicht als vorgesetzte Behörde, denn die Dienststellen der Bewährungshilfe bleiben nach wie vor den jeweiligen Landgerichtsbezirken unterstellt.

Die ZKB beschreibt die fachlichen Ziele des Entwicklungsprojektes von 2003–2007 wie folgt:

>»Die Zentrale Koordinierungsstelle Bewährungshilfe strebt systematisch an, die erarbeiteten Ergebnisse des (wissenschaftlich begleiteten) Münchner Modellprojekts in ganz Bayern nutzbar zu machen. Im Rahmen eines bayernweiten Projekts sollen ein Prozess zur Qualitätssicherung und Qualitätsentwicklung initiiert sowie Standards für die Bewährungshilfe erarbeitet werden. Standards in der Bewährungshilfe machen Sinn, weil sie

- die Tätigkeit der Bewährungshilfe (Inhalt, Umfang und Arbeitsweise) beschreiben
- das Leistungsprofil der Bewährungshilfe nach außen verdeutlichen und nach innen Maßstäbe setzen
- insbesondere für Berufsanfänger*innen eine Orientierung bieten und
- Grundlagen für die professionelle Weiterentwicklung des Berufsstands der Bewährungshilfe sind« (Beß & Koob-Sodtke 2006, 19).

Die Organisation des Projektes wurde in einer umfangreichen Geschäftsordnung beschrieben, darin haben die Beteiligungsrechte aller Fachkräfte einen kompetenten Platz. Folgende Grafik gibt das Zusammenspiel der verschiedenen Gremien wieder (▶ Abb. 9).

Projektorganisation

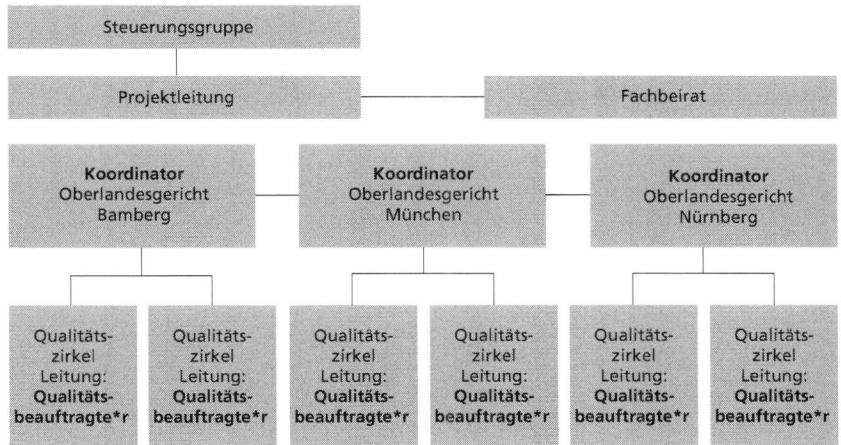

Abb. 9: Projektorganisation Reform Bewährungshilfe Bayern (Beß, K. & Koob-Sodtke, G. (2006): Die Strukturreform in der Bewährungshilfe in Bayern. In: Bewährungshilfe, 53 (1), 14–25, hier 20)

c. Arbeitsweise des Entwicklungsprojektes

Jede Dienststelle richtete einen Qualitätszirkel ein, an dem jede Fachkraft an den Beratungen der Standards teilnehmen konnte. Die Qualitätsbeauftragten diskutierten mit den Qualitätszirkeln die von der wissenschaftlichen Begleitung vorbereiteten und vorgeschlagenen Standards und gaben im Namen der Dienststelle eine Stellungnahme ab. Der Fachbeirat, in dem Vertreter*innen der Basis, des Personalrats, der Berufsverbände (z. B. Verdi) und der Justiz zusammenkamen, sammelte alle Stellungnahmen, bewertete jeden einzelnen von ihnen und schlug der Projektleitung und der Steuerungsgruppe einen Standardformulierung vor. Im Fachbeirat hatte die wissenschaftliche Begleitung einen Sitz.

Die inhaltliche Entwicklung der methodischen Standards nahm vier Jahre in Anspruch und wurde wie folgt strukturiert (▶ Abb. 10)

Projektphasen

Vorbereitungsphase	Planung, Genehmigung und Vorstellung des Projektes
Projektphase 1	Konstituierung der Qualitätsbeauftragten
Projektphase 2	Schulung der Qualitätsbeauftragten
Projektphase 3	Arbeitsphase zum Schlüsselprozess „**Hilfeprozess I**"
Projektphase 4	Arbeitsphase zum Schlüsselprozess „**Hilfeprozess II**"
Projektphase 5	Arbeitsphase zum Schlüsselprozess „**Kontrollprozess**"
Projektphase 6	Arbeitsphase zum Schlüsselprozess „**Schwerpunktsetzung**"
Projektphase 7	Entwicklung eines Qualitätshandbuchs

Abb. 10: Projektphasen Reform Bewährungshilfe Bayern (Beß, K. & Koob-Sodtke, G. (2006): Die Strukturreform in der Bewährungshilfe in Bayern. In: Bewährungshilfe, 53 (1), 14–25, hier 21)

d. Innovationsgehalt der Standards

Fachlich neu und bis zu diesem Zeitpunkt innovativ war neben der Tatsache, dass ein substanzieller Versuch unternommen wurde, Prozessstandards einzuführen, insbesondere der »Kontrollprozess«, d. h. die methodische Konstruktion des »Zwangskontextes« in der Bewährungshilfe. Selbst im vorgeschalteten Pilotprojekt (siehe a.) konnten sich die Fachkräfte nicht auf konkrete Standards für diesen Teil des »doppelten Mandats« einigen (vgl. Klug 2003b). In der Projektbeschreibung ist zu lesen:

»Die systematische Strukturierung des Kontrollprozesses dient der fachlichen Definition und der Erarbeitung von Handlungsstandards, gerade in einer Zeit, in der der hoheitliche Charakter der Bewährungshilfe zunehmend an Bedeutung gewinnt. Ziel des Kontrollprozesses ist es, mit den Methoden der Sozialarbeit das Rückfallrisiko zu minimieren, die Gefährlichkeit und die Rückfallwahrscheinlichkeit richtig einzuschätzen sowie situationsadäquat zu reagieren« (Beß & Koob-Sodtke 2003, 24).

e. Einführung, Rezeption und Widerstand

An dieser Stelle setzte bei der Entwicklung und Implementierung erheblicher Widerstand ein, der auch nach Jahren nicht abebbte. Als deutlich wurde, dass die Standardisierung nicht in eine bis dahin übliche ›weiche‹ Form einmündet, in der letztlich alle genauso weiterarbeiten konnten wie bisher, sondern es zu einer Vereinheitlichung z. B. in der Dokumentation kommen sollte, formierte sich Opposition, die sich auch gegen die Methodik, die sich aus dem Kontrollprozess herauskristallisiert hatte, richtete. Hier wurde insbesondere die am RNR-Modell orientierte Grundsystematik stark kritisiert. Dieser Widerstand hat sich insbesondere in den Berufsverbänden lange gehalten (siehe z. B. ADB 2013).

Nicht zuletzt, um diesen Divergenzen Rechnung zu tragen, wurde die Standardentwicklung sehr partizipativ angelegt und dauerte entsprechend lang. Nach vier Jahren Entwicklungsphase wurden die methodischen Standards (Zentrale Koordinierungsstelle 2007) schließlich flächendeckend eingeführt. Die seinerzeitige Justizministerin in Bayern, Dr. Beate Merk, schrieb dazu in ihrem Vorwort:

»Ein bundesweites Diskussionsthema ist seit Ende der neunziger Jahre die Qualitätssicherung und Qualitätsentwicklung sowie die Erstellung von Standards in der Bewährungshilfe. Die Zentrale Koordinierungsstelle Bewährungshilfe der bayerischen Justiz hat diese Diskussion aufgegriffen und im Verlauf eines landesweiten Projekts von Herbst 2003 bis Herbst 2007 in enger Zusammenarbeit mit allen Dienststellen der Bewährungshilfe und mit wissenschaftlicher Begleitung fachliche Standards entwickelt« (Merk 2007, 3).

f. Implementierungsprozess 2007–2010

Angefügt wurde ein dreijähriger Implementierungsprozess, in dem mit Hilfe eines Multiplikator*innensystems die praktische Umsetzung der Standards eingeübt wurde. Auch in dieser Phase wurden regelmäßig Erfahrungen abgefragt und

– sofern sie der Fachbeirat für notwendig erachtete – als Änderungen in die Standards eingepflegt.

Die Standards sind – mit einigen Änderungen (zu den Änderungen vgl. Beß et al. 2016) – in neunter Auflage (Zentrale Koordinierungsstelle Bewährungshilfe 2020) Grundlage des fachlichen Handelns der Bewährungshilfe in Bayern. In den allermeisten Bundesländern finden sich mittlerweile Standards mit risikoorientierten Elementen in mehr oder weniger verbindlicher Form (Überblick: Klug & Schaitl 2012).

8.3.2 Kritik

Die Kritik an den Standards, die, wie bereits erwähnt, mittlerweile in fast allen Bundesländern eingeführt wurden, erfolgte sowohl von der disziplinären als auch auf der professionellen Seite.

Die Kritik der *Fachdisziplin (Wissenschaft)* wurde in zweierlei Hinsicht geäußert.

a.   Kritik an der Vorgehensweise der Entwicklung der Standards

Ghanem et al. haben sich ausführlich mit der Entwicklung und Implementierung der bayerischen Standards befasst. Sie kritisieren die entwickelten Instrumente der Risikoeinschätzung:

»In der bayerischen Bewährungshilfe verbirgt sich dieses Instrument unter dem Begriff der ›Kriterienliste‹ (Beß & Koob-Sodtke 2007, 252), welcher den reduktionistischen Charakter dieser Liste vermuten lässt. Die Bewährungshelfer_innen müssen dabei kriminogene und protektive Faktoren der Klient_innen bestimmen und dokumentieren. Aus unserer Sicht kann bei der faktischen Verpflichtung der bayerischen Bewährungshelfer_innen, diese Kriterienliste anzuwenden, von einem ›Embedded-Research Model‹ (Nutley et al. 2009, 556) und somit von EBP [Evidence Based Practice] gesprochen werden. Konstitutiv dafür ist, dass die kriminogenen und protektiven Faktoren auf wissenschaftlichen Studien beruhen, die eine damit einhergehende erhöhte bzw. reduzierte Rückfallwahrscheinlichkeit attestieren (Beß & Koob-Sodtke 2007, 252). Diese Form von EBP kann als Beispiel des [...] ›Top Down‹-Ansatzes gesehen werden. Ohne die Sinnhaftigkeit dieses Instruments für die Praxis der Bewährungshilfe grundsätzlich zu bewerten, denken wir, dass derartige Versuche, einen instrumentellen Gebrauch wissenschaftlich generierten Wissens zu fördern, der ursprünglichen Ethik von EBP zuwiderlaufen. Professionelle sollen durch EBP aus einer Art Unmündigkeit geführt werden. EPB wurde an sich für Praktiker_innen entwickelt und soll ihnen ein autoritätskritisches Werkzeug an die Hand geben, um selbstständig, durch kritisches Denken, zu der bestmöglichen Entscheidung für die jeweilige Situation zu gelangen (Sackett et. al. 1996, 72). Diese spezielle Umsetzung von EBP [...] widerspricht dieser ethischen Komponente (vgl. Hüttemann 2010, 127ff.) und steht auch im Widerspruch zu der Berücksichtigung der Klient_innenperspektive und der eigenen Expertise (Drisko & Grady 2015). Hammersley (2015, 8) argumentiert sogar, dass derartige praktische EBP-Versuche auf die Kontrolle von Praktiker_innen abzielen und Professionalität gefährden. Nicht zuletzt führen solche Prozesse dazu, dass EBP (nicht nur) von der Praxis bedingt gut angenommen werden. Die Implementierung der Kriterienliste [... wird] wissenschaftlich begleitet« (Ghanem et al. 2016, 376).

In diesem langen Zitat werden im Wesentlichen folgende Kritikpunkte erhoben:

- Die Pflicht zur Verwendung eines Instrumentes zur Risikoeinschätzung lässt sich als »Top-down«-Vorgehen interpretieren, weil hier wissenschaftliche Erkenntnisse in der Praxis angewendet werden müssen.
- Dieses ›Verordnen‹ widerspricht der Ethik der Evidence Based Practice, weil sie Praktiker*innen unmündig und autoritätshörig macht. Es ermöglicht nämlich nicht die eigene Expertise und auch nicht die der Klient*innen.
- Ungelöst bleibt das Relationierungsproblem (Ghanem et al. 2016, 377), d. h. die (Un-) Möglichkeit eines Theorie-Praxis-Transfers.
- Letztlich soll damit die Praxis kontrolliert werden.

b.   Kritik an den Inhalten der Standards

Führende Wissenschaftler*innen der Straffälligenhilfe übten zum Teil in sehr deutlichen Worten Kritik an Inhalten der Standards, z. B. der sogenannten Kriterienliste, mit deren Hilfe kriminogene Faktoren gefunden werden sollten (analog dem Need-Principle nach Andrews & Bonta 2010). Beispielhaft soll hier die Kritik von Cornel et al. (2018) wiedergegeben werden:

1. »Es sollte thematisiert werden, wie die Risikosemantik im fachlichen Diskurs sozialarbeiterischen Handelns in der Straffälligenhilfe kriminalpolitisch einzuschätzen ist. [...] Diese Semantik und die mit ihr verbundenen Praktiken [...] beruhen selbst auf einem fragilen Diskurs mit vielen Schwächen. Diese Schwächen sind sämtlich darauf zurückzuführen, dass die Sicherheitsversprechen der Risikoorientierung in aller Regel nicht eingelöst werden konnten.
2. In diesem Zusammenhang sollte auch diskutiert werden, inwieweit die Risikoorientierung, die offensichtlich von vielen Justizverwaltungen als sehr attraktiv wahrgenommen wird, in den Trend von wohlfahrtsstaatlichen zu sicherheitsorientierten Gesellschaftsmodellen und deren Steuerungsmechanismen passt. Diese Verschiebung führt zwingend zu fachlichen Neujustierungen und Verstrickungen – sowohl innerhalb der Sozialen Arbeit selbst als auch in ihrem Verhältnis zu den Professionen, die dem Strafrecht entspringen. Es gilt zu besprechen, welche Ansatzpunkte für die Verstrickung der Sozialen Arbeit in der Arbeit mit Straffälligen in ihr selbst und in ihrer eigenen Fachlichkeit liegen und welche ihr von außen aufgeherrscht wurden.
3. Zur der von uns konstatierten Veränderung der sozialarbeiterischen Fachlichkeit gehört auch die Frage, was die standardisierten Mess- und Prognoseverfahren in den einzelnen Bundesländern für Fachkräfte attraktiv macht. [...] Sie verleihen innerhalb des Berufsstandes Kompetenz und erhöhen die Akzeptanz der Sozialen Arbeit in der Justizadministration, da sie sich an justizielle Kontrollnotwendigkeiten anschließen« (Cornel et al. 2018, 79).

In diesem Zitat werden die wesentlichen, auch an anderer Stelle (vgl. Bohrhardt 2014) geäußerten, inhaltlichen Kritikpunkte deutlich:

- Mit der Einführung der Risikoorientierung (z. B. der Suche nach kriminogenen Faktoren, der stärkeren Ausrichtung an der Rückfallproblematik) vollzieht Soziale Arbeit einen Kurswechsel: Von einer wohlfahrtsstaatlichen Orientierung an den Bedürfnissen der Klient*innen wird sie zum Instrument der Justiz und deren Kontrollintentionen.

- Damit verlässt Soziale Arbeit nicht nur ihr Selbstverständnis (»soziale Integration«, Lebenslagenverbesserung), sondern auch ihre eigene Fachlichkeit bis hinein in die Methodik. Sie erscheint »ausschließlich defizitorientiert [...] und überwiegend an medizinische Begriffe« anknüpfend (Kawamura-Reindl & Schneider 2015, 345). Standardisierte Verfahren bieten angesichts fragilen Selbstbewusstseins nur scheinbare Sicherheit.
- Die normativen Grundlagen verschieben sich insbesondere, was das Verhältnis zu den Straffälligen betrifft. Menschen, die klassischerweise von der Sozialen Arbeit ganzheitlich und empathisch betrachtet wurden, werden jetzt zu »gefährlichen Subjekten«, was sich besonders auf die Arbeitsbeziehung auswirke (Ghanem 2018, 39).

Die Kritik der *Profession (Praxis)* richtet sich ebenfalls sowohl gegen den Inhalt der Neuerungen als auch gegen die Implementierung. Beispielhaft soll hier der Vorsitzende der *Arbeitsgemeinschaft der Bewährungshelfer/innen in Deutschland (ADB)* zu Wort kommen. Sein Eröffnungsbeitrag zum vierten Bewährungshelfertag begann mit folgenden Passagen:

> »Die sich gewaltig vollziehenden gesellschaftlichen Veränderungen, haben mit der Einführung des Models der risikoorientierten Bewährungshilfe auch unsere Profession erreicht. [...] Die damals gesetzten Akzente waren zunächst nicht zu überschauen und sind nachfolgend, nach meinem Ermessen, zu naiv und unbedarft bewertet worden, auch durch die ADBeV, weil sie den Paradigmenwechsel, dass zukünftig die bisher an den Bedürfnissen orientierte individuelle Klientenarbeit aufgegeben wird und Klienten nur noch nach deren Risiko zu bewerten sowie die inhaltliche Arbeit formal danach auszurichten ist, in der Bewährungshilfe beförderte.
>
> Das eine Ergebnis, von 6 Jahren Risiko- oder Sicherheitsmanagement in der Bewährungshilfe, wenn es denn so bezeichnet werden soll, ist, dass die damals vorgestellten sogenannten neuen Modelle nahezu, wenn auch variiert, in fast allen Bundesländern inzwischen administrativ eingeführt wurden oder es beabsichtigt ist, diese einzuführen« (Gebert 2013, 4).

Neben der bereits oben dargelegten inhaltlichen Ablehnung der Methodik, wird hier auch Selbstkritik deutlich: Die Profession habe zu lange auf die Risikoorientierung gesetzt und zu wenig Widerstand geleistet. Die Tatsache, dass die Modelle »administrativ« eingeführt wurden, darf im Sinne Ghanems als »Top-down«-Implementierung verstanden werden.

Der Bewährungshelfer Kipp bestätigt sowohl die inhaltliche als auch die organisationale Kritik. Er stellt in den Mittelpunkt seiner Kritik die Hierarchisierung und Bürokratisierung der Bewährungshilfe. Er schreibt:

> »Die zuvor ausgearbeiteten Qualitätsstandards (umfangreiche Beschreibungen von Handlungsschritten für einzelne Phasen eines jeden Falles) gelten nunmehr als für jeden verbindlich und sind Bestandteil von Geschäftsprüfungen. Die einheitliche Praxisumsetzung soll zum einen durch die Neugestaltung der Allgemeinen Sozialen Dienste der Justiz und deren Hierarchisierung sichergestellt werden und zum anderen durch die Einführung eines Computerprogramms namens SoPart, welches verpflichtend zur Dokumentation nicht nur der Arbeit, sondern auch vielfacher Daten eingeführt worden ist« (Kipp 2010, 306).

167

Die Erwiderung auf *fachliche* Einwände ergibt sich aus unserer Sicht aus den methodischen Schlüsselprozessen und insbesondere ihren empirischen Dimensionen. Hierin und in der Frage nach der Bedeutung von Empirie für die Soziale Arbeit, erscheint uns die hauptsächliche Divergenz zu liegen. Was die Kritik an *Implementierungsvorgängen* betrifft, müssen wir noch einen Zwischenschritt gehen, um uns Bedingungen gelingender Einführung von Innovationsmodellen zu vergegenwärtigen (▶ Kap. 8.3.3). In den Folgerungen daraus (▶ Kap. 8.3.4) mag man dann auch eine Replik zu der oben dargestellten Kritik erkennen.

8.3.3 Bedingungen gelingender Entwicklungsmodelle sozialer Innovationen

Wenn wir über gelingende Entwicklungsmodelle sozialer Innovationen sprechen, meinen wir Entwicklungsprozesse, in denen

>»neues oder neu kombiniertes Wissen praxisrelevante Form erlangt. Im Sozialbereich sind dies beispielsweise Methoden, Konzepte sowie Handlungs- und Organisationsformen. Im Ergebnis vermag dies die Praxis grundlegend, umfassend und dauerhaft zu verändern« (Parpan-Blaser 2018, 34).

Innovationsauslöser können sowohl innerhalb oder außerhalb der Organisation gefunden werden. Parpan-Blaser führt hierzu aus:

>»Typischerweise führen ein in der Organisation gepflegter fachlicher Austausch, punktuell oder systematisch angesetzte Selbst- oder Fremdevaluationen, gezielte individuelle oder kollektive Weiterbildungen und Kontakte mit Organisationen im Praxisfeld dazu, dass Entwicklungsbedarf festgestellt und angegangen wird« (ebd., 45).

Osborne (1998) weist darauf hin, dass Innovationen einen sehr unterschiedlichen Grad an Veränderung bedeuten können. Es kann sein, dass Verfahren nur angepasst oder erweitert werden müssen, es kann aber auch sein, dass völlig neuartige Verfahren zusätzlich eingeführt werden müssen oder alte Verfahren ersetzt. *Lernbereitschaft und die Lernfähigkeit einer Organisation* sind immer Voraussetzung für den Erfolg, und was vielleicht mindestens ebenso wichtig ist: Innovationen sind nicht nur im Endergebnis zu betrachten, sondern auch in den zur Innovation führenden Prozessen, die Lernprozesse sein können (Osborne 1998, 1137).

Osborne identifiziert vier Typen von invasiven Eingriffen in die bestehenden Einrichtungen. In seiner Typologie (▶ Abb. 11) befasst sich die x-Achse mit dem Schweregrad einer organisatorischen Änderung der tatsächlichen Dienstleistungen, die ein sozialer Dienst erbringt (Kontinuität) – d. h. ob es sich um die bereits bestehenden Dienstleistungen des Dienstes handelt oder um die Schaffung völlig neuer (Diskontinuität). Die y-Achse befasst sich mit der Beziehung einer organisatorischen Änderung zu den Klient*innen der sozialen Dienste, d. h. sie beantwortet die Frage, ob sie den Bedürfnissen der Klient*innen entspricht.

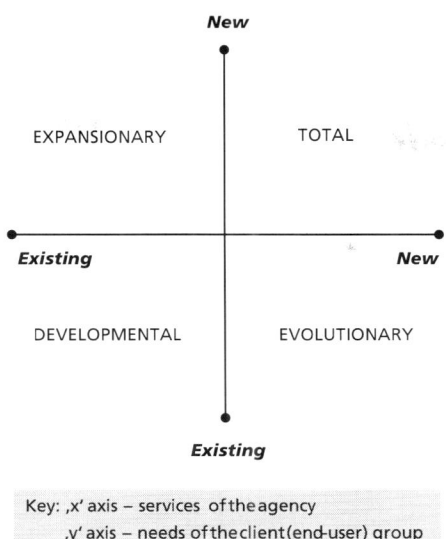

Key: ‚x' axis – services of the agency
‚y' axis – needs of the client (end-user) group

Abb. 11: Typen organisatorischer Veränderungen (Osborne, S. P. (1998): Naming the Beast: Defining and Classifying Service Innovations in Social Policy. In: Human Relations, 51 (9), 1133–1154, hier 1140, © 1998 by SAGE Publications)

Osborne entwickelt daraus vier Untergruppen:

a. *Evolutionary Change* könnten neuen Methoden sein, die entwickelt wurden, um Menschen mit ihren bekannten Bedürfnissen noch besser zu versorgen. Diese erfüllen die Bedürfnisse einer bereits bekannten Zielgruppe, jedoch mit neuen Formen sozialer Dienste.
b. *Developmental Change* könnte darin bestehen, die bestehenden Unterstützungsleistungen zu verbessern, im Prinzip aber beizubehalten. Dies richtet sich an eine bereits definierte Zielgruppe, verwendet vorhandene Methoden und beinhaltet daher keine Diskontinuität. Dies geschieht jedoch auf modifizierte Weise, um Ziele effizienter zu erreichen.
c. *Total Change* meint die Einführung völlig neuer Methoden bei neuen Zielgruppen oder Bedürfnissen. Hierzu bedarf es in der Regel äußere Unterstützung.
d. *Expansionary Change* stellt eine mildere Form von Innovation dar, indem bestehende Methoden an neue Klient*innen- oder Anspruchsgruppenbedürfnisse angepasst werden (Osborne 1998, 1141f.).

Parpan-Blaser hat in vielen empirischen Untersuchungen (u. a. in ihrer Dissertation) Faktoren herausgearbeitet, die zum *Gelingen* von Innovationen beitragen:

• günstiges Organisationsklima (Fehlertoleranz, Wertschätzung) (Parpan-Blaser 2011, 230),

- Anerkennung innovationsbezogener Aktivitäten (ebd., 233),
- Entwicklung einer gemeinsamen Vision (Parpan-Blaser 2018, 42),
- Bewusstsein für den erstrebten Mehrwert für die Klienten (Parpan-Blaser 2011, 242),
- Abgrenzung zu ökonomischer, kompetitiver Markt- und Veränderungslogik (ebd.),
- adäquater Zeithorizont (ebd.).

Dagegen wirken folgende Faktoren *kontraproduktiv* in Bezug auf eine erfolgreiche Innovationspolitik:

- schlechtes Zeitmanagement (Parpan-Blaser 2011, 232),
- intransparente Kommunikation (ebd.),
- geringe Aufmerksamkeit für anstehende Probleme (ebd.),
- Geringschätzung der Routine (Parpan-Blaser 2018, 42),
- breit geteilte kognitive Muster, nichts verändern zu müssen (Parpan-Blaser 2018, 40).

Ein besonders interessantes und wichtiges Augenmerk in Bezug auf die Innovationsfähigkeit einer Sozialen Organisation legt Parpan-Blaser auf das Thema *Professionalität* der Fachkräfte:

> »Innovationen entstehen insbesondere in Institutionen, in denen ein hohes Bewusstsein für die Professionalität der Sozialen Arbeit besteht, diese konsequent gefordert und ein bewusster Umgang mit Wissen gepflegt wird. Zum Zusammenhang von Professionalität und Innovation finden sich in den Ergebnissen einige Anhaltspunkte. In den Augen der Befragten gewährleistet Professionalität eine fundierte Analyse der Lebenslagen von Adressatinnen und Adressaten und führt dazu, dass Bedürfnisse im Sinne von Mängeln oder Lücken erkannt werden und die Entwicklung entsprechender Angebote sich auf Fach- und Erfahrungswissen abstützt« (Parpan-Blaser 2011, 237).

Professionalität zeigt sich also darin, kontinuierlich die Lebenslage der Klient*innen zu analysieren, mögliche Lücken in der Versorgung oder Veränderungen in der Auftragslage zu erkennen bzw. aufzudecken und mit diesem Wissen bewusst die eigene Praxis zu reflektieren:

> »Eine hohe Professionalität der Mitarbeitenden, die kontinuierliche Reflexion der Praxis sowie die Suche nach einer effizienteren Arbeitsweise bilden eine wichtige Grundlage für Innovation in der Sozialen Arbeit. Schliesslich [sei] auch der Einbezug wissenschaftlicher Evidenz und die Zusammenarbeit mit Forschenden erwähnt, wenn es darum geht, für Innovationsprozesse Förderliches zu benennen« (Parpan-Blaser 2011, 238).

Wenn Professionalität so definiert wird und die Praxis der Innovationsförderung in einer Form von Wissensmanagement besteht, ist die Förderung von Professionalität gleichzeitig die beste Voraussetzung für Innovation. Wenn aber Innovationsbereitschaft eine Funktion von Professionalität ist, dann ist die Einsicht in die Notwendigkeit von Innovation nicht mehr von außen oktroyiert, sondern selbst initiiert. Es besteht dann kein Widerspruch mehr zwischen Wissensvermittlung von außen und Wissensgewinnung von innen. Insofern wären solche Lernprozesse nur mehr sehr unpräzise mit »top-down« oder »bottom-up« zu beschreiben. Lernprozesse wären im Gegenteil Ergebnis der Reflexion und des Bewusstseins, dass sich wesentliche Bedingungen geändert haben und demzufolge die Methodik anzupassen ist.

>Genuin sozialarbeiterische Innovationen erfolgen dann, wenn es gelingt, die kritische (empirische) Beobachtung und Reflexion der eignen Praxis und den damit verbundenen Wissenszuwachs produktiv zu nutzen, oder Anstösse von oben (Politik, Gesetzgeber) oder von unten (Bürgerinitiativen, soziale Bewegungen) unter fachlichen Gesichtspunkten in den disziplinären Diskurs einzubinden« (ebd., 119).

Zusammenfassend entscheiden sich Fragen der Innovationsfähigkeit sozialer Einrichtungen also am *Professionalitätsgrad* und dem *Wissensmanagement* gemäß der kooperativen Wissensbildung.

8.3.4 Folgerungen

In Anlehnung an die obige Klassifizierung von Osborne können schließlich vier Typen der Innovationsfähigkeit unterschieden werden (▶ Abb. 12).

Abb. 12: Innovationsfähigkeit von Praxiseinrichtungen

Dabei wird deutlich, dass die Innovationsfähigkeit einer Praxiseinrichtung sich in der Fähigkeit zeigt, mit neuen Herausforderungen umzugehen und insbesondere neue Bedarfslagen zu erkennen. Dieses vorausgesetzt und mit einer professionsspezifischen Reflexionsfähigkeit verbunden, können vier Typen (▶ Abb. 12) unterschieden und modellhaft folgendermaßen beschrieben werden:

a. Bei unveränderter Bedarfslage und geringer Professionalität im Sinne der fachlich-konzeptuellen Reflexionsfähigkeit erschöpft sich das praktische Tun in

Routinehandeln. Dieses wird nicht hinterfragt, das Routinehandeln wird als einzig vernünftige Methodik ideologisiert, Anstöße von außen werden als zu vermeidende Bedrohung wahrgenommen, Protagonist*innen von außen werden als Unglücksprophet*innen möglichst lange ignoriert, sich abzeichnende Entwicklungen werden nicht wahrgenommen, man wartet, bis Entwicklungen übermächtig werden (siehe d.).

b. Im Gegensatz dazu zeigt sich hohe Professionalität dadurch, dass das Routinehandeln andauernd hinterfragt wird mit dem Ziel, ihre Adäquanz mit neuen Bedarfslagen zu überprüfen. Das kann dazu führen, dass das Routinehandeln als ausreichend oder auch als veränderungsbedürftig (siehe c.) betrachtet wird. Hinweise von außen (z. B. Anfragen der Wissenschaft) werden überprüft und als willkommener Anlass zur Selbstreflexion übernommen.

c. Im Idealfall führen neue Bedarfslagen zu einrichtungsinterner Anfrage an die eigene Methodik. Hohe reflexive Professionalität zeigt sich dann darin, sich an externen Sachverstand nicht nur anzulehnen, sondern diesen explizit anzufragen. Vorteilhaft sind in diesem Feld Netzwerke kooperativer Wissensbildung (▶ Kap. 8.2).

d. Der denkbar schlechteste Fall tritt ein, wenn neue Bedarfslagen auf mangelnde Professionalität im Sinne ausbleibender Selbstreflexion stoßen. Die Anstöße von außen werden mit Widerstand beantwortet. Wissenschaft als Impuls von außen erzeugt eher Angst als Kooperationsbereitschaft. Die Entwicklungen überrollen die starr gewordene Fachlichkeit, die Gegensätze werden so groß, dass sie mit Gewalt von außen verändert werden müssen (z. B. durch Entzug von Geld oder professionsfremde Übernahme von Verantwortung). Allerdings hat man dann ein Feindbild (»die Administration«, »die Ökonomie«, »die Justiz«), das zur inneren Solidarisierung und Mobilisierung genutzt werden kann.

Für den konkreten Fall der Straffälligenhilfe haben sich seit den 2000er Jahren, wie in vorherigen Kapiteln gezeigt, die Bedarfslagen für Innovationen massiv verändert:

- Das Bedürfnis der Öffentlichkeit nach innerer Sicherheit hat sich massiv verstärkt.
- Die Gesellschaft hat sich von der »Vertrauensgesellschaft« in die »Wissensgesellschaft« verändert.
- Die Opferperspektive ist viel stärker in die öffentliche Perspektive gerückt (z. B. Kinder und Frauen).
- Gesetzeslagen wurden verschärft (z. B. im Sexualstrafrecht).
- Wissenschaftliches Wissen in Bezug auf Rückfallverhinderung hat sich vervielfacht.

Von der Straffälligenhilfe wurde (und wird) erwartet, dass sie ihre fachlichen Antworten auf diese Bedarfslagen gibt. Dies wurde in den 2000er Jahren mit der Standardentwicklung versucht, als die Anforderungen nicht mehr zu ignorieren waren. Inhaltlich stellt die Orientierung an RNR einen Versuch dar, auf diese neuen Fragestellungen eine Antwort zu geben. Das ist allerdings zunächst eine Antwort der Wissenschaft und damit ›von außen‹, die nur bei einem hohen Maße an Selbstreflexion eine Chance auf eine Adaption haben konnte. Eine echte fachliche Selbstreflexion setzt die Bereitschaft und Fähigkeit voraus, dieses wissenschaftliche Wissen mit Hilfe der Wissenschaft in echtes, handlungsbezogenes Wissen umzuwandeln. Die Kritik, dass in dem dargestellten Prozess (▶ Kap. 8.3.1) das Wissen »top down« vermittelt wurde, ist insofern nicht nur eine Kritik an der Wissenschaft, sondern mindestens ebenso (wenn von den Autor*innen Ghanem et al. 2016 vielleicht auch nicht intendiert) an der Praxis.

In der schon erwähnten empirischen Bestandsaufnahme von Ghanem et al. (2016) wurden Bewährungshelfer*innen angesichts des Implementierungsprozesses der Bayerischen Bewährungshilfe nach »Identifikation von als förderlich und hinderlich erlebten Faktoren, sich im berufspraktischen Kontext mit wissenschaftlich generiertem Wissen auseinanderzusetzen« (Ghanem et al. 2016, 379) befragt.

Der zentrale Befund lautet:

> »In den Befunden zeigte sich das Thema ›Angst‹ als Schlüsselkategorie. Die spontane Antwort auf die Frage, was der Grund sein könnte, dass manche Sozialarbeitende mit Ablehnung auf wissenschaftliches Wissen reagieren, antwortet ein sehr erfahrener, seit 35 Jahren praktizierender Bewährungshelfer: ›Angst, glaube ich, vorwiegend eigentlich‹ (B15.6). Diese Angst beschreibt eine andere Bewährungshelferin in Verbindung mit Unsicherheit: ›Also viele Ängste und Unsicherheiten, die sich dann oft in Feindlichkeit äußert. Aber ich denke, da steckt immer Unsicherheit dahinter, [...] so Dinge der eigenen Unsicherheit, dass sie sich teilweise überfordert fühlen oder denken, mein Gott, was wollen die alles von mir?‹ (B27.29). Vor was genau haben die Praktiker_innen also Angst, was genau löst diese Unsicherheit aus? Auf wen oder was richtet sie sich?« (ebd.).

Betrachtet man nun die Kritik an den Standards im Lichte dieser Erkenntnis, so lassen sich für zukünftige Entwicklungen in der Straffälligenhilfe folgende wichtige Schlussfolgerungen ziehen:

- Entscheidend für die Entwicklungs- und Innovationsfähigkeit ist die Reflexion neuer Problem- und Bedarfslagen. Diese wahrzunehmen und die eigenen Methoden und Verfahrensweisen daraufhin zu reflektieren, ist Aufgabe der Organisationen Sozialer Arbeit, auch in der Justiz.
- Wissenschaftlicher Sachverstand darf nicht erst in der Krisensituation eingesetzt werden, nämlich dann, wenn die Spitze der Organisation oder die Basis einen Bedarf entdecken. Vielmehr sind kontinuierliche, auf beiden Seiten (Wissenschaft und Praxis) verbindliche und kooperative Reflexionsprozesse zu initiieren.
- Wenn Innovationsfähigkeit und Professionalität Hand in Hand gehen, ist die Förderung der Professionalität im Sinne einer dauernden Methodenreflexion durch Evaluation und Wissensmanagement die zentrale Anforderung der Zukunft.

8.4 Forschungs- und Entwicklungsbedarf

Der Forschungsstand in Bezug auf die Sozialen Dienste der Justiz ist nicht anders als defizitär zu bezeichnen. Es gibt kaum systematische Forschung darüber, was Straffälligenhilfe auf welche Weise tut, wie sie ihren Auftrag versteht, welche Methoden sie dabei verwendet und mit welchen Haltungen ihre Fachkräfte dabei operieren. Die wenigen Untersuchungen sind entweder schon relativ alt (z. B. Kurze 1999), methodisch problematisch (z. B. Jäger 2010) oder sie sind juristisch angelegt (Mutz 2012). Insbesondere im Bereich der sozialarbeiterischen Rückfallprävention sind aussagekräftige Studien auf der Mikro-Ebene Mangelware. Eine der wenigen empirischen Arbeiten hat ein Forschungsteam der Katholischen Universität Eichstätt vor einiger Zeit vorgelegt (Klug 2018a) und musste dabei wegen mangelnder weiterer empirischer Vergleichsuntersuchungen Grenzen in Bezug auf die Verallgemeinerbarkeit einräumen. Das Forschungsdefizit geht so weit, dass wir bis heute nicht einmal wissen, mit welchen Methoden in den einzelnen Bundesländern überhaupt gearbeitet wird. Es ist kaum nachzuvollziehen, warum die Justizverwaltung sich dafür nicht interessiert. Es erscheint fast nicht glaubhaft, dass es auf der einen Seite offensichtlich kein Problem ist, für den Bau von Vollzugsanstalten Hunderte von Millionen zu investieren, auf der anderen Seite für die Sozialen Dienste, die der Justiz eine große Menge an Arbeit abnehmen, kein fünfstelliger Betrag für Methodenforschung übrig zu haben scheint. Laut Maelicke & Wein (2016, 23; 25) übernimmt die Bewährungshilfe im Jahr 200 000 Unterstellungen im Vergleich zu ca. 65 000 Strafgefangenen im Vollzug, erhält aber nur ca. 8 % des Budgets der Justiz. Dabei sind viele der Fragen, die wir oben aufgeführt haben, angefangen von den Fallzahlen bis hin zur Wirksamkeit von bestimmten Maßnahmen, nur empirisch zu klären.

Nachfolgend soll der Forschungs- und Entwicklungsbedarf im Bereich der Sozialen Arbeit in der Justiz skizziert werden, wie er sich aus unseren Überlegungen abschließend darstellt. Dabei soll nochmals daran erinnert werden, dass aus unserer Sicht nur eine kooperative Wissensbildung im Sinne des dargelegten Modells der Kooperation (▶ Kap. 8.2) sinnvoll ist. Insofern kann an dieser Stelle auch nur der Forschungsbedarf aus Perspektive der Wissenschaft formuliert werden.

a. Methodenentwicklung:
Nach wie vor wissen wir sehr wenig über die Möglichkeiten der *Beziehungsgestaltung* mit bestimmten Zielgruppen, besonders mit den oben beschriebenen Teilzielgruppen (Sexualstraftäter und Menschen mit Persönlichkeitsstörungen). Die dargestellten beziehungsfördernden Methoden sind aus der Psychotherapie entlehnt und bedürfen einer *Adaption an das sozialarbeiterische Setting*. Dasselbe lässt sich grundsätzlich auch für *Gruppenmethoden* konstatieren. Nach wie vor sind diese in der Straffälligenhilfe trotz erwiesener Stärken unterrepräsentiert. Es wäre zudem entscheidend, Gruppenarbeit und Einzelhilfe miteinander zu verzahnen. Für die Blickrichtung der Sozialen Arbeit ist zudem das Einbeziehen *sozialräumlicher Dimensionen* sowohl in die Ätiologie als

auch in die Methodik unabdingbar. Hier ist noch enorme Grundlagenforschung zu leisten.

b. Organisationsentwicklung:

Die Frage, die sich für die Soziale Arbeit in der Justiz aufdrängt, ist: Unter welchen organisationalen Rahmenbedingungen ist eine professionelle Weiterentwicklung am besten möglich? Es wäre sehr reizvoll, die verschiedenen in den letzten Jahren entstandenen Organisationsformen (Anbindung an die Landgerichte, den Justizvollzug, ein eigenes Amt, private Träger) der Sozialen Dienste vergleichend zu untersuchen. Hier wäre zu prüfen, inwieweit die einzelnen Trägerformen Professionalität der Sozialen Arbeit eher fördern oder eher hemmen.

Literatur zum Weiterlesen

Eurich, J., Glatz-Schmallegger, M. & Parpan-Blaser, A. (Hg.) (2018): Gestaltung von Innovationen in Organisationen des Sozialwesens. Rahmenbedingungen, Konzepte und Praxisbezüge. Wiesbaden: Springer VS.

Ghanem, C., Schwegele, A., Kollar, I., Fischer, F. & Pankofer S. (2016): Bewährungshilfe und Wissenschaft: Eine Annäherung (?) – Bedingungen für eine evidenzbasierte Sozialarbeitspraxis aus Sicht von Bewährungshelfer_innen. In: Borrmann, S. & Thiessen, B. (Hg.): Wirkungen Sozialer Arbeit. Potenziale und Grenzen der Evidenzbasierung für Profession und Disziplin. Opladen, Berlin, Toronto: Budrich, 373–394.

Muchna, C. (Hg.) (2019): Aspekte des Innovations- und Changemanagements. Ein Theorie-Praxis-Transfer. Wiesbaden: Springer Gabler.

Sommerfeld, P. (2014): Kooperation als Modus der Verknüpfung von Wissenschaft und Praxis am Beispiel der Sozialen Arbeit. In: Unterkofler, U. & Oestreicher, E. (Hg.): Theorie-Praxis-Bezüge in professionellen Feldern. Wissensentwicklung und -verwendung als Herausforderung. Opladen: Budrich UniPress, 133–156.

9 Fazit und Ausblick: Zehn Thesen zur zukünftigen Ausrichtung der Sozialen Arbeit in der Justiz

Als eine Art Zusammenfassung und Ausblick sollen am Ende dieses Buches zehn Thesen formuliert werden, die das Gesagte (ohne es im Detail zu wiederholen) noch einmal akzentuieren und eine zukünftige Entwicklung andeuten.

> **Erste These**
>
> Soziale Arbeit in der Justiz ist eingebunden in das Justizsystem und dessen Ziele. Diese sind keineswegs eindeutig. Vielmehr erkennen wir in der gegenwärtigen und zukünftigen Ausrichtung des Justizsystems verschiedene Ziele, die sich zum Teil zumindest auf den ersten Blick konfliktiv gegenüberstehen.

Canton und Dominey (2018, 12f) sehen für das Justizsystem insgesamt mindestens vier verschiedene »Modelle« von Zielen.

- *Administrative Ziele*:
  Justiz als Prozess des Umgangs mit Kriminalität, gebunden an festgelegte und normierte Prozessschritte, zu denen verschiedene Dienste jeweils einen begrenzten, aber unabkömmlichen Beitrag leisten müssen.
- *Crime-Control-Ziele*:
  Sinn der Justiz ist die Verhinderung von neuen Verbrechen. Klassischerweise geht das Modell von der Idee der Abschreckung aus, muss aber zur Kenntnis nehmen, dass diese Vorstellung bei Weitem nicht ausreicht. Vielmehr müssen Ursachen für Kriminalität bekämpft werden.
- *Treatment-Ziele*:
  Hinter kriminellem Verhalten stecken viele Ursachen, besonders auch Krankheit, Kontrollverlust und andere soziale Probleme. Diese gilt es zu behandeln.
- *Restorative Justice-Ziele*:
  Ziel der Justiz ist auch die Wiedergutmachung des Unrechts, das ein*e Straftäter*in über ein Opfer gebracht hat. Dieser Ansatz ist relativ jung und in vielen Ländern (auch in Deutschland) noch sehr unterentwickelt.

Diese verschiedenen Modelle stehen nicht einfach konfliktfrei nebeneinander, denn hinter ihnen stecken natürlich unterschiedliche kriminologische Annahmen. Hier einige mögliche Konfliktfelder:

Das »Crime-Control«-Modell geht von der Notwendigkeit der konsequenten Ausrichtung auf Kriminalitätsbekämpfung aus. Dafür sind alle Mittel, die der

Rechtsstaat vorhält, zulässig, besonders abschreckende Maßnahmen wie Haft, auch soll die Strafe zur Besserung dienen. In einem gewissen Gegensatz dazu steht das »Treatment«-Modell, dessen Philosophie die Hilfe und Therapie ist. Letztere setzt aber voraus, dass ein Mensch sich helfen lassen will. Gerade das Gefängnis aber ist ein Ort, der diese Motivation minimieren oder gar zerstören kann. Wie eine gute Verbindung zwischen den beiden Prinzipien aussehen kann, können wir im Grundsatz »Therapie statt Strafe« anschauen, wie er beispielsweise im § 35 BtMG verwirklicht ist: Für Drogenabhängige ist eine Therapie das angemessene Mittel zur Kriminalitätsreduktion und nicht die Strafe.

Zweite These

Soziale Dienste der Justiz können sich nicht frei machen von einer Einbindung in das Justizsystem, sehr wohl müssen sie sich aber den Freiraum erkämpfen, die vorgegebenen Ziele mit ihren Mitteln anzustreben.

Es ist eine Illusion zu glauben, innerhalb der Justiz in einer Art Blase Konzepte verwirklichen zu können, wie sie außerhalb der Justiz möglich sind (z. B. niedrigschwellige Angebote). Konkret erscheint es widersinnig, innerhalb der Justiz das Ziel der Kriminalitätsreduktion zu ignorieren. Wenn es, wie wir gesehen haben, zum Wesen der Justiz gehört, Kriminalität zu verringern, dann ist Soziale Arbeit, so lange sie in diesem Kontext tätig ist, kein ›neutrales‹ Gebilde, das für sich autonome Ziele definieren kann. Allerdings, und *hier* muss der Kampf um professionelle Autonomie ansetzen, muss sie die vorgegebenen Ziele mit *ihren* Mitteln verfolgen. Wenn sie erkennt, dass verschiedene Ziele dem Justizsystem inhärent sind (so These 1), dann kann sie legitimerweise für eine funktionale Arbeitsteilung plädieren, ohne allerdings grundsätzlich die Berechtigung anderer Ziele in Frage zu stellen und ohne Kriminalprävention und Rückfallverhinderung per se als ›Strafe‹ oder als ›Übelzufügung‹ für Klient*innen zu bewerten. Wer in diesem professionsübergreifenden Diskurs argumentativ bestehen will, braucht zuerst eine Selbstvergewisserung (siehe These 3) und dann nachweisbare (also nicht nur behauptete) Belege, dass sozialarbeiterische Hilfen mindestens genauso zum Ziel der Kriminalitätsprävention beitragen wie Abschreckung oder Gefängnis. Insbesondere, und das wäre eine zukünftige Aufgabe, sollte Soziale Arbeit im Sinne des Opfergedankens Konzepte der Restorative Justice entwickeln, die – wie gesehen – durchaus Teil der justiziellen Aufgabe sind. Was ihre administrativen Aufgaben betrifft (z. B. Einschätzung des Rückfallrisikos) kann und muss die Profession selbstbestimmt ihre Positionen gegenüber anderen Professionen vertreten und z. B. Fragen des Sozialen Empfangsraumes, der Integrationsangebote, der Alltagsführung etc. einbringen.

Dritte These

Wenn Soziale Arbeit ihren ›Kurs‹ bewahren will, muss sie sich ihrer selbst gewiss sein.

An dieser Stelle können natürlich nicht alle zum Selbstverständnis gehörenden Wertvorstellungen Sozialer Arbeit wiederholt werden. Wir beschränken uns auf einige Grundsätze, die für Soziale Arbeit in der Justiz charakteristisch sind:

• Straftäter*innen sind in erster Linie selbst verantwortlich für ihr Tun und Lassen.
• Menschen sind veränderbar, sie sind prinzipiell fähig, aus einer kriminellen Karriere auszusteigen.
• Nicht nur die Person, sondern auch die Umwelt ist mitverantwortlich für eine gelingende Resozialisierung, d. h. der*die Einzelne muss sich ändern, aber die Gesellschaft muss Angebote zur Integration machen.
• Die Gemeinschaft hat ein Recht auf Verhaltensänderung der*des Straftäter*in, diese*r hat ein Recht auf Unterstützung bei ihre*seinen Bemühungen um Verhaltensänderung.
• Soziale Arbeit, auch in der Justiz, ist zwar Teil des Justizsystems, ihre Funktion ist aber nicht die der »ausgleichenden Gerechtigkeit« im Sinne von Strafe. Insofern kann sich Soziale Arbeit nicht an Androhung mit Strafe beteiligen, ja mehr noch, sie glaubt nicht an die spezialpräventiv abschreckende Wirkung von Strafe.

Vierte These

Wenn wir von effektiven professionellen sozialarbeiterischen Mitteln sprechen, die die Autonomie innerhalb des Justizsystems garantieren, ist damit die Selbstbindung der ganzen Berufsgruppe an Standards, Effektivitätsnachweise und dauernde Methodenentwicklung verbunden.

Die Vorstellung, man könne mit maximaler methodisch-beruflicher Freiheit der*des Einzelnen eine professionelle Performance einer Berufsgruppe erreichen, ist ein Widerspruch in sich. Nur wenn die Berufsgruppe sich auf Standards und Nachweise ihrer Wirksamkeit in Bezug auf justizielle Ziele verständigt, ist ein Kampf um konzeptuelle Freiheit z. B. innerhalb der Gefängnismauern sinnvoll zu führen. Die Alternative ist ›Dirty Work‹, d. h. zugewiesene Tätigkeiten. Es ist tragisch, dass dieser Zusammenhang nicht gesehen wird, dass vielmehr das »Management« für die Fremdbestimmung verantwortlich gemacht wird (z. B. Raine & Wilson 1993). Mit Rauschenbach (2011) können wir konstatieren, dass es zumindest teilweise die unzureichende professionelle (z. B. empirische) Ausrichtung der eigenen Berufsgruppe ist, die für Fremdbestimmung und mangelnde Augenhöhe zu anderen Professionen verantwortlich ist. Man braucht die eigene Performance nur mit der anderer professioneller Dienste (z. B. Psycholog*innen) zu vergleichen, um dies unschwer zu erkennen (vgl. Klug 2014).

Fünfte These

Professionsspezifische Methodenentwicklung kann es nur zusammen mit der Wissenschaft geben.

Es ist keine leichte Aufgabe, die die Profession zu bewältigen hat: Einerseits soll sie die verschiedenen Ziele der Justiz in Einklang bringen (siehe These 1), andererseits soll sie dies auf professionsspezifische Weise tun (siehe These 3), sie soll einerseits Teil des Systems sein, andererseits ihre eigenen Werte in dem Justizsystem verwirklichen. Dieser Prozess gelingt nur, wenn Praxis zusammen mit Wissenschaft kooperiert. Dies gilt für den Bereich der Forschung, für Konzeptentwicklung und die Ausbildung. Insbesondere wenn es um Wirkungsnachweise geht, ist eine unabhängige Wissenschaft unabdingbar. Anzustreben sind eigene Masterstudiengänge.

Sechste These

Gemeinsam mit Wissenschaft und Praxis müssen die derzeit vorliegenden kriminologischen Modelle bezogen auf die Ziele der Sozialen Arbeit in der Justiz integriert, in ihren Stärken wahrgenommen und methodisch ausformuliert werden.

Es dürfte im Laufe unserer Betrachtungen klar geworden sein, dass die vorgestellten Modelle (RNR, GLM, Desistance) jeweils ihre Stärken, aber auch ihre Schwächen haben. Keines ist allein selig machend, keines ist aber auch prinzipiell unvereinbar mit den Zielen der Justiz und der Sozialen Arbeit. Es gilt, die Stärken des jeweiligen Modells zu nutzen und die Schwächen durch Integration anderer Modelle auszugleichen. Wenn also z. B. die Schwäche des RNR-Modells die Motivation der Straftäter*innen, gleichzeitig aber die Stärke des GLM genau diese Motivationsaufgabe ist, dann empfiehlt es sich, beide Modelle in ein einheitliches Handlungskonzept zu integrieren (Klug 2015). Das gelingt nur, wenn Wissenschaft und Praxis zusammenarbeiten (These 5).

Siebte These

Es müssen sozialarbeiterische Lösungen im Umgang mit gefährlichen Straftäter*innen gefunden werden. Dazu müssen Sozialarbeiter*innen, aber auch wissenschaftliche Begleiter*innen aufhören, dieses Thema zu vermeiden.

Wir haben an zwei Beispielen gezeigt, dass Soziale Arbeit in der Justiz mit Menschen zu tun hat, die ihr und anderen das Leben schwer machen (z. B. in der Führungsaufsicht). Es hat unserer Meinung nach wenig Sinn, sich über diese Tatsache theoretisch (indem z. B. behauptet wird, Menschen seien nur gefährlich, weil sie als gefährlich ›gelabelt‹ werden) oder praktisch (indem man sich mit ihnen nicht befasst) hinweg zu täuschen. Will Soziale Arbeit als Profession ernst genommen werden, so muss sie Konzepte entwickeln, wie sie beispielsweise mit dissozialen Straftäter*innen umgeht (vgl. dazu Klug 2014). Dass es dabei im Kontext der Justiz nicht um eine zu vernachlässigende Minderheit handelt, ist die eine Sache; die andere Sache ist, dass es genau diese Menschen sind, die Hilfe brauchen, sich zu verändern, und deren Rückfall auch aus Opferschutzgründen unbedingt verhindert werden muss. Gerade diese Menschen sind angesichts fortgesetzter Stigmatisierung darauf angewiesen, dass man ihnen Veränderungsfähigkeit zutraut und auch für einen integrationsfreundlichen Empfangsraum kämpft (These 4).

Achte These

Wer sich gegen Gefängnisse ausspricht, braucht Alternativen. Diese müssen glaubwürdig sein, d. h. nachweislich Kriminalität verhindern.

Es gibt viele, sehr gute Gründe für die Reduzierung von Haftplätzen, nicht nur finanzielle, sondern auch kriminologische. Wenn man sich aber im Prinzip gegen Haft ausspricht (wie dies Abolitionist*innen tun, beispielsweise Nickolai 2015) oder in gemäßigter Form Haft nur als allerletztes Mittel akzeptieren will (Galli 2018), braucht es einen alternativen Umgang mit Kriminalität, der nachweislich bessere Ergebnisse als die Haft erzielt. Mit der Forderung nach Abschaffung der Haft mit der Begründung, Haft sei unwirksam, ist dann nichts gewonnen, wenn als Gegenvorschlag die vage Hoffnung vertreten wird, Straftäter*innen würden sich ändern, wenn sich nur die Gesellschaft ändere. Glaubwürdig wird das Abschaffungsargument erst dann, wenn es Möglichkeiten gibt, dem Sicherheitsbedürfnis der Bevölkerung (das zugegebenermaßen volatil ist), eine entsprechende Alternative aufzuweisen. Dies können eine verstärkte Bemühung um Modelle der Restorative Justice sein (die viel mehr ist als nur Täter-Opfer-Ausgleich, vgl. Früchtel & Halibrand 2016), aber auch Konzepte für Führungsaufsicht (siehe These 7). Unabdingbar erscheint ein funktionierendes Übergangsmanagement genauso wie eine Einbindung der Gerichtshilfe in ein umfassendes Bewährungshilfesystem. Selbstverständlich ist ein Nachweis der Wirksamkeit an eine wissenschaftliche Evaluation geknüpft.

Neunte These

Angesichts der hohen Erwartungen, die auch hier an professionelles Handeln ausgesprochen werden, erscheint eine Diskussion um Spezialisierung in den Sozialen Diensten der Justiz unvermeidlich.

Zumindest in Teilen des Aufgabenspektrums ist ein generalistisches Verständnis Sozialer Arbeit nicht mehr ausreichend. Wir konnten dies am Beispiel der Arbeit mit Sexualstraftäter*innen (Klug 2018a) und der Beziehungsgestaltung in verschiedenen Feldern Sozialer Arbeit (Klug et al. 2020) nachweisen. Es mag für die Anstellungsträger (und vermutlich auch für manche Berufsverbände) schwer verkraftbar zu sein, dass ein Bachelor-Zeugnis nicht mehr automatisch die Qualifikation für alle klient*innenspezifischen Aufgaben darstellt. Andererseits haben manche Bundesländer längst akzeptiert, dass zumindest ein Teil der Aufgaben in Zukunft nur noch von Spezialist*innen bewältigt werden kann. So stand beispielsweise der fünfte Bewährungshelfer-Tag 2016 unter dem Motto »Bewährungshilfe neu denken – vom Generalisten zum Spezialisten« (DBH 2016; vgl. auch: Müller et al. 2018). Welche enormen Anstrengungen sich aus dieser Erkenntnis für die Personalentwicklung ergeben, hat eine Untersuchung von Bonta et al (2018) gezeigt. Man kann es nicht anders als fahrlässig bezeichnen, wenn die Bundesländer bei ihren Sozialen Diensten etwa im Bereich der Qualifizierung von Fachkräften in der Führungsaufsicht sparen.

Zehnte These

Wenn an dieser Stelle von Gegner*innen dieser Thesen das Geldargument angeführt wird, muss darauf hingewiesen werden, dass kriminalpolitisch ein Umsteuern von Haft auf Haftvermeidung, von Investitionen in Gefängnisse hin zu Investitionen für ambulante Dienste überfällig und besonders auch unter finanziellen Aspekten unumgänglich ist.

Einer der führenden deutschen Expert*innen für Fragen des Strafvollzugs und der Sozialen Dienste der Justiz, Bernd Maelicke (2015), hat in den letzten Jahren vielfach belegt, welche Einsparpotenziale die Justiz hätte (z.B. im Bereich der Ersatzfreiheitsstrafen, der vorzeitigen Entlassungen, der Vermeidung von Untersuchungshaft), wenn sie nur wollte. Es erscheint nicht nur diesem Experten, sondern jeder*jedem, der sich mit der Materie befasst, völlig unverständlich, warum diese Möglichkeiten nicht ausgenutzt werden. Jedenfalls ist das Argument, es fehle für Qualifizierung von Personal im ambulanten Sektor, für Forschung und Entwicklung, für den massiven Ausbau der Freien Straffälligenhilfe das Geld, solange substanzlos, so lange Möglichkeiten des Umsteuerns der Kriminalpolitik von Haftplätzen hin zu ambulanten Maßnahmen nicht nachgekommen wird.

Literaturverzeichnis

ADB – Arbeitsgemeinschaft Deutscher Bewährungshelferinnen und Bewährungshelfer (1999): Bundesweite Befragung zur Erhebung der Lebenslage der Klientinnen und Klienten der Bewährungshilfe. Online verfügbar unter: http://www.bewaehrungshilfe-siegen.de/downloads/lebenslage.pdf (letzter Zugriff: 01.02.2021).

ADB – Arbeitsgemeinschaft Deutscher Bewährungshelferinnen und Bewährungshelfer e. V. (2013): Erfolgreicher Verlauf des 4. deutschen Bewährungshelfertages. Pressemitteilung vom 6. Dezember 2013. Online verfügbar unter: https://www.bewaehrungshilfe.de/wp-content/uploads/2013/12/Pressemitteilung.pdf (letzter Zugriff: 01.02.2021).

Almstadt, E., Braches-Chyrek, R., Herwig-Lempp, J., Kotthaus, J. & Thran, M. (2018): Über die Bedeutung von Theorien in der Sozialen Arbeit. Sozialmagazin, 43 (3/4), 16–25.

Andrews, D. A. & Bonta, J. (1995). Level of Service Inventory–Revised (LSI–R). Toronto, Canada: MultiHealth Systems.

Andrews, D. A. & Bonta, J. (2010): The psychology of criminal conduct (5. Aufl.). New Providence, NJ: Anderson Publishing.

Asay, T. R. & Lambert, M. J. (2001): Empirische Argumente für die allen Therapien gemeinsamen Faktoren: Quantitative Ergebnisse. In: Hubble, M. A., Duncan, B. L. & Miller, S. D. (Hg.): So wirkt Psychotherapie. Empirische Ergebnisse und praktische Folgerungen. Dortmund: Verlag modernes Lernen, 41–81.

Ansen, H. (2009): Beziehung als Methode in der Sozialen Arbeit. Soziale Arbeit, 58 (10), 381–389.

Arbeitsgemeinschaft Deutscher Gerichtshelfer (1968): Zur Fallmeßzahl der Gerichtshelfer. In: Bewährungshilfe, 15 (4), 292–296.

Baldwin K. & Tyler D. (1998): Factors Associated with Denial in a Sample of Alleged Adult Sexual Offenders. In: Sexual Abuse. A Journal of Research and Treatment, 10 (3), 211–226.

Bandura, A. (1979): Sozial-kognitive Lerntheorie. Stuttgart: Klett-Cotta.

Barnett, G. & Mann, R. E. (2013): Cognition, Empathy, and Sexual Offending. In: Trauma, Violence & Abuse, 14 (1), 22–33.

Bauer, J. (2011): Schmerzgrenze. Vom Ursprung alltäglicher und globaler Gewalt (3. Aufl.). München: Blessing.

Bayerisches Staatsministerium der Justiz (1991): Tätigkeit der Bewährungshelfer. Erstellung eines schriftlichen Handlungskonzepts (Gz 4263-II-2320/87), München.

Belina, B. & Wehrheim, J. (2011): »Gefahrengebiete« – Durch die Abstraktion vom Sozialen zur Reproduktion gesellschaftlicher Strukturen. In: Oberwittler D. & Behr, R. (Hg.): Soziale Probleme, 23 (2), 207–229.

Beß, K. & Koob-Sodtke, G. (2006): Die Strukturreform in der Bewährungshilfe in Bayern. In: Bewährungshilfe, 53 (1), 14–25.

Beß, K., Schuh-Stötzel, C. & Maltry, A. (2016): Quo vadis, Bewährungshilfe Bayern? Zentrale Koordinierungsstelle Bewährungshilfe der bayerischen Justiz. In: Bewährungshilfe, 63 (1), 64–72.

Best, P. (1984): Der Berufsalltag des Bewährungshelfers. In: Steinhilper, G. (Hg.): Soziale Dienste in der Strafrechtspflege. Praxisberichte und Untersuchungen aus Niedersachsen. Heidelberg: Kriminalistik Verlag, 65–77.

Bestmann, S. (2013): Finden ohne zu suchen. Einzelfallunspezifische Arbeit in der sozialräumlichen Kinder- und Jugendhilfe. Wiesbaden: Springer VS.

Bestmann, S. (2019): Fallunspezifische Arbeit in sozialräumlich organisierten Leistungsfeldern. In: Fürst, R. & Hinte, W. (Hg.): Sozialraumorientierung. Ein Studienbuch zu fachlichen, institutionellen und finanziellen Aspekten (3., aktual. Aufl.). Wien: Facultas, 89–104.

Bewährungshilfe (Zeitschrift) (2019): Schwerpunktheft Modelle der Straffälligenhilfe: »Risk-Need-Responsivity«, »Good Lives Modell« und »Desistance«. In: Bewährungshilfe, 66 (3), 194–288.

Biedermann, J. (2014): Die Klassifizierung von Sexualstraftätern anhand ihres Tatverhaltens im Kontext der Rückfallprognose und Prävention. Ein typologieorientierter Ansatz bei sexuellen Missbrauchs- und Gewalttätern mittels der Latent Class Analyse. Frankfurt a. M.: Verlag für Polizeiwissenschaft.

Bieker, R. (1989): Bewährungshilfe aus der Adressatenperspektive (Sichtweisen, Erfahrungen und Reaktionen der Probanden. Schriftenreihe der Deutschen Bewährungshilfe Band 11. Bonn: Forum.

Birgmeier, B. (2014): Handlungswissenschaft Soziale Arbeit. Eine Begriffsanalyse. Wiesbaden: Springer VS.

Birgmeier, B. & Mührel, E. (Hg.) (2013): Handlung in Theorie und Wissenschaft Sozialer Arbeit. Wiesbaden: Springer VS.

Birbaumer, N. & Schmidt, R. F. (2010): Biologische Psychologie (7. Aufl.). Heidelberg: Springer.

Blay, E. & Boxstaens, J. (2018): Professional practices and skills in first interviews: a comparative perspective on probation practice in Spain and Belgium. In: Ugwudike, P., Raynor, P. & Annison J. (Hg.): Evidence-based skills in criminal justice. International research on supporting rehabilitation and desistance. Bristol: Policy Press, 127–155.

Bless, N. & Schwarz, N. (2002): Konzeptgesteuerte Informationsverarbeitung. In: Frey D. & Irle M. (Hg.): Theorien der Sozialpsychologie. Band 3 (2., vollst. überarb. und erw. Aufl.). Bern: Huber, 257–278.

Bock, M. (2019): Kriminologie. Für Studium und Praxis (5., neu bearb. Aufl.). München: Vahlen.

Böhnisch, L. (2019): Lebensbewältigung. Ein Konzept für die Soziale Arbeit. (2., überarb. u. erw. Aufl.). Weinheim: Beltz Juventa.

Boers, K., Reinecke, J. & Bentrup, C. (2010): Jugendkriminalität – Altersverlauf und Erklärungszusammenhänge. Ergebnisse der Duisburger Verlaufsstudie Kriminalität in der modernen Stadt. In: Neue Kriminalpolitik, 22 (2), 58–66. Online verfügbar unter: https://www.uni-bielefeld.de/soz/krimstadt/pdf/Jugendkriminalitat-Altersverlauf-und-Erklarungszusammenhange.pdf (letzter Zugriff: 05.11.2020).

Boetticher, A. (2000): Neue Aufgaben für die Bewährungshilfe – zum Umgang mit Sexualstraftätern. In: Bewährungshilfe, 47 (2), 196–212.

Bohrhardt, R. (2014): Haftvermeidung durch Risikomanagement? Warum die Handlungslogik der Ökonomie in der Bewährungshilfe ihr Ziel verfehlt. In: Sozial Aktuell, 46 (7/8), 10–13.

Bonta, J. & Andrews D. A. (2017): The psychology of criminal conduct (6. Aufl.). London, New York: Routledge, Taylor & Francis Group.

Bonta, J., Bourgon, G. & Rugge, T. (2018): From evidence-informed to evidence-based: The Strategic Training Initiative in Community Supervision. In: Ugwudike, P., Raynor, P. & Annison, J. (Hg.): Evidence-based skills in criminal justice. International research on supporting rehabilitation and desistance. Bristol, Chicago, IL: Policy Press, 169–191.

Bonta, J., Wallace-Capretta, S. & Rooney, J. (2000): A Quasi-Experimental Evaluation of an Intensive Rehabilitation Supervision Program. In: Criminal Justice and Behavior, 27 (3), 312–329.

Borchert, J. (2015): Soziale Arbeit im Gefängnis. In: Schweder, M. (Hg.): Handbuch Jugendstrafvollzug. Weinheim, Basel: Beltz Juventa, 452–466.

Borde, T. (2010): Erreichbarkeit – eine Frage des Standpunkts. In: Labonté-Roset, C., Hoefert, H.-W. & Cornel, H. (Hg.): Hard to Reach. Schwer erreichbare Klienten in der Sozialen Arbeit. Berlin, Milow, Strasburg: Schibri-Verlag, 250–259.

Braun, F. (2014): Die Methodendiskussion in der Bewährungshilfe zwischen 1980 und 2010. In: Bewährungshilfe, 61 (4), 325–339.

Breuer, M. M., Gerber, K., Buchen-Adam, N. & Endres, J. (Hg.) (2014): Kurzintervention zur Motivationsförderung. Ein Manual für die Arbeit mit straffällig gewordenen Klientinnen und Klienten. Lengerich: Pabst.

Briken, P. & Tozdan, S. (2018): Psychopathie, antisoziale Persönlichkeitsstörung und Sexualdelinquenz. In: Forensische Psychiatrie, Psychologie, Kriminologie, 12 (3), 199–206.

Bruns, S. (2013): Das Übergangsmanagement zur Integration Inhaftierter in Nordrhein-Westfalen. In: BAG-S Informationsdienst Straffälligenhilfe, 21 (2), 18–20.

Bukowski, A. & Nickolai, W. (Hg.) (2018): Soziale Arbeit in der Straffälligenhilfe. Stuttgart: Kohlhammer.

Bundesministerium des Innern, Bau und Heimat (Hg.) (2019): Polizeiliche Kriminalstatistik 2018. Ausgewählte Zahlen im Überblick. Berlin.

Burnett, R. & McNeill, F. (2005): The place of the officer-offender relationship in assisting offenders to desist from crime. In: Probation journal, 52 (3), 221–242.

Canton, R. & Dominey, J. (2018): Probation (2. Aufl.). New York: Routledge.

Carman, G. W. & Harutunian, T. (2004): Fairness at the time of sentencing: the accuracy of the presentence report. In: St. John's Law Review, 78 (1), 1–14.

Caspar, F. (2008): Motivorientierte Beziehungsgestaltung – Konsistenztheoretischer und neuropsychotherapeutischer Hintergrund, Anforderungen und Handlungsanweisungen für Therapeuten. In: Hermer, M. & Röhrle, B. (Hg.): Handbuch der therapeutischen Beziehung. Tübingen: dgvt, 527–558.

Clark, M. D., Walters, S., Gingerich, R. & Meltzer, M. (2006): Motivational Interviewing for Probation Officers: Tipping the Balance Toward Change. In: Federal Probation, 70 (1), 38–44.

Cohen, A. K. (1955): Delinquent boys. The culture of the gang. Glencoe, Ill.: Free Press.

Cornel, H. (2014): Anmerkungen zur Debatte um Fallzahlen bei den Sozialen Diensten der Justiz und insbesondere in der Bewährungshilfe. In: Bewährungshilfe, 61 (4), 356–375.

Cornel, H. (2018a): Zum Begriff der Resozialisierung. In: Cornel, H., Kawamura-Reindl, G. & Sonnen, B. R. (Hg.): Resozialisierung. Handbuch (4., vollst. überarb. und aktual. Aufl.). Baden-Baden: Nomos, 31–62.

Cornel, H. (2018b): Resozialisierung im Strafvollzug. In: Cornel, H., Kawamura-Reindl, G. & Sonnen, B. R. (Hg.): Resozialisierung. Handbuch (4., vollst. überarb. und aktual. Aufl.). Baden-Baden: Nomos, 310–338.

Cornel, H., Grosser, R., Lindenberg, K. & Lindenberg, M. (2018): Wissen, was wir tun. Überlegungen zur Rückbesinnung auf sozialarbeiterisches Handeln in der Arbeit mit straffällig gewordenen Menschen. In: Bewährungshilfe, 65 (1), 77–90.

Cornel, H., Grosser, R., Lindenberg, K. & Lindenberg, M. (2019): Nicht »gute alte Soziale Arbeit« und »böse Risikoorientierung«, sondern Dialog über Wissen und Können. Einige Anmerkungen zu Patrick Zobrists Replik (BewHi 3/2018) auf unseren Beitrag (BewHi 1/2018). In: Bewährungshilfe, 66 (1), 84–86.

Cumming, G. & Buell, M. (1997): Supervision of the sex offender. Brandon VT: Safer Society Press.

Dahle, K. P. (1994): Therapiemotivation inhaftierter Straftäter. In: Steller, M., Dahle, K. P. & Basque M. (Hg.): Straftäterbehandlung. Argumente für eine Revitalisierung in Forschung und Praxis. Pfaffenweiler: Centaurus & Media UG, 227–246.

Dahmen, S. (2011): Evidenzbasierte Soziale Arbeit? Zur Rolle wissenschaftlichen Wissens für sozialarbeiterisches Handeln. Baltmannsweiler: Schneider Hohengehren.

DBH (o. J.) – Fachverband für Soziale Arbeit, Strafrecht und Kriminalpolitik: Bewährungshilfestatistik. Online verfügbar unter: https://www.dbh-online.de/informationen-material ien/bewaehrungshilfestatistik (letzter Zugriff: 01.10.2020).

DBH (2016) – Fachverband für Soziale Arbeit, Strafrecht und Kriminalpolitik: 5. Bewährungshelfer – Tag 2016. Bewährungshilfe neu denken – vom Generalisten zum Spezialisten. 17.–18.03.2016 in der Landesvertretung Hessen. Online verfügbar unter: https://www.dbh-online.de/veranstaltungen/dokumentation/bewaehrungshelfer-tag/5-bewaehrun gshelfer-tag-2016 (letzter Zugriff: 06.11.2020).

Der Spiegel (2001): Sexualstraftäter lebenslang wegsperren. Beitrag vom 08.07.2001. Online verfügbar unter: https://www.spiegel.de/politik/deutschland/gerhard-schroeder-sexualstraf taeter-lebenslang-wegsperren-a-144052.html (letzter Zugriff: 01.02.2021).

De Vries Robbé, M., de Vogel, V., Koster, K. & Bogaerts S. (2015): Assessing Protective Factors for Sexually Violent Offending with the SAPROF. In: Sexual Abuse. A Journal of Research and Treatment, 27 (1), 51–70.

Dewe, B. & Otto, H.-U. (2002): Reflexive Sozialpädagogik. Grundstrukturen eines neuen Typs dienstleistungsorientierten Professionshandelns. In: Thole, W. (Hg.): Grundriss Soziale Arbeit. Ein einführendes Handbuch. Opladen: Leske + Budrich.

Dimdi – Deutsches Institut für Medizinische Dokumentation und Information (o. J.): Kapitel V: Persönlichkeits- und Verhaltensstörungen (F60–F69). Online verfügbar unter: https://www.dimdi.de/static/de/klassifikationen/icd/icd-10-gm/kode-suche/htmlgm2018/b lock-f60-f69.htm (letzter Zugriff: 01.02.2021).

Drinkmann, A. (2017): Soziale Kompetenztrainings mit Straftätern. Theoretische Grundlagen und Ziele. In: Bewährungshilfe, 64 (3), 238–253.

Dubliner Erklärung (2004): Dubliner Erklärung zu HIV/Aids in Gefängnissen in Europa und Zentralasien. Online verfügbar unter: https://www.akzept.org/pdf/aktuel_pdf/Dubli ner%20Erkla%CC%88rung.pdf (letzter Zugriff: 01.12.2020).

Dudeck, M., Kopp, D., Kuwert, P., Drenkhahn, K., Orlob, S., Lüth, H. J., Freyberger, H. J. & Spitzer, C. (2009): Die Prävalenz psychischer Erkrankungen bei Gefängnisinsassen mit Kurzzeitstrafe. In: Psychiatrische Praxis, 36 (5), 219–224.

Dulz, B., Briken, P., Kernberg, O. F. & Rauchfleisch, U. (Hg.) (2017): Handbuch der Antisozialen Persönlichkeitsstörung. Stuttgart: Schattauer.

Dünkel F. & Pruin I. (2015): Wandlungen im Strafvollzug am Beispiel vollzugsöffnender Maßnahmen –Internationale Standards, Gesetzgebung und Praxis in den Bundesländern. In: Kriminalpädagogische Praxis, 43 (50), 30–45.

Dünkel, F., Cornel, H., Pruin, I., Sonnen, B.-R. & Weber, J. (2018): Brauchen wir ein Resozialisierungsgesetz? Verfassungsrechtliche und kriminologische Grundlagen, mögliche Ausgestaltungen und kriminalpolitische Perspektiven. In: Reichenbach, M.-T. & Bruns, S. (Hg.): Resozialisierung neu denken. Wiedereingliederung straffällig gewordener Menschen als gesamtgesellschaftliche Aufgabe. Freiburg i. B.: Lambertus, 42–77.

Dünkel, F. & Geng, B. (2007): Rechtstatsächliche Befunde zum Jugendstrafvollzug in Deutschland. In: Forum Strafvollzug, 56 (2), 65–80.

Ebert, J. (2008): Reflexion als Schlüsselkategorie professionellen Handelns in der sozialen Arbeit. Hildesheim, Zürich, New York: Olms.

Eher, R., Rettenberger, M. & Schilling, F. (2010): Psychiatrische Diagnosen von Sexualstraftätern. Eine empirische Untersuchung von 807 inhaftierten Kindesmissbrauchstätern und Vergewaltigern. In: Zeitschrift für Sexualforschung, 23 (1), 23–35.

Endrass, J., Rossegger, A. & Braunschweig, M. (2012): Wirksamkeit von Behandlungsprogrammen. In: Endrass, J., Rossegger, A., Urbaniok, F. & Borchard, B. (Hg.): Interventionen bei Gewalt- und Sexualstraftätern. Risk-Management, Methoden und Konzepte der forensischen Therapie. Berlin: Medizinisch Wissenschaftliche Verlagsgesellschaft, 45–69.

Endres, J. & Breuer, M. M. (2018): Behandlungsmaßnahmen und -programme im Strafvollzug. In: Maelicke, B. & Suhling, S. (Hg.): Das Gefängnis auf dem Prüfstand. Zustand und Zukunft des Strafvollzugs. Wiesbaden: Springer, 89–108.

Endres, J. & Schwanengel, M. F. (2015): Straftäterbehandlung. In: Bewährungshilfe, 62 (4), 293–319.

Enos, R. & Southern, S. (1996): Correctional Case Management. Cincinnati, Ohio: Anderson Publishing.

Erath, P. & Balkow, K. (2016): Soziale Arbeit. Eine Einführung. Stuttgart: Kohlhammer.

Ewers, M. (2000): Das anglo-amerikanische Case Management: Konzeptionelle und methodische Grundlagen. In: Ewers, M. & Schaeffer, D. (Hg.): Case Management in Theorie und Praxis. Bern, Göttingen, Toronto, Seattle: Huber, 53–90.

Eucker, S. & Müller-Isberner, R. (2017): Kriminaltherapeutische Methoden. In: Müller-Isberner, R., Born, P., Eucker, S. & Eusterschulte B. (Hg.): Praxishandbuch Maßregelvollzug. Grundlagen, Konzepte und Praxis der Kriminaltherapie (3., erw. und aktual. Aufl.). Berlin: Medizinisch Wissenschaftliche Verlagsgesellschaft, 191–208.

Eurich, J., Glatz-Schmallegger, M. & Parpan-Blaser, A. (Hg.) (2018): Gestaltung von Innovationen in Organisationen des Sozialwesens. Rahmenbedingungen, Konzepte und Praxisbezüge. Wiesbaden: Springer VS.

Farrall, S. (2002): Rethinking what works with offenders. Probation, social context and desistance from crime. Cullompton: Willan.

Fazel, S. & Danesh, J. (2002): Serious mental disorder in 23000 prisoners: a systematic review of 62 surveys. In: The Lancet, 359 (9306), 545–550.

Fegert, J. M., Rassenhofer, M., Witt, A. & Jud, A. (2015): Häufigkeitsangaben sexuellen Missbrauchs und Inanspruchnahme von Hilfen. In: Trauma & Gewalt, 9 (2), 175–178.

Ferchoff, W. (1993): Was wissen und können Sozialpädagogen. Neue professionstheoretische Überlegungen zum Theorie-Praxis-Verhältnis in der Sozialpädagogik. In: Pädagogische Rundschau, 47 (6), 705–719.

Finkelhor, D. (1984): Child Sexual Abuse. New Theory and Research. New York: Free Press.

Früchtel F. & Halibrand, A.-M. (2016): Restorative Justice. Theorie und Methode für die Soziale Arbeit. Wiesbaden: Springer VS.

Fuchs, S. (2005): Das Rückfallverhalten von haftentlassenen Drogenabhängigen. In: Zeitschrift für Strafvollzug und Straffälligenhilfe, 54 (5), 271–275.

Gahleitner, S. & Hahn, G. (Hg.) (2008): Klinische Sozialarbeit. Zielgruppen und Arbeitsfelder. Bonn: Psychiatrie-Verlag.

Galli, T. (2018): Plädoyer für eine Neuordnung des Strafrechts mit sanfter Vernunft. In: Strafverteidigervereinigungen (Hg.): Räume der Unfreiheit. Texte und Ergebnisse des 42. Strafverteidigertages Münster, 2.–4.3.2018. Schriftenreihe der Strafverteidigervereinigungen (SchrStVV), Band 42. Berlin: Verlag Thomas Uwer, 51–64.

Galuske, M. (2013): Methoden der Sozialen Arbeit. Eine Einführung (10. Aufl.). Weinheim, München: Beltz Juventa.

Galuske, M. (2018): Methoden der Sozialen Arbeit. In: Otto, H.-U., Thiersch, H., Treptow R. & Ziegler H. (Hg.): Handbuch Soziale Arbeit (6. Aufl.). München: Reinhardt, 993–1007.

Gebert, H. (2013): Eröffnungsbeitrag 4. Bewährungshelfertag. Online verfügbar unter: https://www.bewaehrungshilfe.de/wp-content/uploads/2013/12/H-Gebert-Er%c3%b6ffnungsbeitrag-Bew%c3%a4hrungshelfertag.pdf (letzter Zugriff: 01.09.2021)

Geißler, K. A. & Hege, M. (2007): Konzepte sozialpädagogischen Handelns. Ein Leitfaden für soziale Berufe (11. Aufl.). Weinheim, München: Juventa.

Geiger M. & Steinert, E. (1993): Straffällige Frauen und das Konzept der »Durchgehenden sozialen Hilfe«. Stuttgart, Berlin, Köln: Kohlhammer.

Germain, C. & Gitterman, A. (1999): Praktische Sozialarbeit. Das »Life Model« der sozialen Arbeit (3., völlig neu bearb. Aufl.). Stuttgart: Enke.

Gissel-Palkovich, I. (2010): Case Management – Chancen und Risiken für die Soziale Arbeit und Aspekte seiner Implementierung in soziale Organisationen. In: Brinkmann, V. (Hg.): Case Management. Organisationsentwicklung und Change Management in Gesundheits- und Sozialunternehmen (2., aktual. und überarb. Aufl.). Wiesbaden: Gabler, 121–148.

Ghanem, C. (2018): Risikoorientierung und Professionalität in der Straffälligenhilfe. In: Informationsdienst Straffälligenhilfe, 26 (2), 36–43.

Ghanem, C. & Graebsch, C. (2020): ›Desistance from Crime‹ – Theoretische Perspektiven auf den Ausstieg aus Straffälligkeit. In: Deimel, D. & Köhler, T. (Hg.): Delinquenz und Soziale Arbeit: Prävention – Beratung – Resozialisierung. Lehrbuch für Studium und Praxis. Lengerich: Pabst Science Publisher, 61–76.

Ghanem, C., Kollar, I., Fischer, F., Lawson, T. R. & Pankofer, S. (2018): How do social work novices and experts solve professional problems? A micro-analysis of epistemic activities and the use of evidence. In: European Journal of Social Work, 21 (1), 3–19.

Ghanem, C., Schwegele, A., Kollar, I., Fischer, F. & Pankofer S. (2016): Bewährungshilfe und Wissenschaft: Eine Annäherung (?) – Bedingungen für eine evidenzbasierte Sozialarbeitspraxis aus Sicht von Bewährungshelfer_innen. In: Borrmann, S. & Thiessen, B. (Hg.): Wirkungen Sozialer Arbeit. Potenziale und Grenzen der Evidenzbasierung für Profession und Disziplin. Opladen, Berlin, Toronto: Budrich, 373–394.

Goffman, E. (1981): Asyle. Über die soziale Situation psychiatrischer Patienten und anderer Insassen (4. Aufl.). Frankfurt a. M.: Suhrkamp.

Göppner, H.-J. (2017): Damit »Hilfe« Hilfe sein kann. Sozialarbeitswissenschaft als Handlungswissenschaft. Wiesbaden: Springer VS.

Göppner, H.-J. & Hämäläinen, J. (2004): Die Debatte um Sozialarbeitswissenschaft. Auf der Suche nach Elementen für eine Programmatik. Freiburg i. B.: Lambertus.

Gottfredson, M. R. & Hirschi, T. (1990). A general theory of crime. Standford, CA: Stanford University Press.

Graßhoff, G. (Hg.) (2013): Adressaten, Nutzer, Agency. Akteursbezogene Forschungsperspektiven in der Sozialen Arbeit. Wiesbaden: Springer VS.

Graßhoff, G. (2015): Adressatinnen und Adressaten der Sozialen Arbeit. Eine Einführung. Wiesbaden: Springer VS.

Grawe, K. (1992): Komplementäre Beziehungsgestaltung als Mittel zur Herstellung einer guten Therapiebeziehung. In: Margraf J. & Brengelmann J. C. (Hg.): Die Therapeuten-Patient-Beziehung in der Verhaltenstherapie. München: Röttger, 215–244.

Grawe, K. (2004): Neuropsychotherapie. Göttingen: Hogrefe.

Grawe, K., Donati, R. & Bernauer, F. (1994): Psychotherapie im Wandel. Von der Konfession zur Profession. Göttingen, Bern, Toronto, Seattle, Oxford, Prag: Hogrefe.

Gredig, D. (2005): The Co-evolution of Knowledge Production and Transfer. Evidence-based Intervention Development as an Approach to Improve the Impact of Evidence on Social Work Practice. In: Sommerfeld, P. (Hg.): Evidence-based Social Work – Towards a New Professionalism? Bern, Berlin, Bruxelles, Frankfurt a. M., New York, Oxford: Peter Lang, 173–198.

Gredig, D. (2011): From research to practice: Research-based Intervention Development in social work: developing practice through cooperative knowledge production. In: European Journal of Social Work, 14 (1), 53–70.

Gredig, D. & Sommerfeld, P. (2010): Neue Entwürfe zur Erzeugung und Nutzung lösungsorientierten Wissens. In: Otto, H.-U., Polutta, A. & Ziegler, H. (Hg.): What works – Welches Wissen braucht die Soziale Arbeit? Zum Konzept evidenzbasierter Praxis. Opladen, Farmington Hills, MI: Budrich, 83–98.

Gretenkord, L. (2017): R&R – Das Reasoning and Rehabilitation Programm. In: Müller-Isberner, R., Born, P., Eucker, S. & Eusterschulte, B. (Hg.): Praxishandbuch Maßregelvollzug. Grundlagen, Konzepte und Praxis der Kriminaltherapie (3., erw. und aktual. Aufl.). Berlin: Medizinisch Wissenschaftliche Verlagsgesellschaft, 433–441.

Greve, W. & Enzmann, D. (2001): Etikettierungen durch Jugendstrafe? Wider einige Gewissheiten des Labeling-Ansatzes. In: Bereswill, M. & Greve, W. (Hg.): Forschungsthema Strafvollzug. Baden-Baden: Nomos, 207–250.

Grosser, R. (2012): Integrale Straffälligenarbeit in Mecklenburg-Vorpommern – Übergänge gestalten. In: DBH – Fachverband für Soziale Arbeit, Strafrecht und Kriminalpolitik (Hg.): Übergangsmanagement für junge Menschen zwischen Strafvollzug und Nachbetreuung. Handbuch für die Praxis. Köln, Halle: DBH-Eigenverlag, 91–104.

Grosser, R. (2018a): Bewährungshilfe. In: Cornel, H., Kawamura-Reindl, G. & Sonnen, B. R. (Hg.): Resozialisierung. Handbuch (4., vollst. überarb. und aktual. Aufl.). Baden-Baden: Nomos, 200–216.

Grosser, R. (2018b): Führungsaufsicht. In: Cornel, H., Kawamura-Reindl, G. & Sonnen, B. R. (Hg.): Resozialisierung Handbuch (4., vollst. überarb. und aktual. Aufl.). Baden-Baden: Nomos, 217–226.

Grunwald, K. & Thiersch, H. (Hg.) (2016): Praxishandbuch Lebensweltorientierte Soziale Arbeit. Handlungszusammenhänge und Methoden in unterschiedlichen Arbeitsfeldern (3., vollst. überarb. Aufl.). Weinheim, Basel: Beltz Juventa.

Grunwald, K. & Thiersch, H. (2018): Lebensweltorientierung. In: Otto H.-U., Thiersch, H., Treptow R. & Ziegler, H. (Hg.): Handbuch Soziale Arbeit. Grundlagen der Sozialarbeit und Sozialpädagogik (6., überarb. Aufl.). München: Reinhardt, 906–915.

Guéridon, M. & Suhling, S. (2018): Klima :m Justizvollzug. In: Maelicke, B. & Suhling, S. (Hg.): Das Gefängnis auf dem Prüfstand. Zustand und Zukunft des Strafvollzugs. Wiesbaden: Springer, 239–262.

Haas, H. & Killias, M. (2001): Sind Vergewaltiger normale Männer? In: Bewährungshilfe, 48 (3), 211–220.

Haas, M. (2018): Resozialisierung, Medien- und Öffentlichkeitsarbeit. In: Cornel, H., Kawamura-Reindl, G. & Sonnen, B. R. (Hg.): Resozialisierung. Handbuch (4., vollst. überarb. und aktual. Aufl.). Baden-Baden: Nomos. 591–612.

Hahn, G. & Stiels-Glenn, M. (Hg.) (2010): Ambulante Täterarbeit. Intervention, Risikokontrolle und Prävention. Bonn: Psychiatrie-Verlag.

Hanson, R. K. & Thornton, D. (1997): Static 99: Improving actuarial risk assessment for sex offenders (User Report 1999-02). Ottawa, Ontario: Department of the Solicitor General of Canada.

Hare, R. D. (1998): Psychopathy, Affect and Behavior. In: Cooke, D. J., Forth, A. E. & Hare, R. D. (Hg.): Psychopathy: Theory, Research and Implications for Society. Dordrecht, Boston, London: Kluwer Academic, 105–137.

Hare, R. D. (1999): Psychopathy as a Risk Factor for Violence. In: Psychiatric Quarterly, 70 (3), 181–197.

Hart, J. & Collins, K. (2014): A ›back to basics‹ approach to offender supervision: Does working alliance contribute towards success of probation? In: European Journal of Probation, 6 (2), 112–125.

Haselmann, S. (2009): Systemische Beratung und der systemische Ansatz in der Sozialen Arbeit. In: Michel-Schwartze, B. (Hg.): Methodenbuch Soziale Arbeit. Basiswissen für die Praxis (2., überarb. und erw. Aufl.). Wiesbaden: Springer VS, 155–206.

Haupert, B. & Kraimer, K. (1991): Die Heimatlosigkeit der SA/SP. Stellvertretende Deutung und typologisches Verstehen als Wege zu einer eigenständigen Profession. Pädagogische Rundschau, 45 (2), 177–196.

Heiner, M. (2004): Professionalität in der Sozialen Arbeit. Theoretische Konzepte, Modelle und empirische Perspektiven. Stuttgart: Kohlhammer.

Heiner, M. (2013): Wege zu einer integrativen Grundlagendiagnostik in der Sozialen Arbeit. In: Gahleitner, S., Hahn, G. & Glemser, R. (Hg.): Psychosoziale Diagnostik. Köln: Psychiatrie-Verlag, 18–34.

Helmus, L., Hanson, K., Babchishin K. & Mann, R. (2013): Attitudes Supportive of Sexual Offending Predict Recidivism. A Meta-Analysis. In: Trauma, Violence & Abuse, 14 (1), 34–53.

Hering, R.D. (2019): Begriffe, Aussagen & Analysen aus unterschiedlichen Aufsätzen, Schriften von verschiedenen Verfassern zur GERICHTSHILFE. Online verfügbar unter: http://www.adg-gerichtshilfe.de/?p=1093 (letzter Zugriff: 17.02.2021)

Hermann, D. & Laue, C. (2001): Ökologie und Lebensstil – Empirische Analysen zum »broken windows«-Paradigma. In: Jehle, J.-M. (Hg.): Raum und Kriminalität. Sicherheit in der Stadt. Mönchengladbach: Forum Verlag Godesberg, 89–120.

Herpertz, S. C. (2018): Empathie und Persönlichkeitsstörungen aus neurobiologischer Sicht. In: Forensische Psychiatrie, Psychologie, Kriminologie, 12 (3), 192–198.

Herriger, N. (2014): Empowerment in der Sozialen Arbeit. Eine Einführung. (5., erw. und aktual. Aufl.). Stuttgart: Kohlhammer.

Heyden, S. & Jarosch, K. (2010): Missbrauchstäter. Phänomenologie – Psychodynamik – Therapie. Stuttgart, New York: Schattauer.

Hinsch, R. & Pfingsten, U. (2015): Gruppentraining sozialer Kompetenzen GSK. Grundlagen, Durchführung, Anwendungsbeispiele (6., vollst. überarb. Aufl.). Weinheim, Basel: Beltz.

Hochuli-Freund, U. & Stotz, W. (2017): Kooperative Prozessgestaltung in der Sozialen Arbeit. Ein methodenintegratives Lehrbuch (4., aktual. Aufl.). Stuttgart: Kohlhammer.

Hoffman, P. B. (1983): Screening for risk. A revised salient factor score (SFS 81). In: Journal of Criminal Justice, 11 (6), 539–547.

Hofinger, V. (2012): »Desistance form Crime« – Eine Literaturübersicht. 1. Teilbericht zur Evaluation der Haftentlassenenhilfe. Wien. Online verfügbar unter: https://www.irks.at/

assets/irks/Publikationen/Forschungsbericht/Desistance_Literaturbericht.ppd (letzter Zugriff: 10.11.2020).

Hofinger, V. (2013): »Desistance from Crime« – neue Konzepte in der Rückfallforschung. Neue Kriminalpolitik, 25 (4), 317–324.

Hofinger, V. (2016): Eine Desistance-orientierte What Works-Praxis? In: Soziale Probleme, 27 (2), 237–258.

Hollin, C. R. (2013): Psychology and crime. An introduction to criminological psychology (2. Aufl.). London, New York: Routledge.

Holzinger, B. & Kirste, A. (2017): Integrative Behandlung von Patienten mit Substanzproblematik, psychotischer Erkrankung und/oder Persönlichkeitsstörung. In: Müller-Isberner, R., Born, P., Eucker, S. & Eusterschulte, B. (Hg.): Praxishandbuch Maßregelvollzug. Grundlagen, Konzepte und Praxis der Kriminaltherapie (3., erw. und aktual. Aufl.). Berlin: Medizinisch Wissenschaftliche Verlagsgesellschaft, 289–296.

Hosemann, W. & Geiling, W. (2013): Einführung in die Systemische Soziale Arbeit. München, Basel: Reinhardt.

Hunger, U. (2019): Verurteilte Sexualstraftäterinnen – eine empirische Analyse sexueller Missbrauchs- und Gewaltdelikte. Berlin: Duncker & Humblot.

Hüther, G. (2008): Destruktives Verhalten als gebahnte Bewältigungsstrategie zur Überwindung emotionaler Verunsicherung – Ein entwicklungsneurobiologisches Modell. In: Staemmler, F. M. & Merten, R. (Hg.): Therapie der Aggression. Gestalttherapeutische Perspektiven für Individuum und Gesellschaft. Bergisch Gladbach: EHP, 13–28.

Hüttemann, M. & Sommerfeld, P. (2007): Forschungsbasierte Praxis. In: Sommerfeld, P. & Hüttemann, M. (Hg.): Evidenzbasierte Soziale Arbeit. Baltmannsweiler: Schneider Verlag Hohengehren, 40–57.

Jäger, B. H. (2010): Die sozialpädagogische Betreuung von straffälligen Menschen in der Bewährungshilfe. Ein Ländervergleich. Bochum: Brockmeyer.

Kämmerer, A. (2012): Kognitiv-verhaltenstherapeutische Gruppentherapie. In: Strauß, B. & Mattke, D. (Hg.): Gruppenpsychotherapie. Lehrbuch für die Praxis. Berlin, Heidelberg: Springer.

Kahneman, D. (2012): Schnelles Denken, langsames Denken (3. Aufl.). München: Siedler.

Kammer, T. & Karnath, H.-O. (2006): Manifestationen von Frontalhirnschädigungen. In: Karnath, H.-O. & Thier, P. (Hg.): Neuropsychologie (2., aktual. und erw. Aufl.). Heidelberg: Springer, 489–500.

Kammermeier, B. (2016): Polizei und Führungsaufsicht: Ergebnisse einer Befragung. In: Bewährungshilfe, 63 (1), 73–85.

Kasten, E. (2007): Einführung Neuropsychologie. München: Reinhardt.

Kawamura-Reindl, G. (2004): Entlassung nach langem Freiheitsentzug – Voraussetzungen und Erfordernisse für eine Rückkehr in die Gesellschaft. In: Zeitschrift für Strafvollzug und Straffälligenhilfe, 53 (5), 282–288.

Kawamura-Reindl, G. (2018): Hilfe für Angehörige Inhaftierter. In: Cornel, H., Kawamura-Reindl, G. & Sonnen, B. R. (Hg.): Resozialisierung. Handbuch (4., vollst. überarb. und aktual. Aufl.). Baden-Baden: Nomos, 503–513.

Kawamura-Reindl, G. (2020): Soziale Arbeit mit straffällig gewordenen Menschen. In: Deimel, D. & Köhler, T. (Hg.): Delinquenz und Soziale Arbeit: Prävention – Beratung – Resozialisierung. Lehrbuch für Studium und Praxis. Lengerich: Pabst Science Publisher, 78–91.

Kawamura-Reindl, G. & Schneider, S. (2015): Lehrbuch Soziale Arbeit mit Straffälligen. Weinheim, Basel: Beltz Juventa.

Kilb, R. & Weidner, J. (2013): Einführung in die konfrontative Pädagogik. München, Basel: Reinhardt.

Kipp, A. (2010): Neustrukturierung der Bewährungshilfe in Nordrhein-Westfalen. In: Michel-Schwartze, B. (Hg.): »Modernisierungen« methodischen Handelns in der Sozialen Arbeit. Wiesbaden: Springer VS, 305–322.

Klein, V., Rettenberger, M., Yoon, D., Köhler, N. & Briken, P. (2015): Protective Factors and Recidivism in Accused Juveniles Who Sexually Offended. In: Sexual Abuse. A Journal of Research and Treatment, 27 (1), 71–90.

Klug, W. (2003a): Mit Konzept planen – effektiv helfen. Ökosoziales Case Management in der Gefährdetenhilfe. Freiburg i. B.: Lambertus.

Klug, W. (2003b): Selbst organisierte Qualitätsprozesse – »Werkstattbericht« eines Praxisprojekts der Bewährungshilfe. In: Bewährungshilfe, 50 (2), 192–204.

Klug, W. (2014): Bewährungshilfe auf dem Weg zur Fachsozialarbeit? Programmatik einer zukunftsfähigen Profession. In: Bewährungshilfe, 61 (4), 396–409.

Klug, W. (2015): Nach der Haft – Theorie und Praxis einer risikoorientierten Bewährungshilfe. In: Schweder, M. (Hg.): Handbuch Jugendstrafvollzug. Weinheim, Basel: Beltz Juventa, 657–676.

Klug, W. (2016): Neoliberale Justizsozialarbeit? Wider die Deprofessionalisierung durch Vereinfachungen. In: Müller, C., Mührel, E. & Birgmeier, B. (Hg.): Soziale Arbeit in der Ökonomisierungsfalle? Wiesbaden: Springer VS, 173–193.

Klug, W. (2018a): Sozialarbeit mit Sexualstraftätern im Rahmen der Führungsaufsicht– Empirische Einblicke in ein schwieriges Handlungsfeld. In: Bewährungshilfe, 65 (2), 138–159.

Klug, C. (2018b): Case Management im US-amerikanischen Kontext. In: Löcherbach, P., Klug, W., Remmel-Faßbender, R. & Wendt, W. R. (Hg.): Case Management. Fall- und Systemsteuerung in der Sozialen Arbeit. (5., überarb. Aufl.). München: Reinhardt, 43–72.

Klug, W., Niebauer, D., Mirus, G., Dittelbach, B. & Huber, F. (2020): Beziehungsgestaltung aus Sicht sozialarbeiterischer Fachkräfte. Eine empirische Annäherung. In: Soziale Arbeit, 69 (9/10), 378–385.

Klug, W., Lehmann, R. & Burghardt, J. (2012): Case Management in Diensten der Kriminalprävention im Jugendamt. In: Case Management, 9 (2), 73–82.

Klug, W. & Niebauer, D. (2016): Sozialarbeiterisches Handeln mit Sexualstraftätern im Rahmen der Bewährungshilfe. In: Forensische Psychiatrie und Psychotherapie, 23 (3), 333–356.

Klug, W. & Schaitl, H. (2012): Soziale Dienste der Justiz. Perspektiven aus Wissenschaft und Praxis. DBH (Hg.). Mönchengladbach: Forum Verlag Godesberg.

Klug, W. & Zobrist, P. (2016): Motivierte Klienten trotz Zwangskontext. Tools für die Soziale Arbeit (2., aktual. Aufl.). München, Basel: Reinhardt.

Köhler, D. (2018): Behandlung von männlichen Gewalt- und Sexualstraftätern im Strafvollzug. In: Cornel, H., Kawamura-Reindl, G. & Sonnen, B.-R. (Hg.): Resozialisierung. Handbuch (4. Aufl.). Baden-Baden: Nomos, 416–432.

Körner, J. & Friedmann, R. (2005): DENKZEIT für delinquente Jugendliche. Theorie und Methode dargestellt an einer Fallgeschichte. Freiburg i. B.: Lambertus.

Koch, R. (2009): Integrale Straffälligenarbeit in Mecklenburg-Vorpommern: Nicht nur ein neuer Begriff. In: Bewährungshilfe, 56 (2), 116–134.

Kuhle, L. F., Grundmann, D. & Beier, K. M. (2015): Sexueller Missbrauch von Kindern: Ursachen und Verursacher. In: Fegert, J. M., Hoffmann, U., König, E., Niehues, J. & Liebhardt, H. (Hg.): Sexueller Missbrauch von Kindern und Jugendlichen. Ein Handbuch zur Prävention und Intervention für Fachkräfte im medizinischen, psychotherapeutischen und pädagogischen Bereich. Berlin, Heidelberg: Springer, 109–129.

Kupfer, A. & Nestmann, F. (2018): Netzwerkdiagnostik. In: Buttner, P., Gahleitner, S. B., Hochuli Freund, U. & Röh, D. (Hg.): Handbuch Soziale Diagnostik. Perspektiven und Konzepte für die Soziale Arbeit. Freiburg i. B.: Lambertus, 172–182.

Kurze, M. (1999): Soziale Arbeit und Strafjustiz – Eine Untersuchung zur Arbeit von Gerichtshilfe, Bewährungshilfe, Führungsaufsicht. Wiesbaden: Eigenverlag Kriminologische Zentralstelle.

Labonté-Roset, C. (2010): Hard to reach? Zur Erreichbarkeit von sozialen und psychosozialen Einrichtungen durch Personen mit Migrationshintergrund. In: Labonté-Roset, C., Hoefert, H.-W. & Cornel, H. (Hg.): Hard to reach. Schwer erreichbare Klienten in der Sozialen Arbeit. Berlin, Milow, Strasburg: Schibri-Verlag.

Latessa, E., Cullen, F. T. & Gendreau, P. (2002): Beyond Correctional Quackery – Professionalism and the Possibility of Effective Treatment. In: Federal Probation, 66 (2), 43–49.

Laubenthal, K. (2019): Strafvollzug (4. Aufl.). Berlin: Springer.

Lewrick-Gönnecke, Y., Kammann, N., Heinrichs, N. & Hosser, D. (2009): Zur Differenzierung zwischen unsicheren und aggressiven Teilnehmern beim Gruppentraining Sozialer Kompetenzen (GSK) im Straf- und Maßregelvollzug. In: Forensische Psychiatrie, Psychologie, Kriminologie, 3 (1), 47–55.

Lindenberg, M. (2013): Bewährungshilfe im punitiven Kontext. Online verfügbar unter: https://www.bewaehrungshilfe.de/wp-content/uploads/2014/02/Bew%C3%A4hrungshife_und_%C3%96ffentlichkeit.pdf (letzter Zugriff: 19.02.2021).

Lochmann, R., Baumann, H. & Chilian, W. (Hg.) (1994): Kooperation und Vernetzung in der Straffälligenhilfe. Sozialräumliche Neustrukturierung der Hilfeangebote. Bonn: Forum Verlag Godesberg.

Lösel, F. (2001): Behandlung oder Verwahrung? Ergebnisse und Perspektiven der Intervention bei »psychopathischen« Straftätern. In: Rehn, G., Wischka, B., Lösel, F. & Walter, M. (Hg.): Behandlung »gefährlicher Straftäter«. Grundlagen, Konzepte, Ergebnisse (2., überarb. Aufl.). Herbolzheim: Centaurus, 36–53.

Lösel, F. & Bender, D. (2000): Protektive Faktoren gegen Delinquenzentwicklungen. In: Jehle, J. M. (Hg.): Täterbehandlung und neue Sanktionsformen. Kriminalpolitische Konzepte in Europa. Mönchengladbach: Forum Verlag Godesberg, 117–153

Lösel, F. & Bender, D. (2018): Konzepte, Ergebnisse und Perspektiven der Behandlung von Straftätern. Ein internationaler Überblick. In: Forum Strafvollzug, 67 (2), 144–153.

Lösel, F., Koehler, J. A. & Hamilton, L. (2012): Resozialisierung junger Straftäter in Europa: Ergebnisse einer internationalen Studie über Maßnahmen zur Rückfallprävention. In: Bewährungshilfe, 59 (2), 175–190.

Longshore, D., Turner, S. & Fain, T. (2005): Effects of Case Management on Parolee Misconduct: The Bay Area Services Network. In: Criminal Justice and Behavior, 32 (2), 205–222.

Ludewig, K. (1997): Systemische Therapie. Grundlagen klinischer Theorie und Praxis (4., erw. Aufl.). Stuttgart: Klett-Cotta.

Luhmann, N. & Schorr, K.-E. (1979): Reflexionsprobleme im Erziehungssystem. Stuttgart: Klett-Cotta.

Lutz, R. (2011): Das Mandat der Sozialen Arbeit. Wiesbaden: Springer VS.

Maelicke, B. (1985): Thesen zur Weiterentwicklung der sozialen Dienste in der Straffälligenhilfe. In: Zeitschrift für Rechtspolitik, 18 (2), 53–55.

Maelicke, B. (2006): Chaos als System? Plädoyer für einen neuen Aufbruch in der ambulanten und stationären Resozialisierung in Deutschland. In: Bewährungshilfe, 53 (1), 39–42.

Maelicke, B. (2012): Übergangsmanagement: Paradigmenwechsel oder alter Wein in neuen Schläuchen? In: Forum Strafvollzug, 61 (3), 158–159.

Maelicke, B. (2015): Das Knast-Dilemma. Wegsperren oder resozialisieren? Eine Streitschrift. München: Bertelsmann.

Maelicke, B. & Wein, C. (2016): Komplexleistung Resozialisierung. Im Verbund zum Erfolg, Baden-Baden: Nomos.

Maelicke, B. & Thier, S. (2009): Gerichtshilfe. In: Cornel, H., Kawamura-Reindl, G., Maelicke, B. & Sonnen, B. R. (Hg.): Resozialisierung. Handbuch (3. Aufl.). Baden-Baden: Nomos, 173–179.

Maguire, N. (2020): Pre-sentence reports. Constructing the subject of punishment and rehabilitation. In: Ugwudike, P., Graham, H., McNeill, F., Raynor, P., Taxman, F. S. & Trotter, C. (Hg.): The Routledge Companion to Rehabilitative Work in Criminal Justice. London: Routledge, 256–267.

Mai, R. (1979): Auftrag, Arbeitsweise und Perspektiven der Gerichtshilfe. In: Bewährungshilfe, 26 (3), 231–240.

Maikowski, R. & Rott, G. (1978): Psychologie und Sozialarbeit – Zur Bestimmung relevanter Dimensionen der Psychologie für die Sozialarbeit. In: Neue Praxis. Zeitschrift für Sozialarbeit, 8 (3), 147–158.

Marshall, W. L. & Mazzucco, A. (1995): Self-Esteem and Parental Attachments in Child Molesters. In: Sexual Abuse. A Journal of Research and Treatment, 7 (4), 279–285.

Matt, E. (2012): Bedingte Entlassung, Übergangsmanagement und Wiedereingliederung – Die Rolle und die Bedeutung der Richter und Richterinnen der Strafvollstreckungskammer. In: Matt, E. (Hg.): Bedingte Entlassung, Übergangsmanagement und die Wiedereingliederung von Ex-Strafgefangenen. Justizvollzugsanstalt, Strafvollstrechungskammer und das Zusammenspiel der Institutionen. Münster: LIT, 11–30.

Matt, E. (2014): Übergangsmanagement und der Ausstieg aus der Straffälligkeit. Wiedereingliederung als gemeinschaftliche Aufgabe. Herbolzheim: Centaurus & Media UG.

Mayer, K. & Zobrist, P. (2009): Psychologie des kriminellen Verhaltens. In: Mayer, K. & Schildknecht, H. (Hg.): Dissozialität, Delinquenz und Kriminalität. Ein Handbuch für die interdisziplinäre Arbeit. Zürich, Basel, Genf: Schulthess, 33–48.

McGuire, J. (2013): ›What Works‹ to Reduce Re-offending: 18 Years on. In: Craig, L. A., Dixon, L. & Gannon, T. A. (Hg.): What Works in Offender Rehabilitaton. An Evidence-Based Approach to Assessment and Treatment. Chichester: Wiley-Blackwell, 20–49.

McNeill, F. (2016): The collateral consequences of Risk. In: Trotter, C., McIvor, G. & McNeill, F. (Hg.): Beyond the Risk Paradigm in Criminal Justice. Basingstoke, Hampshire: Palgrave, 143–157.

Meier, B.-D. (2010): Kriminologie (4., neu bearb. Aufl.). München: Beck.

Meier, B.-D. (2019): Strafrechtliche Sanktionen (5. Aufl.). Berlin, Heidelberg: Springer.

Merk, B. (2007): Vorwort. In: Zentrale Koordinierungsstelle Bewährungshilfe (Hg.): Qualitätsstandards in der Bewährungshilfe in Bayern. München, 3.

Miller, T. (1999): Systemtheorie und soziale Arbeit. Ein Lehr- und Arbeitsbuch. Stuttgart: Enke.

Miller, W. R. & Rollnick, S. (2015): Motivierende Gesprächsführung. Motivational Interviewing (3. Aufl.). Freiburg i. B.: Lambertus.

Moffitt, T. E. (1993): Adolescence-Limited and Life-Course-Persistent Antisocial Behavior: A Developmental Taxonomy. In: Psychological Review, 100 (4), 674–701.

Morgenstern, C. (2012): Europäische Standards für die Bewährungshilfe. In: Bewährungshilfe, 59 (3), 213–238.

Muchna, C. (Hg.) (2019): Aspekte des Innovations- und Changemanagements. Ein Theorie-Praxis-Transfer. Wiesbaden: Springer Gabler.

Mühlum, A. (1994): Das ökosoziale Paradigma und die Zukunft der Sozialarbeit. In: Archiv für Wissenschaft und Praxis der sozialen Arbeit. Vierteljahreshefte zur Förderung von Sozial-, Jugend,- und Gesundheitshilfe, 25 (1), 5–21.

Mühlum, A., Bartholomeyczik, S. & Göpel, E. (1997): Sozialarbeitswissenschaft – Pflegewissenschaft – Gesundheitswissenschaft. Freiburg i. B.: Lambertus.

Müller, B. (2008): Hilfe. In: Kreft, D. & Mielenz, I. (Hg.): Wörterbuch Soziale Arbeit. Aufgaben, Praxisfelder, Begriffe und Methoden der Sozialarbeit und Sozialpädagogik (6., überarb. und aktual. Aufl.). Weinheim, München, 426–429.

Müller, J. (2017): Neurobiologie und Bildgebung der Antisozialen Persönlichkeitsstörung. In: Dulz, B., Briken, P., Kernberg, O. F. & Rauchfleisch, U. (Hg.): Handbuch der Antisozialen Persönlichkeitsstörung. Stuttgart: Schattauer, 84–95.

Müller, J., Nixdorff, A. & Pirner, J. (2018): Das Sicherheitsmanagement II in Hessen – Ein weiterer Schritt in Richtung verstärkter ruckfallpräventiver Sozialarbeit in der Bewahrungshilfe. In: Bewährungshilfe, 65 (1), 5–19.

Müller, S. (2015): Zum Verhältnis von Erziehung und Strafe. In: Schweder, M. (Hg.): Handbuch Jugendstrafvollzug. Weinheim, Basel: Beltz Juventa, 43–58.

Müller, M., Turner, D. & Retz, W. (2017): Warum und wie entsteht sexuelle Gewalt? Zur Ätiologie sexueller Gewalt aus forensisch-psychiatrischer Sicht. In: Rettenberger, M. & Dessecker, A. (Hg.): Sexuelle Gewalt als Herausforderung für Gesellschaft und Recht. Wiesbaden: Kriminologische Zentralstelle, 143–155.

Mullen, E., Bellamy, J. & Bledsoe, S. (2007): Evidenzbasierte Praxis in der Sozialen Arbeit. In: Sommerfeld, P. & Hüttemann, M. (Hg.): Evidenzbasierte Soziale Arbeit. Baltmannsweiler: Schneider Verlag Hohengehren, 10–25.

Mutz, C. (2012): Der englische National Offender Management Service und die deutsche Bewährungshilfe. Ein struktureller und analytischer Vergleich. Inaugural-Dissertation zur Erlangung der Doktorwürde der Juristischen Fakultät der Eberhard-Karls-Universität Tübingen, Tübingen.

Mutz, J. (2006): Bewährungshilfe in Europa. In: Bewährungshilfe, 53 (1), 56–68.

Nadai, E., Sommerfeld, P., Bühlmann, F. & Krattiger, B. (2005): Fürsorgliche Verstrickung. Soziale Arbeit zwischen Profession und Freiwilligenarbeit. Wiesbaden: Springer VS.

Neubacher, F. (2004): Führungsaufsicht, quo vadis? – Eine Maßregel zwischen Sozialkontrolle und Hilfsangebot. In: Bewährungshilfe, 51 (1), 73–84.

Newman, J. (1998): Psychopathic behaviour: An Information Processing Perspective. In: Cooke, D., Forth, A. E. & Hare, R. D. (Hg.): Psychopathy. Theory, Research and Implications for Society. Dordrecht, Boston, London: Kluwer, 81–104.

Nickolai, W. (2015): Plädoyer zur Abschaffung des Jugendstrafvollzugs. In: Schweder, M. (Hg.): Handbuch Jugendstrafvollzug. Weinheim, Basel: Beltz Juventa, 817–827.

Niebauer, D. (2015): Von »hard-to-reach« zu »how-to-reach«. Erfolgreiche Partizipation wohnungsloser Menschen in Praxis und Forschung. Theorie und Praxis der Sozialen Arbeit, 66 (6), 412–421.

Niebauer, D. (2017a): Methoden der Sozialen Arbeit – eine zeitgemäße Begriffsbestimmung im Kontext sogenannter »hard-to-reach«-Zielgruppen. In: Bewährungshilfe, 64 (3), 213–222.

Niebauer, D. (2017b): »hard-to-reach« – eine Frage der Perspektive. In: *Partnerschaftlich*, 17 (3), 12–13. Online verfügbar unter: http://www.sucht.org/fileadmin/user_upload/Service/Publikationen/Partnerschaftlich/2017/PS_03-17.pdf (letzter Zugriff: 10.11.2020).

Niedersächsisches Ministerium der Justiz (1979): Empfehlungen zur Bewährungshilfe, Führungsaufsicht, Gerichtshilfe. Bericht der Planungskommission für den Sozialdienst in der niedersächsischen Strafrechtspflege. Hannover.

Norman, M. D. & Wadman, R. C. (2000): Utah Presentence Investigation Reports: User Group Perceptions of Quality and Effectiveness. In: Federal Probation, 64 (1), 7–12.

Oberlandesgericht München (o. J.): Aufgaben der Gerichtshilfe. Online verfügbar unter: https://www.justiz.bayern.de/gerichte-und-behoerden/oberlandesgerichte/muenchen/bewaehrungshilfe.php (zuletzt geprüft: 02.09.2021).

Oberwittler, D. (2013): Wohnquartiere und Kriminalität – Überblick über die Forschung zu den sozialräumlichen Dimensionen urbaner Kriminalität. In: Oberwittler, D., Rabold, S. & Baier, D. (Hg.): Städtische Armutsquartiere – Kriminelle Lebenswelten? Studien zu sozialräumlichen Kontexteffekten auf Jugendkriminalität und Kriminalitätswahrnehmungen. Wiesbaden: Springer VS, 45–95.

Oberwittler, D., Rabold, S. & Baier, D. (Hg.) (2013): Städtische Armutsquartiere – Kriminelle Lebenswelten? Studien zu sozialräumlichen Kontexteffekten auf Jugendkriminalität und Kriminalitätswahrnehmungen. Wiesbaden: Springer VS.

Ohlemacher, T., Sögding, D., Höynck, T., Ethe, N. & Welte, G. (2001): »Nicht besser, aber auch nicht schlechter«: Anti-Aggressivitäts-Training und Legalbewährung. In: DVJJ-Journal, 12 (4), 380–386.

Okpych, N. J. & Yu, J. L.-H. (2014): A historical analysis of evidence-based practice in social work: The unfinished journey toward an empirically grounded profession. In: Social Service Review, 88 (1), 3–58.

Ortmann, R. (2002): Sozialtherapie im Strafvollzug. Eine experimentelle Längsschnittstudie zu den Wirkungen von Strafvollzugsmaßnahmen auf Legal- und Sozialbewährung. Freiburg i. B.: edition iuscrim.

Osborne, S. P. (1998): Naming the Beast: Defining and Classifying Service Innovations in Social Policy. In: Human Relations, 51 (9), 1133–1154.

Parpan-Blaser, A. (2011): Innovation in der Sozialen Arbeit. Zur theoretischen und empirischen Grundlegung eines Konzepts. Wiesbaden: Springer VS.

Parpan-Blaser, A. (2018): Organisationen des Sozialwesens als Ort von Innovationen. In: Eurich, J., Glatz-Schmallegger, M. & Parpan-Blaser, A. (Hg.): Gestaltung von Innovationen in Organisationen des Sozialwesens. Rahmenbedingungen, Konzepte und Praxisbezüge. Wiesbaden: Springer VS, 31–53.

Pauls, H. (2013): Klinische Sozialarbeit. Grundlagen und Methoden psycho-sozialer Behandlung (3. Aufl.). Weinheim, Basel: Beltz Juventa.

193

PKS – Polizeiliche Kriminalstatistik (2018): Bundesrepublik Deutschland. Jahrbuch 2018. Band 1. Fälle, Aufklärung, Schaden.

PKS – Polizeiliche Kriminalstatistik (2019): Bundesrepublik Deutschland. Jahrbuch 2019. Band 1. Fälle, Aufklärung, Schaden.

Prochaska, J. O. (1999): How do People change, and How Can We Change to Help Many More People? In: Hubble, M., Duncan, B. & Miller, S. (Hg.): The Heart & Soul of Change. What works in therapy. Washington DC: American Psychological Association, 227–255.

Prochaska, J. O. & Levesque, D. A. (2002): Enhancing Motivation of Offenders at each stage of Change and Phase of Therapy. In: McMurran, M. (Hg.): Motivating Offenders to Change. A Guide to Enhancing Engagement in Therapy. Chichester: Wiley, 57–74.

Pruin, I. (2017): Gestaltung von Übergängen. In: Cornel, H., Kawamura-Reindl, G. & Sonnen, B.-R. (Hg.): Resozialisierung Handbuch (4., vollst. überarb. und aktual. Aufl.). Baden-Baden: Nomos, 572–590.

Rabe, H. (2017): Sexualisierte Gewalt im reformierten Strafrecht. In: Aus Politik und Zeitgeschichte, 67 (4), 27–32.

Raine, J. & Wilson, M. (1993): Managing Criminal Justice. London, Hemel Hempstead: Harvester Wheatsheaf.

Rauschenbach, T. (2011): 20 Jahre Kinder- und Jugendhilfe im Spiegel ihrer Statistik. Eine Bilanz der empirischen Wende. In: Rauschenbach, T. & Schilling, M. (Hg.): Kinder- und Jugendhilfereport 3. Bilanz der empirischen Wende. Weinheim, München: Juventa, 11–24.

Raynor, P., Kynch, J., Roberts, C. & Merington, S. (2000): Risk and need assessment in probation services: an evaluation (Research Study 211). London: Home Office.

Reichenbach, M.-T. & Bruns, S. (Hg.) (2018): Resozialisierung neu denken. Wiedereingliederung straffällig gewordener Menschen als gesamtgesellschaftliche Aufgabe. Freiburg i. B.: Lambertus.

Reis, C. (2018): Dienstleistungsketten und Produktionsnetzwerke – die »Systemebene« des Case Managements. In: Löcherbach, P., Klug, W., Remmel-Faßbender, R. & Wendt, W. R. (Hg.): Case Management. Fall- und Systemsteuerung in der Sozialen Arbeit. (5., überarb. Aufl.). München: Reinhardt, 172–191.

Rettenberger, M. & von Franqué, F. (Hg.) (2013): Handbuch kriminalprognostischer Verfahren. Göttingen: Hogrefe.

Rosenfeld, J. M. & Sykes, I. J. (1998): Toward »good enough« services for inaptly served families and children: Barriers and opportunities. European Journal of Social Work, 1 (3), 285–300.

Ross, R. R., Fabiano, E. A. & Ewles, C. D. (1988): Reasoning and Rehabilitation. In: International Journal of Offender Therapy and Comparative Criminology, 32 (1), 29–35.

Rothman, J. (1992): Guidelines for case management putting research to professional use. Itasca, Ill: F. E. Peacock Publishers.

Sachse, R. (2010): Persönlichkeitsstörungen verstehen. Zum Umgang mit schwierigen Klienten, Köln: Psychiatrie-Verlag.

Sachse, R. (2013): Persönlichkeitsstörungen. Leitfaden für die Psychologische Psychotherapie (2. Aufl.). Göttingen: Hogrefe.

Sachse, R. (2014): Persönlichkeitsstörungen verstehen. Zum Umgang mit schwierigen Klienten (10. Aufl.). Bonn: Psychiatrie-Verlag.

Sachse, R. (2017): Therapeutische Informationsverarbeitung. Verstehen und Modellbildung im Therapieprozess. Göttingen: Hogrefe.

Sampson, R. J. (2006): How does community context matter? Social mechanisms and the explanation of crime rates. In: Wikström P.-O. H. & Sampson, R. J. (Hg.): The explanation of crime. Contexts, mechanisms and development. Cambridge: Cambridge University Press, 31–60.

Schaarschuch, A. (1999): Theoretische Grundelemente Sozialer Arbeit als Dienstleistung. Ein analytischer Zugang zur Neuorientierung Sozialer Dienste. In: Neue Praxis, 29 (6), 543–560.

Schäfer, G. & Sander, G. M. (2000): Strafaussetzung zur Bewährung in der Rechtssprechung des Bundesgreichtshofs. In: Bewährungshilfe, 47 (2), 186–195.

Schiemann, A., Remke, C. & Büchler, K. (Hg.) (2019): HEADS, KURS & Co. Evaluation der Überwachungskonzepte für besonders rückfallgefährdete Sexualstraftäter. Baden-Baden: Nomos.

Schilling, J. & Zeller, S. (2007): Soziale Arbeit. Geschichte, Theorie, Profession (3., überarb. Aufl.). München, Basel: Reinhardt.

Schmid, M., Kuhn, S., Schu, M., Vogt, I., Simmedinger, R. & Schlanstedt, G. (2007): Psychosoziale Interventionen in der Heroinstudie. Implementierung, Durchführung und Wirkung. In: Sozialmagazin, 32 (3), 16–20.

Schmidt, M. H. (2008): Dissozialität – ein Überblick. In: Brünger, M. & Weissbeck, W. (Hg.): Psychisch kranke Straftäter im Jugendalter. Berlin: Medizinisch Wissenschaftliche Verlagsgesellschaft, 15–29.

Schmidt-Grunert, M. (2009): Soziale Arbeit mit Gruppen. Eine Einführung (3., überarb. Aufl.). Freiburg i. B.: Lambertus.

Schmitt, W. S. (2007): Klassifikation der Betreuungsintensität in der Bewährungshilfe. Die Evaluierung des Kategorienmodells. Köln: DBH.

Schmitz, B., Bischoff, C., Ehrhardt, M. & Leidig, S. (2000): Perspektiven der Gruppenpsychotherapie. Wirksame Therapie bei begrenzten Ressourcen. In: Hermer, M. (Hg.): Psychotherapeutische Perspektiven am Beginn des 21. Jahrhunderts. Tübingen: dgvt, 225–244.

Schönig, W. & Motzke, K. (2016): Netzwerkorientierung in der Sozialen Arbeit. Theorie, Forschung, Praxis. Stuttgart: Kohlhammer.

Schott-Leser, H. & Leser, C. (2016): »… im Endeffekt kam es mir'n bisschen geheuchelt vor …« – Auswirkungen des Strukturdilemmas von Hilfe und Kontrolle auf einen Hilfeverlauf. In: Neue Praxis, 46 (5), 415–426.

Schulte D. (2015): Therapiemotivation. Widerstände analysieren, Therapieziele klären, Motivation fördern. Göttingen: Hogrefe.

Schumacher, T. (2007): Soziale Arbeit als ethische Wissenschaft. Topologie einer Profession. Stuttgart: Lucius & Lucius.

Schwarze, C. & Hahn, G. (2019): Herausforderung Pädophilie. Beratung, Selbsthilfe, Prävention (2. Aufl.). Köln: Psychiatrie-Verlag.

Schweder, M. (Hg.) (2015): Handbuch Jugendstrafvollzug. Weinheim, Basel: Beltz Juventa.

Schwind, H.-D. (2010): Kriminologie. Eine praxisorientierte Einführung mit Beispielen (20., neubearb. und erw. Aufl.). Heidelberg, München, Landsberg, Frechen, Hamburg: Kriminalistik Verlag.

Seifert, D. & Möller-Mussavi, S. (2007): Bewährungshelferberichte über entlassene forensische Patienten (§ 63 StGB) – aussagekräftiges Katamneseinstrument oder lästige Pflichtaufgabe? In: Lösel, F., Bender, D. & Jehle, H.-M. (Hg.): Kriminologie und wissensbasierte Kriminalpolitik. Entwicklungs- und Evaluationsforschung. Mönchengladbach: Neue Kriminologische Schriftenreihe, Forum Verlag Godesberg, 163–177.

Seithe, M. (2014): Ökonomisierung der Sozialen Arbeit und ihre Auswirkungen auf die Straffälligenhilfe. Online verfügbar unter: http://zukunftswerkstatt-soziale-arbeit.de/wp-content/uploads/2014/12/Text-Straff%C3%A4lligenhilfe.pdf (letzter Zugriff: 06.02.2020).

Senkans, S. (2019): Welche Bedeutung haben das Good Lives Modell (GLM) und die Desistance-Forschung für die Arbeit mit straffällig gewordenen Menschen? In: Bewährungshilfe, 66 (3), 239–251.

Snyder, C. R., Scott, M. & Cheavens, J. (1999): Hope as a psychotherapeutic foundation of common factors, placebos, and expectancies. In: Hubble, M., Duncan, B. & Miller, S. (Hg.): The Heart & Soul of change. What works in therapy. Washington DC: American Psychological Association, 179–200.

Sohns, A. (2009): Empowerment als Leitidee Sozialer Arbeit. In: Michel-Schwartze, B. (Hg.): Methodenbuch Soziale Arbeit. Basiswissen für die Praxis (2., überarb. und erw. Aufl.). Wiesbaden: Springer VS, 75–101.

Sommerfeld, P. (1998): Erkenntnistheoretische Grundlagen der Sozialarbeitswissenschaft und Konsequenzen für die Forschung. In: Steinert, E., Sticher-Gil, B., Sommerfeld, P. &

Maier, K. (Hg.): Sozialarbeitsforschung: was sie ist und leistet. Eine Bestandsaufnahme. Freiburg i. B.: Lambertus, 13–21.

Sommerfeld, P. (2003): Zukunftsszenarien Soziale Arbeit. Überlegungen zur Lösung sozialer Probleme. Ein Essay zum zehnjährigen Jubiläum der Unternehmensberatung Viktor Schiess, Aarau.

Sommerfeld, P. (2010): Entwicklung und Perspektiven der Sozialen Arbeit als Disziplin. In: Gahleitner, S. B., Sagebiel, J., Effinger, H., Kraus, B., Miethe, I. & Stövesand, S. (Hg.): Disziplin und Profession Sozialer Arbeit. Entwicklungen und Perspektiven. Opladen: Budrich, 29–44.

Sommerfeld, P. (2011): Von der Notwendigkeit einer Handlungswissenschaft. In: Thiersch, H. & Treptow, R. (Hg.): Zur Identität der Sozialen Arbeit. Positionen und Differenzen in Theorie. In: Neue Praxis. Zeitschrift für Sozialarbeit, Sozialpädagogik und Sozialpolitik. Sonderheft 10, 43–45.

Sommerfeld, P. (2014): Kooperation als Modus der Verknüpfung von Wissenschaft und Praxis am Beispiel der Sozialen Arbeit. In: Unterkofler, U. & Oestreicher, E. (Hg.): Theorie-Praxis-Bezüge in professionellen Feldern. Wissensentwicklung und -verwendung als Herausforderung. Opladen: Budrich UniPress, 133–156.

Sommerfeld, P. (2016): Evidenzbasierung als ein Beitrag zum Aufbau eines konsolidierten professionellen Wissenskorpus in der Sozialen Arbeit. In: Borrmann, S. & Thiessen, B. (Hg.): Wirkungen Sozialer Arbeit. Potenziale und Grenzen der Evidenzbasierung für Profession und Disziplin. Opladen, Berlin, Toronto: Budrich, 21–41.

Spiegel, H. von (2018): Methodisches Handeln in der Sozialen Arbeit. Grundlagen und Arbeitshilfen für die Praxis (6. Aufl.). München: Reinhardt.

Stanley, S. (2009): What Works in 2009: Progress or stagnation? In: Probation Journal 56 (2), 153–174.

Statista (2019): Anzahl der Justizvollzugsanstalten in Deutschland und in den einzelnen Bundesländern im Jahr 2018. Online verfügbar unter: https://de.statista.com/statistik/da ten/studie/993902/umfrage/anzahl-der-justizvollzugsanstalten-in-deutschland/ (letzter Zugriff: 01.10.2020).

Statista (2020a): Anzahl der Gefangenen und Verwahrten in den Justizvollzugsanstalten (geschlossener und offener Vollzug) in Deutschland von 2009 bis 2020. Online verfügbar unter: https://de.statista.com/statistik/daten/studie/225/umfrage/gefangene-und-verwahrte -seit-dem-jahr-2000/ (letzter Zugriff: 01.10.2020).

Statista (2020b): Anzahl der Gefangenen und Verwahrten in den Justizvollzugsanstalten (geschlossener und offener Vollzug) in Deutschland nach Art des Strafvollzugs am 31. März 2020. Online verfügbar unter: https://de.statista.com/statistik/daten/studie/158317/umfra ge/gefangene-und-verwahrte-in-deutschland-nach-art-des-vollzugs/#professional) (letzter Zugriff: 01.10.2020).

Statistisches Bundesamt (2013): Rechtspflege. Bewährungshilfe 2011. Fachserie 10, Reihe 5. Wiesbaden.

Staub-Bernasconi, S. (1996): Soziale Probleme – Soziale Berufe – Soziale Praxis. In: Heiner, M., Meinhold, M., von Spiegel, H. & Staub-Bernasconi, S. (Hg.): Methodisches Handeln in der Sozialen Arbeit (3. Aufl.). Freiburg i. B.: Lambertus, 11–101.

Staub-Bernasconi, S. (2003): Diagnostizieren tun wir doch alle – nur nennen wir es anders. In: Widersprüche Zeitschrift, 88, 33–40.

Staub-Bernasconi, S. (2007): Soziale Arbeit als Handlungswissenschaft. Systemtheoretische Grundlagen und professionelle Praxis – Ein Lehrbuch. Bern, Stuttgart: Haupt.

Steffes-enn, R. & Ihm, H. (Hg.) (2019): Täter und Taten als Informationsquellen. Anamnese und Fallarbeit (3., erw. und überarb. Aufl.). Frankfurt a. M.: Verlag für Polizeiwissenschaft.

Steindorfner, M. (2006): Strukturen und Finanzierung der Bewährungs- und Straffälligenhilfe. In: Bewährungshilfe, 53 (1), 3–13.

Stimmer, F. (2012): Grundlagen des Methodischen Handelns in der Sozialen Arbeit. (3., überarb. und erw. Aufl.). Stuttgart: Kohlhammer.

Stone, M. H. (2017): Epidemiologie und Verlauf Antisozialer Persönlichkeitsstörungen. In: Dulz, B., Briken, P., Kernberg, O. F. & Rauchfleisch, U. (Hg.): Handbuch der Antisozialen Persönlichkeitsstörung. Stuttgart: Schattauer, 13–41.

Stucki, C. (2004): Die Therapiebeziehung differentiell gestalten. Intuitive Reaktionen, Patientenwahrnehmung und Beziehungsverhalten von Therapeuten in der Psychotherapie. Bern: Selbstverlag.

Suhling, S. & Greve, W. (2010): Kriminalpsychologie kompakt. Weinheim, Basel: Beltz.

Suhling, S. & Marquardt, J. (2018): Was wirkt in der ambulanten justiziellen Arbeit mit »Hochrisikotätern«? Eine Analyse englischsprachiger Forschungsliteratur aus evidenzbasierter Perspektive. In: Bewährungshilfe, 65 (2), 101–124.

Tatman, A. W. & Love, K. M. (2010): An Offender Version of the Working Alliance Inventory-Short Revised. In: Journal of Offender Rehabilitation, 49 (3), 165–179.

Thier, S. (2018): Gerichtshilfe. In: Cornel, H., Kawamura-Reindl, G. & Sonnen, B. R. (Hg.): Resozialisierung Handbuch (4., vollst. überarb. und aktual. Aufl.), Baden-Baden: Nomos, 193–199.

Thiersch, H. (1986): Die Erfahrung der Wirklichkeit. Perspektiven einer alltagsorientierten Sozialpädagogik. Weinheim, München: Juventa.

Thiersch, H. (2002): Positionsbestimmungen der sozialen Arbeit: Gesellschaftspolitik, Theorie und Ausbildung Weinheim, München: Juventa.

Thiersch, H. (2014): Lebensweltorientierte Soziale Arbeit: Aufgaben der Praxis im sozialen Wandel (9. Aufl.) Weinheim, Basel: Beltz Juventa.

Thiersch, H., Grunwald, K. & Köngeter, S. (2012): Lebensweltorientierte Soziale Arbeit. In: Thole, W. (Hg.): Grundriss Soziale Arbeit (4. Aufl.). Wiesbaden: Springer VS, 175–196.

Thole, W. (2012): Die Soziale Arbeit – Praxis, Theorie, Forschung und Ausbildung. Versuch einer Standortbestimmung. In: Thole, W. (Hg.): Grundriss Soziale Arbeit. Ein einführendes Handbuch. Wiesbaden: Springer VS, 19–70.

Thomalla, J. (2008): Das GSK als Selbstsicherheitstraining für Gefangene im Strafvollzug. In: Pfingsten, U. (Hg): Soziale Kompetenzen, Ängste und Kompetenzprobleme. Heft 2 (überarb. Neuauflage), Bielefeld. Online verfügbar unter: https://www.gsk-training.de/downloa/Thomalla_2008.pdf (letzter Zugriff: 11.11.2020).

Thompson, R. F. (2001/2010): Das Gehirn. Von der Nervenzelle zur Verhaltenssteuerung (3. Aufl.). Heidelberg: Spektrum.

Tong, L. J. & Farrington, D. P. (2006): How effective is the »Reasoning and Rehabilitation« programme in reducing reoffending? A meta-analysis of evaluations in four countries. In: Psychology, Crime & Law, 12 (1), 3–24.

Trotter, C. (2001): Soziale Arbeit mit unfreiwilligen KlientInnen. Ein Handbuch für die Praxis. In: Gumpinger, M. (Hg.): Soziale Arbeit mit unfreiwilligen KlientInnen. Linz: Pro Mente, 97–305.

Trotter, C. (2009): Work with Involuntary Clients in Corrections. In: Rooney, R. H. (Hg.) (2009): Strategies for Work with Involuntary Clients (2. Aufl.). New York: Columbia University Press, 387–401.

Trotter, C. (2016): Risk Assessment in Practice. In: Trotter, C., McIvor, G. & McNeill, F. (Hg.): Beyond the Risk Paradigm in Criminal Justice. New York: Palgrave, 49–60.

Tschuschke, V. (2010): Gruppen- versus Einzeltherapie-Setting und Wirkfaktoren. In: Tschuschke, V. (Hg.): Gruppenpsychotherapie. Von der Indikation bis zu Leitungstechniken. Stuttgart: Thieme, 13–17.

Uslucan, H.-H. (2012): Familiale Einflussfaktoren auf delinquentes Verhalten Jugendlicher. In: Aus Politik und Zeitgeschichte, 62 (49/50), 22–27.

Van Rießen, A. & Jepkens, K. (Hg.) (2020): Nutzen, Nicht-Nutzen und Nutzung Sozialer Arbeit. Theoretische Perspektiven und empirische Erkenntnisse subjektorientierter Forschungsperspektiven. Wiesbaden: Springer VS.

Van den Brink, E. & Koster, F. (2016): Mitfühlend leben – »Mindfulness-Based Compassionate Living«. In: Roth, M., Schönefeld, V. & Altmann, T. (Hg.): Trainings- und Interventionsprogramme zur Förderung von Empathie. Ein praxisorientiertes Kompendium. Berlin, Heidelberg: Springer, 93–109.

Vaswani, N. & Merone, L. (2014): Are There Risks with Risk Assessment? A Study of the Predictive Accuracy of the Youth Level of Service–Case Management Inventory with Young Offenders in Scotland. In: British Journal of Social Work, 44 (8), 2163–2181.

197

Wagner, E., Henz, K. & Kilian, H. (2016): Persönlichkeitsstörungen. Heidelberg: Carl-Auer-Systeme Verlag.

Wandall, R. H. (2010): Resisting risk assessment? Pre-sentence reports and individualized sentencing in Denmark. In: Punishment & Society, 12 (3), 329–347.

Ward, T. (2002): Good lives and the rehabilitation of offenders: Promises and problems. In: Aggression and Violent Behavior, 7 (5), 513–528.

Ward, T. & Casey, A. (2010): Extending the mind into the world: A new theory of cognitive distortions in sex offenders. In: Aggression and Violent Behavior, 15 (1), 49–58.

Ward, T., Polaschek, D. & Beech, A. R. (2006): Theories of sexual offending. Southern Gate, Chichester, West Sussex: Wiley & Sons.

Ward, T., Yates, P. M. & Willis, G. M. (2012): The Good Lives Model and the Risk Need Responsivity Model: A Critical Response to Andrews, Bonta, and Wormith (2011). In: Criminal Justice and Behavior, 39 (1), 94–110.

Webb, S. A. (2006): Social Work in a Risk Society: Social and Political Perspectives. Houndmills, Basingstoke, Hampshire: Palgrave Macmillan.

Weidner, J. (1990): Anti-Aggresivitäts-Training für Gewalttäter. Ein deliktspezifisches Behandlungsangebot im Jugendvollzug. Bonn: Forum.

Weinert, L. (2015): Leichte Sprache in der Bewährungshilfe. In: Bewährungshilfe, 62 (4), 349–356.

Welling, R. (2014): Umgang und Motivation mit überschuldeten Inhaftierten in der täglichen vollzuglichen Arbeit. In: Schäfer, K. H. & Bunde, H. (Hg.): Ökonomische Faktoren in der Straffälligenhilfe. Wirtschaftlichkeit contra Resozialisierung? (6., überarb. Aufl.). Freiburg i. B.: Lambertus, 105–115.

Wendt, W. R. (1990): Ökosozial denken und handeln. Grundlagen und Anwendungen in der Sozialarbeit. Freiburg i. B.: Lambertus.

Wendt, W. R. (1997): Neue Entschiedenheit. Der Zwang als Mittel zum Zweck? In: Sozialmagazin, 22 (1), 14–19.

Wendt, W. R. (1999): Geleitwort zur 3. deutschen Aufl. In: Germain C. & Gitterman A.: Praktische Sozialarbeit. Das »Life Model« der Sozialen Arbeit. Fortschritte in Theorie in Praxis (3., völlig neu bearb. Aufl.). Stuttgart: Enke, V–XI.

Wendt, W. R. (2009): Wo stehen wir im Case Management und wie entwickelt es sich weiter? In: Wendt, W. R. & Löcherbach, P. (Hg.): Standards und Fachlichkeit im Case Management. Heidelberg, München: Economica, 1–52.

Wendt, W. R. (2010): Das ökosoziale Prinzip. Soziale Arbeit, ökologisch verstanden. Freiburg i. B.: Lambertus.

Werner, E. E. (2011): Risiko und Resilienz im Leben von Kindern aus multiethnischen Familien. Ein Forschungsbericht. In: Zander, M. & Roemer, M. (Hg.): Handbuch Resilienzförderung. Wiesbaden: Springer VS, 32–46.

Wikström, P.-O. (2010): Situational Action Theory. In: Cullen, F. T. & Wilcox, P.: Encyclopedia of Criminological Theory, Thousand Oaks: SAGE, 1001–1008.

Willis, G. M. & Ward, T. (2013): The Good Lives Model: Does It Work? Preliminary Evidence. In: Craig, L. A., Dixon, L. & Gannon, T. A. (Hg.): What Works in Offender Rehabilitation. An Evidence-Based Approach to Assessment and Treatment. Chichester: Wiley-Blackwell, 305–317.

Wilson, J. Q. & Kelling, G. E. (1982): Broken windows: The police and neighborhood safety. In: Atlantic Monthly, March Issue, 29–38.

Wilson, J. Q. & Kelling, G. E. (1998): Polizei und Nachbarschaftssicherheit: Zerbrochene Fenster: »The police and neighborhood safety: Broken Windows«. In: Dreher, G. (Hg.): Das Modell New York. Kriminalitätsprävention durch »Zero Tolerance«? (2. Aufl.). Holzkirchen/Obb.: Felix, 43–55.

Wirth, W. (2014): Übergangsmanagement im Strafvollzug: Anwendungsfelder – Schwerpunkte. In: Kerner, H.-J. & Marks, E. (Hg.): Internetdokumentation des Deutschen Präventionstages. Hannover 2014. Online verfübar unter: www.praeventionstag.de/Dokumentation.cms/2823 (letzter Zugriff: 12.11.2020).

Wirth, W. & Grosch, B. (2018): Case Management in Strafvollzug und Straffälligenhilfe: Allgemeine Grundlagen und spezifische Erfordernisse. In: Löcherbach, P., Klug, W. &

Remmel-Faßbender, R. (Hg.): Case Management. Fall- und Systemsteuerung in der Sozialen Arbeit (5. Aufl.). München: Reinhardt, 212–236.

Wulf, R. (Hg.) (2014): Kriminalprävention an Orten: Wissenschaftliche Grundlagen und praktische Maßnahmen. Tübingen: Institut für Kriminologie der Universität.

Yalom, I. D. (2007). Theorie und Praxis der Gruppenpsychotherapie. Ein Lehrbuch (9., völlig überarb. und erw. Aufl.). Stuttgart: Klett-Cotta.

Yoon, D., Klein, V. & Briken, P. (2013): SAPROF – Structured Assessment of PROtective Factors for violence risk. In: Rettenberger, M. & von Franqué, F. (Hg.): Handbuch kriminalprognostischer Verfahren, Göttingen: Hogrefe, 301–310.

Zentrale Koordinierungsstelle Bewährungshilfe (Hg.) (2007): Qualitätsstandards in der Bewährungshilfe in Bayern, München.

Zentrale Koordinierungsstelle Bewährungshilfe (Hg.) (2020): Qualitätsstandards der bayerischen Bewährungshilfe (9. Aufl.). München.

Zimmermann, D. (2014): Ohne Schuldenregulierung keine Resozialisierung. In: Schäfer, K. H. & Bunde, H. (Hg.): Ökonomische Faktoren in der Straffälligenhilfe. Wirtschaftlichkeit contra Resozialisierung? (6., überarb. Aufl.). Freiburg i. B.: Lambertus, 33–62.

Zimmermann, D., Rosenbrock, H. & Dabbert, L. (Hg.) (2017): Praxis Traumapädagogik. Perspektiven einer Fachdisziplin und ihrer Herausforderungen in verschiedenen Praxisfeldern. Weinheim, Basel: Beltz Juventa.

Ziv, R. (2020): The evidence-based approach to correctional rehabilitation. Current status of the Risk-Need-Responsivity (RNR) model of offender rehabilitation. In: Ugwudike, P., Graham, H., McNeill, F., Raynor, P., Taxman, F. S. & Trotter, C. (Hg.): The Routledge companion to rehabilitative work in criminal justice. London: Routledge, 79–89.

Zobrist, P. & Kähler, H. D. (2017): Soziale Arbeit in Zwangskontexten. Wie unerwünschte Hilfe erfolgreich sein kann (3., vollst. überarb. Aufl.). München, Basel: Reinhardt.

Abkürzungsverzeichnis

AAT	Anti-Aggressivität-Training
ADB	Arbeitsgemeinschaft deutscher Bewährungshelfer/innen
AIDS	Acquired Immune Deficiency Syndrome
BayStVollzG	Bayerisches Strafvollzugsgesetz
BtMG	Betäubungsmittelgesetz
BVerfG	Bundesverfassungsgericht
DBH	Deutsche Bewährungshilfe – Fachverband für Soziale Arbeit, Strafrecht und Kriminalpolitik
EBP	Evidence-based Practice
EGStGB	Einführungsgesetz zum Strafgesetzbuch
e. V.	Eingetragener Verein
GLM	Good Life Modell
GSK	Gruppentraining sozialer Kompetenzen
GSKnast-A	Gruppentraining sozialer Kompetenzen für aggressive Gefangene
GSKnast-U	Gruppentraining sozialer Kompetenzen für selbstunsichere Gefangene
HEADS	Haft-Entlassenen-Auskunfts-Datei Sexualstraftäter
HIV	Humane Immundefizienz-Virus
ICD-10	International Statistical Classification of Diseases and Related Health Problems (Revision 10)
ISIS	Informationssystem zur Intensivüberwachung besonders rückfallgefährdeter Sexualstraftäter
JGG	Jugendgerichtsgesetz
JVA	Justizvollzugsanstalt
KSKS	Kieler Sicherheitskonzept Sexualstraftäter
K.U.R.S.	Konzeption zum Umgang mit rückfallgefährdeten Sexualstraftätern
LSI-R	Level of Service Inventory – Revised (Andrews/Bonta)
PI	Presentence Investigation
PKS	Polizeiliche Kriminalstatistik
PSR	Presentence Report
RiMS	Risikomanagement für besondere Rückfallgefährdete
R&R	Reasoning and Rehabilitation Program
RNR	Risk-Need-Responsivity
RTC	Randomized Controlled Trial
SPREE	Sexualstraftäter Prävention (bei) Rückfallgefahr (durch) Eingriffsmaßnahmen und Ermittlungen

StGB   Strafgesetzbuch
STICS   Strategic Training Initiative in Community Supervision
StPO   Strafprozessordnung
StVollzG   Strafvollzugsgesetz
TTM   Transtheoretisches Modell
ZKB   Zentrale Koordinierungsstelle Bewährungshilfe
ZÜRS   Zentralstelle zur Überwachung besonders rückfallgefährdeter Se-
              xualstraftäter

Abbildungs- und Tabellenverzeichnis

Abbildungen

Tabellen

Stichwortverzeichnis

Z

Zielgruppenorientierung   83 f.
Zielplanung   46, 93

Zwangskontext   37, 46–48, 50, 96, 100 f.,
103, 140, 148, 164

Die Autoren

Wolfgang Klug, ist seit 1997 Professor für Methoden der Sozialen Arbeit an der Katholischen Universität Eichstätt-Ingolstadt. Dort hat er sich u. a. auf die Forschung in den Sozialen Diensten der Justiz spezialisiert und viele Praxisprojekte in diesem Bereich durchgeführt. Weitere Forschungsgebiete sind Case Management sowie die Beziehungsgestaltung bzw. Motivationsarbeit in Zwangskontexten. Jüngste Veröffentlichung: Klug/Zobrist: Motivierte Klienten trotz Zwangskontext (München 2020). Kontakt: wolfgang.klug@ku.de

Daniel Niebauer ist seit 2021 Professor für Professionstheoretische Grundlagen der Sozialen Arbeit an der Hochschule Augsburg. Von 2016 bis 2021 war er als wissenschaftlicher Mitarbeiter und Vertretungsprofessor an der Katholischen Universität Eichstätt-Ingolstadt tätig. Nach dem Bachelor- und Masterstudium der Sozialen Arbeit promovierte Daniel Niebauer über ein von ihm selbstentwickeltes Gruppenprogramm zur Förderung der seelischen Gesundheit wohnungsloser Männer. Zudem arbeitete er in unterschiedlichen Praxisfeldern der Sozialen Arbeit, u. a. in den Hilfen für Menschen mit Behinderungen, der Wohnungslosenhilfe und der sozialraumbezogenen Sozialarbeit. Kontakt: daniel.niebauer@hs-augsburg.de